D1673981

Für die liebe Micha :)

Steffi

Wirtschaftskrise(n) 2007 bis 2010

POLITIK UND DEMOKRATIE

Herausgegeben von Helmut Kramer und Eva Kreisky

Band 29

PETER LANG

Frankfurt am Main · Berlin · Bern · Bruxelles · New York · Oxford · Wien

Stephanie Frank

Wirtschaftskrise(n) 2007 bis 2010

Auswirkungen auf Österreich
und politische Maßnahmen
zur Gegensteuerung –
mit einem Vergleich
zur Weltwirtschaftskrise 1929

PETER LANG
Internationaler Verlag der Wissenschaften

Bibliografische Information der Deutschen Nationalbibliothek
Die Deutsche Nationalbibliothek verzeichnet diese Publikation
in der Deutschen Nationalbibliografie; detaillierte bibliografische
Daten sind im Internet über http://dnb.d-nb.de abrufbar.

Umschlaggestaltung:
© Olaf Gloeckler, Atelier Platen, Friedberg

Logo auf dem Buchumschlag:
Abdruck mit freundlicher Genehmigung
der Universität Wien.

Gedruckt auf alterungsbeständigem,
säurefreiem Papier.

ISSN 1613-706X
ISBN 978-3-631-63050-1
© Peter Lang GmbH
Internationaler Verlag der Wissenschaften
Frankfurt am Main 2012
Alle Rechte vorbehalten.

www.peterlang.de

Vorwort

Der etwas umständlich klingende Titel dieses Bandes (die Überarbeitung einer politikwissenschaftlichen Diplomarbeit an der Universität Wien) mag manchen erstaunen, er weist aber auf einen wichtigen Sachverhalt hin, wie die Einleitung gleich zu Beginn klarstellt: es handelt sich eigentlich gar nicht um eine Krise im Singular, sondern um mehrere Krisen (im Plural), welche jedoch „alle miteinander in Verbindung standen und letztlich zu einer großen weltweiten Krise verschmolzen". Am Beginn stand die Immobilienkrise in den USA, aber – und auch das ist sehr wichtig – sie war der Anlass oder Auslöser der großen Wirtschaftskrise in den Jahren nach 2007, nicht deren Ursache.

Schon die US-amerikanische Immobilienkrise hat ihre ganz spezifische Geschichte (Ursache) – und diese ist eigentlich eine kulturelle: Der Amerikaner wohnt nicht zur Miete! Er wohnt in seinem Eigenheim, das er selbst geschaffen oder erworben hat. Wie wir wissen, ist dies eine der amerikanischen Mittelschicht eigentümliche Norm: Wer dazugehören will, braucht ein Haus. Die Politik hat diesen spezifischen amerikanischen Traum vom Eigenheim seit den 1970er Jahren auch für die unteren Schichten der Einkommenspyramide attraktiv gemacht und zwar dadurch, dass sie veranlasste, dass die Banken jenen, die kein Eigenkapital und auch sonst kein Vermögen besaßen, einen Kredit gewährten. Für die damit verbundenen Risiken wurden eigene Banken gegründet. Und so wurden Kredite vergeben, die nur eine Absicherung hatten: Grund und Boden sowie das Haus; es waren sogenannnte „Ninja"-Kredite (Ninja stand für „no income, no job, no assets") oder „Subprime"-Kredite. Diese Praxis konnte nur gut gehen, solange die Immobilienpreise stiegen. Stephanie Frank schildert diese Entwicklung ganz vorzüglich, sachlich klar und mit zwingender Logik; mit anderen Worten: schon das zweite Kapitel diese Buches muss man gelesen haben, um die weitere Geschichte, welche zur Weltwirtschaftskrise führte, zu verstehen.

„Die Bankenkrise resultierte direkt aus der Immobilienkrise, denn die Banken waren sehr stark in das Geschäft mit Hypotheken, Krediten sowie deren Verbriefung und Weiterverkauf involviert" (so Frank im Kapitel „Bankenkrise"). Warum die Immobilienkrise in eine Bankenkrise mündete und warum diese dann die Finanzwirtschaft weltweit in eine krisenhafte Entwicklung hinab zog, ist Gegenstand des dritten Kapitels, wo die Zusammenhänge für eine Politikwissenschaftlerin geradezu meisterhaft aufgearbeitet sind: Entscheidend wurde die „Kreativität" der Banken – Kreativität im wahrsten Sinn des Wortes –

insofern, als diese den wachsenden Schuldenberg (ziemlich vieler ungesicherter Kredite) in Tranchen zerlegten und in Wertpapiere umwandelten, die dann weltweit als hochprofitable und sichere Anlage verkauft wurden. Dafür wurden Zweckbanken gegründet und sogenannte Hedgefonds versorgten Anleger weltweit mit diesen angeblich attraktiven Anlageformen. Zahllose individuelle Anleger und leider auch viele Pensionsfonds kauften. Unsäglich schon hier die Rolle der Ratingagenturen, welche für solche Papiere die beste Bewertung ausstellten (Triple A).

Das ganze System schien sicher, weil auf diesem Wege das Risiko, dass einzelne Hypothekenkredite nicht bedient werden konnten, sich über die ganze Welt verteilte. Niemand rechnete mit der Möglichkeit, dass das ganze System, das heißt die Erwartung steigender Immobilienpreise und relativ gesicherter Kredite, nicht zusammenbrechen würde, was dann aber geschah.

Die ersten Anzeichen dafür im Jahr 2007 lösten eine Panik an den Börsen aus. Die gemeinwirtschaftlichen Banken in den USA mussten verstaatlicht werden, die Immobilienpreise sanken, die Gläubiger, welchen die Banken die Kredite fällig stellten, konnten nicht zahlen, mussten enteignet, deren Objekte zwangsversteigert werden usw. Man sah in den Dokumentationen aus den USA fürchterliche Bilder über Familien, welche über Nacht auf der Straße standen. Kausal war für die weltweite Krise jedoch nicht der kleine amerikanische „Häuselbauer", sondern die spekulativen Geschäfte der Banken, deren Manager von den hohen Ertragserwartungen geblendet wurden (um dies schöngefärbt auszudrücken). Ökonomen wie Hans-Werner Sinn nannten dies „Kasino-Kapitalismus", andere sprachen im Bezug auf diese Auswüchse (reiner Spekulationsgeschäfte) von „entfesseltem Kapitalismus".

Ursache für diesen krisenhaften Verlauf war also letztlich Marktversagen einerseits – Märkte „überprüfen" nicht die Rationalität der Vorgänge auf diesen, im Gegenteil, die Wertpapiere bedeuteten eine enorme Expansion von Finanzgeschäften, also eine Steigerung des Wirtschaftssystems. Zum anderen sehen wir hier ein Versagen der Politik/des Staates im Sinne eines Regulierungsdefizits. Unregulierte oder unzureichend regulierte Finanzmärkte erzeugen Irrationalitäten im System, welche dann auf die Realwirtschaft durchschlagen. Dieser Sachverhalt ist wiederum auf die Ideologie des „Neoliberalismus" zurückzuführen, welcher über Jahrzehnte hindurch Deregulierung predigte und Staatsinterventionen als schädlich verurteilte. Es erscheint mir wiederum als ein großer Verdienst der Autorin, dass sie diese Zusammenhänge so klar herausarbeitet.

Das Kapitel über die Auswirkungen der Krise auf Österreich ist ebenfalls vortrefflich geschrieben und zurecht weist die Autorin darauf hin, dass es in Österreich eine besondere Problematik gab, nämlich die Ungewissheiten über den Einfluss der Präsenz der österreichischen Banken in den mittel- und osteuropäischen Ländern. Aus heutiger Sicht wissen wir, dass die Dramatisierungen ungerechtfertigt waren bzw. einfach auf fehlerhaften Berechnungen beruhten. Die Bankenpakete bzw. die Krisenpolitik in Österreich werden von Frank positiv bewertet, wenngleich die Maßnahmen eher kurzfristig Symptome beseitigten, während das langfristige Ziel der Verhinderung solcher Krisen nicht energisch verfolgt wurde. Hier ist Österreich allerdings nicht alleine, im Gegenteil, derzeit sieht es so aus, als würden die internationalen Regime zur Regulierung der Finanzmärkte gar nichts aus der Krise lernen. Einzig die Europäer haben weiter mit der „Eurokrise" zu tun und scheinen gute Erfolge zu erzielen. Paradoxerweise wird diese Krise den weiteren Integrationsprozess beschleunigen – zumindest im Funktionssystem Wirtschaft.

Das Kapitel zum Vergleich mit der Weltwirtschaftskrise 1929 ist sehr spannend geschrieben; es zeigt, dass es im Unterschied zu den 1930er Jahren nach 2007 doch gelungen ist, den Krisenverlauf zu bremsen und die Auswirkungen auf die Beschäftigung zu mildern. Deshalb gab es auch nicht die katastrophalen sozialen Folgen wie damals, als die Massenarbeitslosigkeit nicht zuletzt auch zur politischen Radikalisierung beitrug – mit den unseligen Konsequenzen, die wir kennen.

Hannes Wimmer   Wien, im September 2012

Inhaltsverzeichnis

Abkürzungsverzeichnis

ABCP	Asset Backed Commercial Papers
ABS	Asset Backed Securities
AIFM	Alternative Investment Funds Managers
ATX	Austrian Traded Index
aws	Austria Wirtschaftsservice GmbH
BAWAG	Bank für Arbeit und Wirtschaft
BCBS	Baseler Ausschuss für Bankenaufsicht
BEIGEWUM	Beirat für gesellschafts-, wirtschafts- und umweltpolitische Alternativen
BIP	Bruttoinlandsprodukt
BIZ	Bank für Internationalen Zahlungsverkehr
BNP	Bruttonationalprodukt
CA	Creditanstalt
CCP	Central Counterparty
CDO	Collateralized Debt Obligations
CDS	Credit Default Swaps
CESR	Committee of European Securities Regulators
CRA	Community Reinvestment Act

ECOFIN	Rat der europäischen Wirtschafts- und Finanzminister
EBA	European Banking Authoritiy
EFSF	Europäische Finanzstabilisierungsfazilität
EFSM	Europäischer Finanzstabilisierungsmechanismus
EIOPA	European Insurance and Occupational Pensions Authority
ESFS	European System of Financial Supervision
ESMA	European Supervisory Authority
ESRB	European Systemic Risk Board
EU	Europäische Union
EZB	Europäischen Zentralbank
Fannie Mae	Federal Home Loan Mortgage Corporation
FAZ	Frankfurter Allgemeine Zeitung
Fed	Federal Reserve System
FIMBAG	Finanzmarktbeteiligung Aktiengesellschaft des Bundes
FMA	Finanzmarktaufsichtsbehörde
FSB	Financial Stability Board
Freddie Mac	Federal National Mortgage Association
GM	General Motors
IFRS	International Financial Reporting Standards
IHS	Institut für höhere Studien

IWF	Internationale Währungsfonds
KBG	Konjunkturbelebungsgesetz
KMU	kleine und mittlere Unternehmen
MBS	Mortgage Backed Securities
MOSOE	Mittel-, Ost- und Südosteuropa
MOSOEL	mittel-, ost- und südosteuropäische Länder
Ninja	no income, no jobs, no assets
ÖBB	Österreichische Bundesbahnen
OeCAG	Oesterreichische Clearingbank AG
OECD	Organisation for Economic Cooperation and Development
OeKB	Oesterreichische Kontrollbank
OeNB	Oesterreichische Nationalbank
OTC	Over the counter
Red.	Redaktion
RZB	Raiffeisen Zentralbank
SEC	Securities and Exchange Commission
SPV	Special Purpose Vehicle
ULSG	Unternehmensliquiditätsstärkungsgesetzes
UNO	United Nations Organization
KESt	Kapitalertragssteuer

13

WIFO	Österreichische Institut für Wirtschaftsforschung
WIIW	Wiener Institut für internationale Wirtschaftsvergleiche
WKO	Österreichische Wirtschaftskammer
ZaBiStaG	Zahlungsbilanzstabilisierungsgesetz

Einleitung

Die Jahre ab 2007 waren in Österreich und auch in vielen anderen Ländern der Welt Krisenjahre.[1] Die Wirtschaft hatte sich in eine Krise manövriert, welche es zu bekämpfen galt. Die vorliegende Arbeit beschäftigt sich mit der/n Wirtschaftskrise(n) 2007 bis 2010. Im Vordergrund stehen dabei die Auswirkungen der Krise(n) auf Österreich und die politischen Maßnahmen welche zur Gegensteuerung gesetzt wurden. Dabei wird auch ein Vergleich mit dem wirtschaftspolitischen Weg, welcher in der Krise von 1929 eingeschlagen wurde, gezogen.

Der Terminus „Wirtschaftskrise(n)"[2] wird im Titel der Arbeit verwendet, weil die krisenhaften Erscheinungen von 2007 bis 2010 im Grunde mehrere verschiedene Krisen waren, die jedoch alle miteinander in Verbindung standen und letztendlich zu einer großen, weltweiten Krise verschmolzen. Verschiedene Wirtschaftszweige und Länder wurden durch Ansteckungseffekte in die Krise hineingezogen. Die Immobilienkrise entwickelte sich zu einer Finanz- und Bankenkrise, welche schließlich auch auf die Realwirtschaft ausstrahlte. Die Krise beschränkte sich nicht auf bestimmte Länder oder Regionen, sondern breitete sich weltweit aus. Lediglich die sogenannte „Eurokrise" war im Allgemeinen auf Europa und hier vorwiegend die Eurozone begrenzt. Sie brach, chronologisch betrachtet, als letzte aus. Auch die „Eurokrise" ist nicht abgekoppelt von der zuvor dagewesenen Weltwirtschaftskrise zu betrachten, da hier Verbindungen bestehen, auf die später in dieser Arbeit noch eingegangen wird.

Die Krise in ihrer Gesamtheit, von 2007 bis 2010, hatte verheerende Auswirkungen. Mit Stand Ende 2010 war immer noch nicht absehbar, inwiefern sie vollkommen bewältigt wurde. Darüber hinaus wären derartige Krisen in dem vorherrschenden Wirtschaftssystem, der „entfesselten Marktwirtschaft"[3], jederzeit wieder möglich.

Das Jahr 2007 markierte also den Anfang einer weltweiten Wirtschafts- und Finanzkrise. Schon vor 2007 war aber, wie von etlichen Seiten behauptet, ab-

---

1 Aus Gründen der besseren Lesbarkeit wird in der vorliegenden Arbeit auf eine geschlechterspezifische Formulierung (wie zum Beispiel StudentInnen) verzichtet. Die jeweils verwendete männliche Form ist als geschlechtsneutral zu betrachten und es sind selbstverständlich, sofern nicht anders angegeben, immer Frauen und Männer gemeint.

2 Im weiteren Verlauf des Textes wird anstatt des Terminus „Wirtschaftskrise(n)" vereinfacht die singuläre Form „-krise" benutzt.

3 Ulrich Schäfer (2009): Der Crash des Kapitalismus. Warum die entfesselte Marktwirtschaft scheiterte und was jetzt zu tun ist. Frankfurt/New York: Campus Verlag, S. 15

sehbar, dass eine Krise großen Ausmaßes bevorstand. Von den USA ausgehend verbreitete sich die Krise dann auf der ganzen Welt. Insbesondere die Jahre 2008, 2009 und auch 2010 waren von der Krise und ihren Auswirkungen geprägt. Die Immobilienkrise in den USA stellte eben den Anfangspunkt dar, woraufhin sich die weltweite Finanz- und Bankenkrise entwickelte, welche dann schließlich auch die Realwirtschaft in Mitleidenschaft zog. Mit der eintreffenden Rezession lag es schließlich an der Politik Maßnahmen zu setzen, um die Krise einzudämmen sowie langfristig gesehen zu verhindern, dass ähnliche Krisen wieder eintreten könnten. Die Politik war dementsprechend gefordert, nicht nur die Symptome der Krise, sondern auch deren Ursachen zu bekämpfen beziehungsweise zu beseitigen. Inwiefern dies geschah, wird im Zuge dieser Arbeit untersucht.

Die Politik hatte zu Beginn der Krise keinen guten Stand, da ihr von vielen Seiten die Schuld oder zumindest Mitschuld an der Krise gegeben wurde, der wirtschaftspolitische Kurs der letzten Jahre wurde kritisiert. Von etlichen Seiten war zu hören, dass grundlegende Fehler im System zu dieser Krise geführt hatten. Die Politik war also, zusammenfassend gesagt, in den Jahren 2007 bis 2010 kurzfristig gefordert, die akuten Symptome der Krise zu bekämpfen, langfristig sollte sie sich aber auch mit den Ursachen der Krise beschäftigen. Der dahingehende Tenor war, dass ohne die Beseitigung der grundlegenden Missstände, welche zur Krise 2007 bis 2010 geführt hatten, zukünftige Krisen vorprogrammiert wären. Für diese würde dann wiederum der Politik die Schuld zugesprochen werden.

Das Thema der Wirtschaftskrise 2007 bis 2010 und vor allem der Reaktionen von Seiten der Politik auf diese Krise, ist von hoher wissenschaftlicher Relevanz. Die Thematik ist aktuell, hochbrisant und die Diskussionen rund um das Thema kontrovers. Die Frage nach den Reaktionen der Politik auf die Krise 2007 bis 2010 und Krisen allgemein, ist eine sehr wichtige, auch im Hinblick auf die Zukunft. Die politischen Reaktionen und Maßnahmen im Hinblick auf die Beseitigung eventueller Missstände können in verschiedene Richtungen gehen und verschiedene Dinge bewirken. An den aktuellen politischen Reaktionen auf Krisen können darum auch schon etwaige zukünftige Entwicklungen, seien sie negativ oder positiv, abgelesen werden. Mögliche politische Versäumnisse oder Errungenschaften in der Gegenwart beeinflussen maßgeblich die Zukunft. Durch die Darstellung und Erklärung der Maßnahmen, Gesetze und Regelungen der Politik nach der Krise lassen sich Vergleiche ziehen sowie Bewertungen dieser Maßnahmen, hinsichtlich ihrer Wirksamkeit und positiven Effekte, abgeben.

16

Vergleiche der politischen Reaktionen auf Krisen können dahingehend relevant sein, möglicherweise zukünftig, in der Vergangenheit begangene Fehler zu vermeiden beziehungsweise wirkungsvolle Maßnahmen zu übernehmen. Dazu wird in dieser Arbeit auch ein Vergleich der politischen Reaktionen auf die Krise ab 1929 und jene ab 2007 gezogen. Die Frage, wie sich die Reaktionen der Politik auf die Krise 2007 bis 2010 auf die Entwicklungen in den Jahren danach auswirkten, könnte auch für weiterführende Forschungen interessant sein. Weiters werden in der vorliegenden Arbeit die Ursachen der Krise dargestellt und analysiert, woraufhin sich abschätzen lässt, ob diese von der Politik ebenfalls bekämpft wurden, oder ob lediglich die Beseitigung der Symptome der Krise eine Rolle spielte. Daran nämlich kann festgemacht werden, ob das System reformiert, neu überdacht und neu konstruiert wurde oder eben nicht. Je nachdem könnten Krisen dieser Art zukünftig erneut auftreten oder ausbleiben.

Forschungsleitende Fragestellungen

Die forschungsleitenden Fragestellungen dieser Arbeit lauten:

• Wie wirkte sich die Krise 2007 bis 2010 auf Österreich aus und welche Maßnahmen zur Gegensteuerung der Krise wurden von der Politik gesetzt?
• Wurden tiefgreifende Reformen des Wirtschaftssystems vorgenommen oder lediglich die Symptome der Krise bekämpft?

Weitere untergeordnete Fragestellungen sind:

• Was waren die Ursachen für die Wirtschafts- und Finanzkrise ab 2007 und wie entwickelte sich die Krise?
• Wieso breitete sich die Krise weltweit aus?
• Was waren die politischen Reaktionen auf die Krise 1929 in Österreich? Inwiefern unterschieden beziehungsweise glichen sich die politischen Reaktionen auf die Krise von 2007 und jene von 1929?

Methodisches Vorgehen und Aufbau

Zur Beantwortung der Forschungsfragen wurden eine Literaturrecherche und kritische Auseinandersetzung mit der Literatur vorgenommen. Literatur von Experten, aktuelle Berichte aus Zeitungen und Zeitschriften sowie statistische Daten wurden zusammengetragen und hinsichtlich der Forschungsfragen analysiert. Wichtig war dabei die Einbeziehung von Autoren mit unterschiedlichen politischen und wirtschaftlichen Hintergründen sowie Denkweisen, um mehrere, oft auch gegensätzliche, Blickwinkel auf die einzelnen Themenpunkte in die Arbeit einfließen lassen und aufzeigen zu können. Die Einbeziehung von Primär- wie auch Sekundärquellen sollte eine möglichst konsistente Darstellung des Themas gewährleisten. Unter anderem die Schriften des WIFO (Österreichisches Institut für Wirtschaftsforschung), der WKO (Österreichische Wirtschaftskammer) sowie der Statistik Austria stellten als Primärquellen wichtiges Datenmaterial zur empirischen Untermauerung der Arbeit dar. Die Analyse der entsprechenden Veröffentlichungen und Statistiken dieser Institutionen brachten Erkenntnisse hinsichtlich der Auswirkungen der Krise auf Österreich und auch der Maßnahmen zur Gegensteuerung. Quellenkritik war im Rahmen der vorliegenden Arbeit von besonderer Bedeutung. Mittels der Literaturanalyse sollten also alle für diese Arbeit wichtigen Aspekte der Wirtschafts- und Finanzkrise 2007 bis 2010 herausgearbeitet sowie mögliche Unstimmigkeiten und Uneinigkeiten in der Literatur und zwischen den Autoren aufgezeigt werden. Unterschiedliche Zugänge und Meinungen über die Ursachen und die Entwicklung der Krise sowie ihre Auswirkungen in verschiedenen Bereichen und die jeweils für notwendig erachteten Reaktionen darauf fanden Eingang in diese Arbeit und wurden einer kritischen Betrachtung und Gegenüberstellung unterzogen.

Die vorliegende Arbeit beginnt chronologisch die Ursachen und die Entwicklung der Krise 2007 bis 2010 aufzuarbeiten. Dabei spielen die Immobilienkrise, die Bankenkrise und die sogenannte „Eurokrise" eine Rolle. Außerdem wird das Übergreifen der Krise auf die Welt und die internationale Verflechtung des Finanzsystems aufgezeigt. Dabei finden die Verbriefung der (Immobilien-)Kredite, die dadurch entstandenen neuen Wertpapiere , die Versicherung durch „Credit Default Swaps" sowie die Rollen verschiedener Akteure, in erster Linie der Finanzinstitute, Zweckgesellschaften, Hedgefonds und der Ratingagenturen Erwähnung. Ebenfalls ein Thema in diesem Zusammenhang ist die Rolle der Politik, vor allem die der politischen Regulierungsinstrumente und ihrer Ziele und Wirkungsweise. Aufgrund ihres spezifischen Bezugs zu der besprochenen

Krise werden hier die Regelungen von Basel II sowie allgemein staatliche Aufsichtsbehörden und Notenbanken hervorgehoben.

Ein wichtiger Punkt dieser Arbeit ist die Fokussierung auf die Krise in Österreich. Die Auswirkungen der Krise auf Österreich, sowohl auf die Finanz- als auch auf die Realwirtschaft werden dargestellt. Auch die Lage in Mittel-, Ost- und Südosteuropa ist dabei, im Zusammenhang mit möglichen zukünftigen Auswirkungen der Krise auf Österreich, wichtig.

Ebenfalls ein zentraler Punkt des vorliegenden Textes ist die Darstellung der Reaktionen der Politik auf die Krise und der Maßnahmen zu Gegensteuerung, wobei der Fokus wiederum auf Österreich liegt. Es wird jedoch trotzdem zwischen der internationalen, der EU- und der nationalstaatlichen Ebene unterschieden, da auch auf diesen Ebenen Entscheidungen getroffen werden konnten, die Österreich betrafen. Danach werden mögliche Konsequenzen der Krise auf die weitere Wirtschaftspolitik erläutert. Dabei geht es vor allem darum, aufzuzeigen was sich noch verändern sollte, um weitere Krise dieser Art zu verhindern und die Ursachen für die Krise 2007 bis 2010 vollständig zu beseitigen. Es geht also um notwendige grundlegende Reformen, zur Vermeidung zukünftiger Krisen.

Daraufhin wird ein Vergleich der wirtschaftspolitischen Maßnahmen Österreichs im Zuge der Weltwirtschaftskrise von 1929 und 2007 bis 2010 gezogen. Es werden Parallelen zwischen den beiden Krisen herausgearbeitet, die Krise von 1929 in Österreich näher behandelt und daraufhin die Maßnahmen der Wirtschaftspolitik in Österreich als Reaktion auf die jeweilige Krise verglichen.

Das letzte Kapitel fasst die grundlegenden Erkenntnisse der Arbeit nochmals zusammen. Es beinhaltet ein Resümee sowie einen Ausblick auf mögliche weitere Entwicklungen und weiterführende Forschungen.

Theoretische Grundlagen - Keynesianismus und Neoliberalismus/Monetarismus

Im folgenden Unterpunkt werden zwei wirtschaftspolitische Strömungen beziehungsweise Denkrichtungen erläutert, die im Laufe der Wirtschaftskrise 2007 bis 2010 oftmals Bestandteil der Diskussionen bezüglich eines „richtigen" wirtschaftspolitischen Weges in und nach der Krise waren. Auf der einen Seite der Neoliberalismus, sowie die Unterkategorien des Monetarismus und auf der anderen Seite der Keynesianismus. Diese beiden wirtschaftspolitischen Lehren bilden gewissermaßen Gegenpole zueinander. Das von der einen Strömung geforderte Verhalten von Markt und Staat unterscheidet sich diametral zu der von der jeweils anderen Strömung für richtig befundenen Vorgangsweise dieser beiden Akteure. Der Umgang mit den beiden wirtschaftspolitischen Konzeptionen während der Krise 2007 bis 2010 war sehr unterschiedlich. Während der Keynesianismus im Laufe der Krise langsam eine Art Renaissance erfuhr, Keynes Theorie also Aufwind bekam und von vielen Seiten als der richtige Ansatz zur Bewältigung der Krise angesehen wurde, warf man dem monetaristischen Weg vor, zur Krise geführt zu haben. Daraus folgte wiederum, dass der Politik, welche eben für den vielerorts eingeschlagenen neoliberalen, monetaristischen Weg verantwortlich war, die Schuld an der Krise gegeben wurde.

Der Keynesianismus, welcher vom britischen Nationalökonomen John Maynard Keynes entwickelt wurde, geht also in eine vollkommen andere Richtung, als der insbesondere ab den 1970er Jahren populär gewordene Neoliberalismus. Keynes Theorie geht nicht davon aus, dass die Selbstregulierung des Marktes für Vollbeschäftigung sorgt. Dem Staat kommen dementsprechend bei der Stabilisierung der gesamtwirtschaftlichen Entwicklung und insbesondere beim Ausgleich zyklischer Schwankungen von Angebot und Nachfrage wichtige Aufgaben zu. Ihm wird eine wirtschaftspolitische Verpflichtung zugesprochen, die auch vorsieht, dass er sich aktiv in das Wirtschaftsgeschehen einbringt. Er soll sich antizyklisch verhalten und im Falle schwacher privatwirtschaftlicher Nachfrage seine Ausgaben erhöhen, um die fehlende Nachfrage zu ersetzen. Dazu soll er auch Kredite aufnehmen,[4] jedoch nicht auf Dauer, in guten Zeiten soll der Staat seine Schulden wieder zurückführen und die Ausgaben senken. Allgemein soll der Staat also, wenn nötig, den Markt unterstützen.[5] Der Keynesianismus sieht den Rückgang von Produktion, Einkommen und Beschäftigung allgemein meist in unzureichender Nachfrage. Der Ausweg aus der Rezession liegt dann dementsprechend in der Förderung der Nachfrage. Falls die private Nachfrage zur Überwindung der Rezession nicht ausreicht, muss der Staat nachhelfen und die Staatsausgaben erhöhen.[6] Auch in der Krise ab 2007 wurde in vielen Fällen mit einer Erhöhung der Staatsausgaben reagiert.

---

4   Klaus Schubert/Martina Klein (2006): Das Politiklexikon. 4. Aufl., Bonn: Dietz. In: bpd.de. URL: http://www.bpb.de/popup/popup_lemmata.html?guid=IZXP13, abgerufen am 11. Februar 2011

5   Ulrich Schäfer (2009): Der Crash des Kapitalismus. Warum die entfesselte Marktwirtschaft scheiterte und was jetzt zu tun ist. Frankfurt/New York: Campus Verlag, S. 36

6   Werner Vomfelde: Abschied von Keynes? Eine Antwort auf die monetaristisch-neoklassische Gegenrevolution. Frankfurt/News York: Campus Verlag, S. 13

Mit dieser Einstellung zum Verhältnis von Staat und Markt bildete der Keynesianismus die Grundlage des modernen Wohlfahrtsstaates.[7] Ein starker Staat soll sich im Falle einer Rezession einmischen, die Wirtschaft in Gang bringen und sie auch finanziell unterstützen. Keynes Denken war maßgeblich von der Massenarbeitslosigkeit der 1930er Jahre geprägt. Diese Katastrophe ließ sich nämlich mit der klassischen Wirtschaftslehre, die besagte, dass der Markt (auch der Arbeitsmarkt) langfristig wieder selbst und ohne Hilfe in ein Gleichgewicht fände, nicht erklären.[8]

Mit seiner Theorie eines starken und helfenden Staates bestimmte Keynes die Wirtschaftspolitik der beiden Jahrzehnte nach dem Zweiten Weltkrieg. Danach wandte sich die Politik dem Neoliberalismus zu. Der Staat wurde beiseite geschoben und dem Markt zunehmend freie Hand gelassen. Dahinter stand die Auffassung, dass es der Wirtschaft angeblich umso besser ginge, je mehr sich die öffentliche Hand zurückzöge.[9] Der Neoliberalismus entstand in seiner Grundform in den 1930er Jahren. Er sieht den Markt als Regulierungsmechanismus gesellschaftlicher Entwicklungs- und Entscheidungsprozesse. Der Staat wird dabei ausgeklammert, ihm werden lediglich wenige Grundaufgaben zugesprochen, jegliche Eingriffe in den Markt jedoch untersagt. Unter dem Begriff Neoliberalismus versammeln sich verschiedene theoretische Ansätze und Konzepte. Dahinter steht jedoch immer das gesellschaftspolitische Konzept eines Kapitalismus ohne wohlfahrtsstaatliche Begrenzungen. In den Jahren vor der Krise 2007 bis 2010 wurden die negativen Konsequenzen dieser Wirtschaftsform für Wohlfahrtsstaat und Demokratie immer augenscheinlicher.[10] Der Neoliberalismus wurde von Ökonomen verschiedener Schulen entwickelt. Darunter waren beispielsweise Friedrich A. von Hayek (österreichische Schule), Wilhelm Röpke (Freiburger Schule) und Milton Friedman (Schule von Chicago). Anfänglich war das Ziel aller neoliberalistischer Schulen die Verteidigung des durch die Weltwirtschaftskrise in Misskredit geratenen Kapitalismus und der Kampf ge-

---

7   Klaus Schubert/Martina Klein (2006): Das Politiklexikon. 4. Aufl., Bonn: Dietz. In: bpd.de. URL: http://www.bpb.de/popup/popup_lemmata.html?guid=IZXP13, abgerufen am 11. Februar 2011

8   Ulrich Schäfer (2009): Der Crash des Kapitalismus. Warum die entfesselte Marktwirtschaft scheiterte und was jetzt zu tun ist. Frankfurt/New York: Campus Verlag, S. 35

9   Ulrich Schäfer (2009): Der Crash des Kapitalismus. Warum die entfesselte Marktwirtschaft scheiterte und was jetzt zu tun ist. Frankfurt/New York: Campus Verlag, S. 38

10   Christoph Butterwegge/Bettina Lösch/Ralf Ptak (2008): Kritik des Neoliberalismus. 2. Aufl., Wiesbaden: Verlag für Sozialwissenschaften, S. 11-12

gen den Wohlfahrtsstaat und seine theoretische Basis, den Keynesianismus.[11] Der Neoliberalismus entstand aus der spezifischen gesellschaftlichen Situation, der 1930er Jahre heraus. Er wurde aber unter sich verändernden Bedingungen immer wieder modifiziert und erweitert,[12] wobei seine Feindbilder, Keynesianismus und Wohlfahrtstaat, fortwährend gleich blieben.

Ulrich Schäfer bezeichnete die Ökonomen Milton Friedman und Friedrich August von Hayek als „Vordenker der entfesselten Marktwirtschaft"[13]. Sie verdrängten mit ihren Lehren, laut Schäfer, einen liberalen und lebensfrohen Gegenspieler, dessen Lehre vom starken und steuernden Staat erst im Zuge der Krise von 2007 wieder aktuell wurde, Keynes. Für Friedman war der Feind nicht der Markt, sondern der fürsorgliche Staat, da dieser die Wirtschaft lähme, das Wachstum bremse und die Menschen einenge. Friedman forderte den weitest möglichen Rückzug des Staates. Die Regierung sollte, laut ihm, von ihren Bürgern einen Steuersatz von zehn bis fünfzehn Prozent, aber nicht mehr, einfordern. Dies würde ausreichen, um die notwendigen Ausgaben und Aufgaben des Staates, für Militär, Polizei, Justiz und eine schlanke Verwaltung zu finanzieren. Den Rest sollte der Markt selbst regeln. Auch eine Notenbank wäre nicht notwendig, da die Versorgung mit Geld durch Computer bewerkstelligt werden könnte.[14]

Der Monetarismus stellt einen Teil des Neoliberalismus dar, er wurde von der Schule von Chicago entwickelt. Nach der monetaristischen Theorie tendiert eine Marktwirtschaft naturgemäß zu einem Gleichgewicht. Es wird dabei jedoch vorausgesetzt, dass nahezu alle Akteure innerhalb des Marktes ihre Erwartungen

---

11   Stephan Schulmeister (2006): Das neoliberale Weltbild - wissenschaftliche Konstruktion von "Sachzwängen" zur Förderung und Legitimation sozialer Ungleichheit, In: Friedrich Klug/Illan Fellmann (Hrsg.): Schwarzbuch Neoliberalismus und Globalisierung, Kommunale Forschung in Österreich. Linz: IKW- Schriftenreihe Nr. 115, S. 153-175, insbesondere S. 153. URL: http://stephan.schulmeister.wifo.ac.at/fileadmin/homepage_schulmeister/files/Das_neoli berale_Weltbild.pdf, abgerufen am 10. Februar 2011

12   Ralf Ptak (2008): Die Grundlagen des Neoliberalismus. In: Christoph Butterwegge/Bettina Lösch/Ralf Ptak: Kritik des Neoliberalismus. 2. Aufl., Wiesbaden: Verlag für Sozialwissenschaften, S. 13-87, insbesondere S. 13-14

13   Ulrich Schäfer (2009): Der Crash des Kapitalismus. Warum die entfesselte Marktwirtschaft scheiterte und was jetzt zu tun ist. Frankfurt/New York: Campus Verlag, S. 27

14   Ulrich Schäfer (2009): Der Crash des Kapitalismus. Warum die entfesselte Marktwirtschaft scheiterte und was jetzt zu tun ist. Frankfurt/New York: Campus Verlag, S. 27-29

rational bilden und dementsprechend hinreichend mit Informationen ausgestattet sind.[15]

Die Konzepte des Neoliberalismus wie auch des Keynesianismus entwickelten sich also beide nach der Weltwirtschaftskrise von 1929. Durch diese Krise und ihre katastrophalen Folgen war die bis dahin geltende Doktrin des „Laissez-faire" (also dem Markt, unbehelligt durch staatliche Eingriffe, freien Lauf zu lassen) in Misskredit geraten. Die Instabilität der Finanzmärkte, die Sparpolitik und der damit verbundene Verzicht auf eine Ausweitung der staatlichen Nachfrage hatten, zusammen mit der Konkurrenz der Volkswirtschaften untereinander, die Krise ausgelöst und nach ihrem Ausbruch drastisch verschärft. Die wissenschaftliche Aufarbeitung der Krise resultierte dann in der neuen Theorie des Keynesianismus, welche die Notwendigkeit einer aktiven Wirtschafts- und Sozialpolitik aufzeigte. In der Nachkriegszeit der 1950er bis 1970er Jahre war dann auch, wie erwähnt, der Keynesianismus das dominante wirtschaftspolitische Konzept. Im Laufe der Zeit nahm jedoch die Nachfrage nach Theorien, welche das Zurückdrängen des (Sozial-)Staates, die Befreiung der Finanzmärkte und den Vorrang des Geldwertes forcierten, wieder zu.[16] Viele Staaten folgten bald dem neoliberalen Kurs und seit der Mitte der 1970er Jahre durchlief das dominante politökonomische Gefüge der Nachkriegszeit einen Prozess grundlegender Veränderung. Technologien, Märkte, Institutionen und soziale Kräfteverhältnisse wandelten sich und vor allem die Wirtschaft machte eine Internationalisierung durch. Die dabei entstandene globale Neuordnung war mit der ebenfalls neu aufkommenden Hegemonie des neoliberalen Paradigmas verbunden und implizierte die Entstaatlichung sowie die Deregulierung nationaler Wirtschaften.

---

15 Stephan Schulmeister (2006): Das neoliberale Weltbild - wissenschaftliche Konstruktion von "Sachzwängen" zur Förderung und Legitimation sozialer Ungleichheit, In: Friedrich Klug/Illan Fellmann (Hrsg.): Schwarzbuch Neoliberalismus und Globalisierung, Kommunale Forschung in Österreich. Linz: IKW- Schriftenreihe Nr. 115, S. 153-175, insbesondere S. 154. URL: http://stephan.schulmeister.wifo.ac.at/fileadmin/homepage_schulmeister/files/Das_neoli berale_Weltbild.pdf, abgerufen am 10. Februar 2011

16 Stephan Schulmeister (2006): Das neoliberale Weltbild - wissenschaftliche Konstruktion von "Sachzwängen" zur Förderung und Legitimation sozialer Ungleichheit, In: Friedrich Klug/Illan Fellmann (Hrsg.): Schwarzbuch Neoliberalismus und Globalisierung, Kommunale Forschung in Österreich. Linz: IKW- Schriftenreihe Nr. 115, S. 153-175, insbesondere S. 155-156. URL: http://stephan.schulmeister.wifo.ac.at/fileadmin/homepage_schulmeister/files/Das_neoli berale_Weltbild.pdf, abgerufen am 10. Februar 2011

Die ökonomische Funktion des Staates veränderte sich gleichermaßen. Er verlor an Autonomie und die vom keynesianischen Wohlfahrtsstaat favorisierten Politikinstrumente büßten an Wirksamkeit ein. An die Stelle keynesianischer Politikinstrumente der Nachfragesteuerung traten Flexibilisierung, Forschungs- und Innovationsförderung sowie Subventionen und Steuersenkungen für Unternehmen. Mit dem Rückzug des Staates und der Reduktion des öffentlichen Sektors übernahm immer mehr der Markt die Distribution der Einkommen, die Sozialpolitik hingegen nahm ab. Der keynesianische Wohlfahrtsstaat, welcher in den Markt eingriff, diesen regulierte und Gelder umverteilte, wich einem, sich Marktkräften unterordnenden, Leistungsstaat.[17]

Im Neoliberalismus stellt die treibende Kraft in der Entwicklung von Individuen das Streben nach Eigennutz dar. Lediglich die Konkurrenz von Individuen auf Märkten ermöglicht die effiziente Lösung des Problems, was, wie, für wen produziert werden soll, also des Problems bezüglich des gesamtwirtschaftlichen Optimums. Die Marktkräfte lassen keinen Widerspruch zwischen einzel- und gesamtwirtschaftlichem Kalkül und damit auch nicht zwischen individuellem Eigennutz und sozialer Verantwortung entstehen. Weiters betrachtet die neoliberale Wirtschaftstheorie, alle Akteure in der Wirtschaft als rein rational denkende Maximierer ihres individuellen Nutzens. Emotionen, welche wirtschaftliches Handeln eigentlich maßgeblich mitbestimmen, existieren in dieser Konzeption nicht. Auch die Eigenschaften von Menschen als sozialen Wesen, also als Mitgliedern von Subsystemen wie der Familie oder Vereinen, werden nicht berücksichtigt. Außerdem sind der Staat und die Akteure auf den freien Märkten in der neoliberalistischen Konzeption „Gegner". Der Staat sollte sich weitgehend aus sozialen und wirtschaftlichen Tätigkeiten zurückziehen. Der Markt sollte also über dem Staat stehen und die gesellschaftliche Entwicklung damit stärker vom Markt als durch demokratisch legitimierte politische Entscheidungsprozesse bestimmt werden. Der Neoliberalismus spricht sich also dafür aus, dass der Staat jegliche Eingriffe in den Markt unterlässt. Dabei wendet er sich insbesondere gegen Vollbeschäftigungspolitik und soziale Sicherungssysteme. Staatliche Aktivitäten sollten sich auf wenige Ziele beschränken, nämlich die innere und äußere Sicherheit, die Stabilität des Geldwertes und ein ausgeglichenes Budget, also stabile Staatsfinanzen. Der Neoliberalismus lehnt jegliche Regulierung der

---

17 Gabriele Michalitsch: Was ist Neoliberalismus. Genese und Anatomie einer Ideologie. In: attac.at, URL: http://www.attac.at/uploads/media/neoliberalismus_michalitsch_02.pdf, abgerufen am 10. Februar 2011

Finanzmärkte ab. Außerdem auch die Organisation von Interessen in Form von Verbänden, wie beispielsweise Gewerkschaften. Er stellt sich auch gegen den Interessensausgleich durch Korporatismus. Die wichtigste Ursache für Arbeitslosigkeit sieht er in einem zu hohen Lohnniveau sowie den Geldern zur Unterstützung von Arbeitslosen. Der Hauptgrund für die steigende öffentliche Verschuldung wird im Sozialstaat gesehen, weshalb die Ausgaben für das Gesundheits-, Pensions- und Bildungswesen sowie Arbeitslose gekürzt werden sollten.[18]

Ralf Ptak sieht den Neoliberalismus in der internationalen Diskussion nach der Krise als synonym für die Kritik und das Unbehagen gegenüber einer entwurzelten Ökonomie im globalen Maßstab stehend. Diese negative Deutung stellte, laut ihm, jedoch ein relativ junges Phänomen dar, das etwa seit den 1990er Jahren existierte. Erst dann wurde die neoliberalistische Strömung nämlich, in vollem Ausmaß und samt all ihrer Nebenwirkungen, umgesetzt. Es kam eben zu einer Liberalisierung der Finanzmärkte, einer Flexibilisierung der Wechselkurse der nationalen Währungen, einer Intensivierung des Freihandels, einem Rückbau des Sozialstaates und einer Form der Wirtschaftspolitik, welche auf die einseitige Verbesserung der Angebotsbedingungen von Unternehmen abzielte. Damit entstand eine neue Wirtschafts- und Sozialordnung. Am Ende des 20. Jahrhunderts war der Neoliberalismus, laut Ptak, zur dominanten Ideologie des Kapitalismus geworden.[19]

Neoliberalismus wie Keynesianismus spielten in der Krise 2007 bis 2010 insofern eine Rolle, als dem seit einigen Jahren vor der Krise vorherrschenden Neoliberalismus von vielen Seiten die Schuld an der Entstehung der Krise zugesprochen wurde, die Reaktionen auf die Krise dann jedoch oft keynesianisch geprägt waren. Viele Experten meinten also, dass das neoliberalistische Denken die Grundlage für die Krise geschaffen hätte. Die Maßnahmen, welche zur Gegensteuerung der Krise gesetzt wurden, folgten dann jedoch oftmals der keynesianischen Lehre.

---

18 Stephan Schulmeister (2006): Das neoliberale Weltbild - wissenschaftliche Konstruktion von "Sachzwängen" zur Förderung und Legitimation sozialer Ungleichheit, In: Friedrich Klug/Illan Fellmann (Hrsg.): Schwarzbuch Neoliberalismus und Globalisierung, Kommunale Forschung in Österreich. Linz: IKW- Schriftenreihe Nr. 115, S. 153-175, insbesondere S. 158-159. URL: http://stephan.schulmeister.wifo.ac.at/fileadmin/homepage_schulmeister/files/Das_neoli berale_Weltbild.pdf, abgerufen am 10. Februar 2011

19 Ralf Ptak (2008): Die Grundlagen des Neoliberalismus. In: Christoph Butterwegge/Bettina Lösch/Ralf Ptak: Kritik des Neoliberalismus. 2. Aufl., Wiesbaden: Verlag für Sozialwissenschaften, S. 13-87, insbesondere S. 13-14

Beispielsweise schrieb Jakob Arnoldi, dass bei vielen Maßnahmen die nach der Krise gesetzt wurden, eine keynesianische Note erkennbar war. Die naheliegendste Reaktion auf die Krise wäre, laut ihm, die Einführung strengerer Regeln und Kontrollen im Bereich des Finanzwesens gewesen. Ein solches Regime hätte auch deutlich internationaler ausgerichtet werden sollen, als dies bislang der Fall war. Es lag, laut Arnoldi, auf der Hand, dass die Maßnahmen die zur Abwendung einer wirtschaftlichen Depression ergriffen wurden das ökonomische Denken verändern hätten können.[20]

Ulrich Schäfer schrieb über die viel angeklagte „entfesselte Marktwirtschaft", dass diese nicht von selbst erwuchs, sondern eben das Ergebnis vieler politischer Entscheidungen war. Die Politik hatte, laut Schäfer, die Wirtschaft in den letzten Jahrzehnten entfesselt. Sie hatte die Finanzmärkte geöffnet, Gewerkschaften entmachtet, Steuern gesenkt und Staatskonzerne privatisiert. Der Staat hatte sich immer mehr zurückgezogen und das wirtschaftliche Feld alleine dem Markt überlassen. In diesem Prozess folgten die Politiker, laut Schäfer, dem Rat von Ökonomen, die meinten, ein entfesselter Staat brächte mehr Wohlstand.[21]

Zusammenfassend lässt sich also feststellen, dass die Neoliberalisten und Monetaristen auch in Krisenzeiten auf den Markt und seine Fähigkeiten setzen und darum für eine antiinterventionistische Politik eintreten. Die Anhänger der keynesianischen Theorie hingegen, erachten es als notwendig, dass der Staat in gewissen Fällen in den Markt eingreift und ihn bei der Bewältigung von Problemen, wie beispielsweise Arbeitslosigkeit, unterstützt. Dazu sollte der Staat in wirtschaftlich guten Zeiten Reserven aufbauen beziehungsweise eventuelle Schulden rückführen und in wirtschaftlich schlechten Zeiten die Staatsausgaben erhöhen.

In der Krise 2007 bis 2010 wurde das neoliberalistische und monetaristische Wirtschaftsdenken der Politik in den letzten Jahren und Jahrzehnten oftmals beschuldigt, die Krise ausgelöst zu haben. Nur Wohlstand und schnelles Geld hätte im Vordergrund gestanden, nicht jedoch das Wohl aller Menschen und ein „demokratischer Markt" in einem demokratischen System. Die Antworten auf die Krise, in Form politischer Maßnahmen, waren dann eben oftmals eher keynesianisch ausgerichtet. Viele Staaten erhöhten ihre Ausgaben, beispielsweise zur Einlagensicherung, zur Rettung von Banken oder zur Schnürung von Konjunk-

---

20 Jakob Arnoldi (2009): Alles Geld verdampft. Finanzkrise in der Weltrisikogesellschaft. Frankfurt am Main: Suhrkamp Verlag, S. 85
21 Ulrich Schäfer (2009): Der Crash des Kapitalismus. Warum die entfesselte Marktwirtschaft scheiterte und was jetzt zu tun ist. Frankfurt/New York: Campus Verlag, S. 27

turpaketen, welche die Wirtschaft beleben und die Arbeitslosigkeit senken sollten, um die Krise einzudämmen. Sie überließen den Markt nicht sich selbst, wie
es nach der monetaristischen Denkweise richtig gewesen wäre. Sie halfen aus,
weil sie nicht daran glaubten, dass der Markt die Krise von selbst überwinden
könnte.

Begriffsdefinitionen

Im folgenden Unterpunkt werden die wichtigsten Begriffe der vorliegenden Arbeit definiert.

„Krise"

Im Falle von Unternehmen handelt es sich bei Krisen meist um ungeplante
und/oder außergewöhnliche Ereignisse beziehungsweise Prozesse, die den Fort-
bestand des Unternehmens entweder gefährden, nur mit außergewöhnlichen
Maßnahmen weiter ermöglichen oder nicht mehr ermöglichen.[22] Gleichsam ver-
hält es sich mit Wirtschaftszweigen und Staaten. Die Konjunkturtheorie be-
schreibt die Krise sehr einfach als Phase des konjunkturellen Niedergangs, also
der Depression.[23]

Reinhart Kosseleck schrieb in seiner Dissertation, es liege im Wesen der
Krise, dass eine Entscheidung fällig, aber noch nicht gefallen ist. In einer kritischen Situation herrscht also Unsicherheit, aber doch auch wieder Sicherheit,
nämlich darüber, dass ein Ende des kritischen Zustands bevorsteht. Man kennt
die mögliche Lösung der Krise zwar nicht, weiß aber, dass ein Ende, in Form
eines Umschlages der bestehenden Verhältnisse, kommen wird.[24]

---

22 Dietmar Johannes Aigner (2009): Krisen- und Sanierungsmanagement. Finanzwirt-
    schaftliche Sanierung. Wien: Linde Verlag, S. 25
23 Schewe, Gerhard: Krisentheorie. In: Gabler Wirtschaftslexikon. URL:
    http://wirtschaftslexikon.gabler.de/Definition/krisentheorie.html, abgerufen am 26. Jän-
    ner 2011
24 Reinhart Kosseleck (1959): Kritik und Krise. Ein Beitrag zur Pathogonese der bürgerli-
    chen Welt. Freiburg/München: Verlag Karl Alber, S. 117

„Maßnahme"

Unter dem Begriff „Maßnahme" werden in der vorliegenden Arbeit Gesetze, Verordnungen, Regelungen, Konjunkturprogramme, Hilfspakete etc. verstanden, welche von der österreichischen Regierung verabschiedet wurden um die Wirtschaft in der Krise zu unterstützen und zu stabilisieren. Bei den Maßnahmen als Reaktion auf die Krise kann prinzipiell zwischen Stabilisierungsmaßnahmen, welche eingesetzt wurden um die Krise abzudämpfen und Reregulierungsmaßnahmen, welche zukünftige Krisen verhindern sollten, differenziert werden. Reregulierungsmaßnahmen können beispielsweise solche sein, die den Finanzsektor mehr Regulierung unterstellen, um mehr Stabilität und Effizienz zu erreichen. Zu den Stabilisierungsmaßnahmen dagegen zählen die Kapitalstärkungsmaßnahmen für Kreditinstitute durch die öffentliche Hand, die Übernahme öffentlicher Haftungen für Verbindlichkeiten und die Einlagensicherung. [25]

---

25   Beirat für Wirtschafts- und Sozialfragen (2009): Österreich und die internationale Finanzkrise. Nr. 83, S. 11

Ursachen und Entwicklung der Wirtschafts- und Finanzkrise(n) 2007 bis 2010

Das folgende Kapitel beschäftigt sich mit den Ursachen und der Entwicklung der Wirtschafts- und Finanzkrise 2007 bis 2010. Das Kapitel ist in drei Teile gegliedert, die jeweils eine Krise beziehungsweise einen Teilaspekt, der seit 2007 als Wirtschafts- und Finanzkrise titulierten Situation besprechen und deren chronologische Entwicklung wiedergeben. Jedes Unterkapitel behandelt also eine „Art" der Krise, welche zusammen genommen die sogenannte Wirtschafts- und Finanzkrise ausmachten. Geographisch gesehen startete die Wirtschafts- und Finanzkrise in den USA und breitete sich von dort über große Teile der übrigen Welt aus. Den Ausgangspunkt der Wirtschafts- und Finanzkrise stellten also die Immobilienblase und die aus ihr resultierende Immobilienkrise in den USA dar, welche im folgenden Unterkapitel näher erläutert werden.

Auf die Immobilienkrise folgte die Bankenkrise. Diese war allerdings nicht mehr auf die USA begrenzt. Die Krise der Banken war vor allem ein Resultat der Verbriefung und des Verkaufs von Hypotheken und Krediten (minderer Qualität). Die mit den Hypotheken und Krediten besicherten Wertpapiere wurden wertlos, als viele Menschen, aufgrund von Preissteigerungen und gestiegenen Zinsen, nicht mehr im Stande waren ihre Schulden zu tilgen. Die Immobilienblase platzte. Überall auf der Welt gerieten Banken in Not und das Vertrauen der Finanzinstitute untereinander ging verloren. Viele mussten mit Liquiditätsspritzen versorgt und so vor dem Zusammenbruch gerettet werden. Über die Bankenkrise soll das zweite Unterkapitel Aufschluss geben.

Danach wird die sogenannte „Eurokrise" besprochen. Diese „Eurokrise" schien 2010, trotz eines schweren Einbruchs des Euros infolge der Griechenland-Krise, noch nicht in vollem Ausmaß eingetroffen zu sein. Einige Staaten der Währungsunion, um die man sich gesorgt hatte, schienen zwar, nicht zuletzt aufgrund von Hilfspaketen anderer Staaten der Eurozone und restriktiven Sparmaßnahmen im eigenen Land, auf dem Weg der Besserung zu sein, es gab jedoch auch Anzeichen dafür, dass es zu einer Verschlechterung der Situation dieser Länder kommen könnte. In diesem Fall wären die gemeinsame Währung und die gesamte Eurozone negativ betroffen. Eine Verschlimmerung der „Eurokrise" war mit Stand Ende 2010 noch nicht auszuschließen. Die Indikatoren, warum es zu einer solchen kommen könnte, werden im Kapitel „Eurokrise" beschrieben und erläutert.

Immobilienkrise

Die Immobilienkrise setzte in den USA akut im Jahr 2007 ein. Sie resultierte aus einer Immobilienblase, die sich schon in den Jahren zuvor, nach dem 11. September 2001, aufgrund vielfältiger Ursachen gebildet und immer weiter aufgebläht hatte. Als diese schließlich platzte, entstand eine Krise die in weiterer Folge auch auf andere Wirtschaftsbereiche übergriff.

Die basalen Gründe, warum es überhaupt zu einer derartigen Krisensituation kommen konnte, fielen in den Kompetenzbereich der Politik. Die amerikanische Politik hatte in den vergangenen Jahrzehnten einige Entscheidungen gefällt und Gesetze verabschiedet, welche die Grundlagen für die Immobilienkrise von 2007 bildeten. Grundlagen also, welche die Krise erst ermöglichten.

Im Jahr 1977, unter dem damaligen Präsidenten Jimmy Carter, wurde in den USA ein Gesetz verabschiedet, welches gewährleisten sollte, dass Hauskredite auch für Personen verfügbar werden, die nicht über entsprechende Sicherheiten, Ersparnisse oder einen Job verfügten.[26] Dieses Gesetz, der „Community Reinvestment Act" (CRA), wurde damals eingeführt um der Verwahrlosung von Wohnbezirken und der Bildung von Slums entgegenzuwirken. Er sollte benachteiligten Menschen dazu verhelfen, in Immobilien investieren zu können und dadurch ihre Wohngegenden aufzuwerten.[27] Banken wurden dazu angehalten, bei der Kreditvergabe nicht mehr zwischen normalen Wohngegenden und Slums zu unterscheiden. Zuvor hatten sich die Banken auf diese Weise vor Verlusten geschützt. Denn erfahrungsgemäß verloren die Objekte, mit denen die Kredite besichert waren, in den Slums schneller an Wert als in anderen Wohngebieten. Die Wirkung des CRA ging jedoch weit über die Intention einer Wiederbelebung der verslumten Stadtteile hinaus. Denn die Aufforderung der Regierung, bei der Kreditvergabe weniger streng vorzugehen, setzte sich durch. Immer mehr Banken fanden Gefallen an dieser Art des Geschäftes, welches zwar ein hohes Risiko darstellte, aber auch hohe Zinsen einbrachte. Daraus ergab sich, dass man bald vielerorts ohne die üblichen Sicherheiten Geld für den Kauf von Immobilien leihen konnte. So begann auch die Nachfrage nach Immobilien zu steigen und löste in weiterer Folge einen Bauboom aus. Der Anteil der US-Haushalte mit Eigenheim wuchs zwischen 1977 und 1980 beträchtlich an. Den

---

26 Hans-Olaf Henkel (2009): Die Abwracker. Wie Zocker und Politiker unsere Zukunft verspielen. München: Wilhelm Heyne Verlag, S. 25

27 Hans-Werner Sinn (2009): Kasino-Kapitalismus. Wie es zur Finanzkrise kam, und was jetzt zu tun ist. Berlin: Econ, S. 119-120

nächsten Anstieg der Immobilienpreise gab es dann zur Zeit der Präsidentschaft Bill Clintons (1993 bis 2004[28]) und fand sein Ende erst im Jahr 2006 unter Präsident George W. Bush, als die Immobilienblase schließlich platzte. Carters Gesetz erhielt den entscheidenden Schub nämlich durch Bill Clinton, welcher es sich ebenfalls zum Ziel gesetzt hatte, den Eigenheimerwerb zu fördern.[29]

Unter Präsident Clinton kam es im Jahr 1995 zu einer Novelle des CRA, welche wiederum die Banken dazu drängte, auch Kunden mit geringer Bonität (Kreditwürdigkeit) Kredite zu gewähren. Der erforderliche Druck zur Befolgung des Gesetzes entstand dadurch, dass die Banken nun hinsichtlich der Einhaltung der Kreditvergabekriterien bewertet und die Ergebnisse dieser Bewertungen veröffentlicht wurden.[30] Hätten die Banken also an der Praxis festgehalten, Kredite nur an Kunden mit entsprechenden Sicherheiten und hoher Bonität zu vergeben, hätte die Öffentlichkeit dies erfahren und die Banken hätten mit Reputationseinbußen sowie mit Klagen wegen Diskriminierung zu kämpfen gehabt. Immobilienkredite ließen sich, gleich Grundrechten, einklagen. Immer mehr Leuten, denen im Grunde entsprechende Sicherheiten fehlten, wurden daraufhin Kredite gewährt. Diese wurden oft als „Ninja"-Kredite (Ninja stand hier für „no income, no jobs, no assets") oder „Subprime"-Kredite bezeichnet.[31]

Ein neues Marktsegment der problematischen Kredite mit hohem Ausfallsrisiko war geschaffen worden, der „Subprime"-Markt. Definiert waren die „Subprime"-Kredite durch einen Beleihungsgrad von mehr als 90 Prozent oder dadurch, dass sie an Personen vergeben wurden, bei denen der Schuldendienst mehr als 45 Prozent ihres Bruttoeinkommens betrug.[32]

Es herrschten demzufolge sehr günstige Finanzierungsbedingungen am US-Immobilienmarkt und viele Leute wollten die Chance, Geld für den Kauf eines Eigenheimes zu leihen, nutzen. Aufgrund der wachsenden Nachfrage stiegen die Preise für Immobilien immer weiter an und die Menschen begannen zu spekulie-

---

28 Stiftung Haus der Geschichte der Bundesrepublik Deutschland. URL: http://www.hdg.de/lemo/html/biografien/ClintonBill/index.html, abgerufen am 25. August 2010

29 Hans-Olaf Henkel (2009): Die Abwracker. Wie Zocker und Politiker unsere Zukunft verspielen. München: Wilhelm Heyne Verlag, S. 27-29

30 Hans-Werner Sinn (2009): Kasino-Kapitalismus. Wie es zur Finanzkrise kam, und was jetzt zu tun ist. Berlin: Econ, S. 120-121

31 Hans-Olaf Henkel (2009): Die Abwracker. Wie Zocker und Politiker unsere Zukunft verspielen. München: Wilhelm Heyne Verlag, S. 30

32 Hans-Werner Sinn (2009): Kasino-Kapitalismus. Wie es zur Finanzkrise kam, und was jetzt zu tun ist. Berlin: Econ, S. 123

ren, dass sie dies auch weiterhin tun würden. Die „Subprime"-Kredite erschienen vielen Menschen, aufgrund des variablen Zinssatzes bei dem man in den ersten Jahren auf Tilgung verzichten konnte, als sehr attraktiv.[33]

„Subprime"-Schuldner galten, wie schon weiter oben erwähnt, als Kreditnehmer minderer Bonität, trotzdem wurden sie von den Hypothekenmaklern mit Liquidität versorgt. Laut Ulrich Schäfer, drängten diese den Menschen ihr Geld regelrecht auf. Viele Amerikaner, sahen dies als günstige Gelegenheit und schuldeten auch bestehende Darlehen um. Die neuen Kredite, mit den variablen Zinsen waren jedoch oftmals viel schlechter, als es die alten mit den festen Konditionen gewesen waren. Die Kunden ließen sich von den günstigen Raten in den ersten Jahren blenden, übersahen dabei jedoch, dass die Zinsen nach einer gewissen Frist steil anstiegen.[34] Die potentiellen Kreditnehmer sollten dadurch „angelockt" werden, dass sie in den ersten zwei bis drei Jahren fast keine Zinszahlungen zu leisten hatten. Nach dieser anfänglichen Frist aber sprang der Zins auf eine markant über dem Marktniveau liegende Stufe.[35]

Die Kunden bemerkten dies meist vorerst nicht, sie freuten sich eher, dass die Banken ihnen den kompletten Kaufpreis ihres Hauses vorstreckten und keine Sicherheiten verlangten. Sie konnten sich nicht vorstellen, dass die Preise ihrer Häuser möglicherweise irgendwann fallen könnten.[36] Aufgrund der niedrigen Zinsen, die den Hauskauf attraktiv machten und die Nachfrage vergrößerten, stiegen die Häuserpreise auch über lange Zeit immer weiter an.

In Amerika war es traditionell üblich und keineswegs ungewöhnlich, einen Kredit zum Zwecke des Hauskaufes aufzunehmen. Neu hingegen war nun, dass auch Hauskäufer Kredite bekamen, die sich deren Tilgung eigentlich nicht leisten konnten. Normalerweise hätten Hausbauer genug Geld als Puffer zur Seite legen müssen um auch mit einem leichten Rückgang der Häuserpreise umgehen zu können, nun aber besaßen die meisten Leute dieses Geld nicht und die Ban-

---

33 Peter Bofinger (2009): Ist der Markt noch zu retten? Warum wir jetzt einen starken Staat brauchen. 2. Aufl., Berlin: Econ, S. 22

34 Ulrich Schäfer (2009): Der Crash des Kapitalismus. Warum die entfesselte Marktwirtschaft scheiterte und was jetzt zu tun ist. Frankfurt/New York: Campus Verlag, S. 152-153

35 Stephan Schulmeister (2009): Die neue Weltwirtschaftskrise – Ursachen, Folgen, Gegenstrategien. Materialien zu Wirtschaft und Gesellschaft Nr. 106. Wien: Abteilung Wirtschaftswissenschaft und Statistik der Kammer für Arbeiter und Angestellte für Wien (Hrsg.), S. 2

36 Ulrich Schäfer (2009): Der Crash des Kapitalismus. Warum die entfesselte Marktwirtschaft scheiterte und was jetzt zu tun ist. Frankfurt/New York: Campus Verlag, S. 153

ken verlangten dies auch nicht von ihnen. Die eigentlichen Grundsätze der Kreditvergabe waren damit außer Kraft gesetzt und dies war weniger die Schuld der einzelnen Familien, welche leichtfertig und ohne Sicherheiten und Rückzahlungsmöglichkeiten Kredite aufnahmen, mehr lag die Schuld bei der veränderten Praxis der Kreditvergabe. Es wurden Kredite ohne Anzahlung und mit für die Kreditnehmer im Grunde unerschwinglichen Monatsraten ausgegeben. Die Kreditnehmer wurden also durch vorerst niedrige Tilgungsraten getäuscht, welche jedoch unerschwinglich wurden, sobald der anfangs geringe Zins anstieg. Vieles in diesem Bereich lief unter dem Prädikat „Subprime", das Phänomen indes war ein allgemeines, es reichte über die Sparte der Kredite für Hauskäufer mit geringem Einkommen hinaus.[37]

Die Krise übertrug sich nämlich schließlich vom „Subprime"-Markt auf den gesamten Immobilienmarkt. Solange die Marktteilnehmer daran glaubten, dass die Preise weiterstiegen, taten sie dies auch, weil sich die Käufer und Verkäufer dementsprechend verhielten. Kamen aber Zweifel auf, konnte es rasch zur Wende kommen. So war es auch beim Platzen der amerikanischen Immobilienblase. Negative Nachrichten, die aufkamen, veranlassten viele Menschen ihre Häuser zu noch guten Preisen zu verkaufen. Es kam folglich zu einer Verlangsamung des Preisanstiegs und anschließend zur Umkehr. Die Preise begannen zu fallen und auch durchschnittlich solvente Hausbesitzer wurden in die Überschuldung getrieben. Banken verweigerten die Verlängerung und Aufstockung von Krediten und es kam zu Zwangsversteigerungen. Dies erhöhte wiederum den Preisdruck und verschlechterte die Erwartungen, wodurch noch mehr Kreditnehmer zum Ausstieg gezwungen wurden. Zugleich übertrug sich der Pessimismus auf den Aktienmarkt und die Kurse vieler Aktien begannen zu fallen. Panik brach aus, allgemeine Konsumzurückhaltung setzte ein und schließlich kam es zur Rezession.[38]

Nach Hans Werner Sinn war es offensichtlich, dass das Ganze nicht gutgehen konnte. Denn dadurch, dass die Preise der Häuser und damit auch die Volumina der Hypothekenkredite viel stärker gestiegen waren als die Haus-

---

37   Paul Krugman (2008): Die neue Weltwirtschaftskrise. Frankfurt/New York: Campus Verlag, S. 174-175

38   Jakob Arnoldi (2009): Alles Geld verdampft. Finanzkrise in der Weltrisikogesellschaft. Frankfurt am Main: Suhrkamp Verlag, S. 126

haltseinkommen, fiel es gerade ärmeren Familien immer schwerer ihren Kredit mit Zins und Tilgung zu bedienen.[39]

Man kann also sagen, dass die Gesetzesnovelle des demokratischen Präsidenten Bill Clinton, bezogen auf das was sie erreichen wollte, einen Erfolg darstellte, denn der Anteil der Haushalte mit Immobilienbesitz kletterte binnen zehn Jahren von 65 auf 69 Prozent[40]. Auch Clintons Nachfolger im Präsidentenamt, der Republikaner George W. Bush, zeigte sich in den Jahren seiner Präsidentschaft auf einer Linie mit seinem Vorgänger. Bush hatte sich vorgenommen bis 2010 rund 5,5 Millionen amerikanischen Familien zu einem Eigenheim zu verhelfen[41], auch wenn diese nur über unzureichendes Einkommen verfügten. Bushs Devise lautete, Amerika sei „ein Land von Hausbesitzern"[42]. Alle diesbezüglichen politischen Maßnahmen der verschiedenen US-Regierungen erfüllten also ihren intendierten Zweck, und führten dazu, dass viele Menschen sich Häuser kauften, auch wenn sie sich diese großteils gar nicht leisten konnten.[43]

Man kann den Politikern also den Erfolg ihrer Gesetze, insofern, als damit auch effektiv bewirkt wurde, was intendiert war, nicht in Abrede stellen. Die Idee an sich, dass jeder Amerikaner ein Eigenheim besitzen solle, schien sehr populär gewesen zu sein und den Menschen gefallen zu haben. Man kann sie jedoch auch als etwas naiv und die Umsetzung als schlecht durchdacht ansehen.

Die angesprochene Idee war in allen Fraktionen des politischen Spektrums vorzufinden. Den Demokraten gefiel sie, weil sie den Aufstieg der unteren und mittleren Einkommensschichten bedeutete. Den Republikanern, weil diese der Ansicht waren, alle Menschen, aus allen Teilen der Gesellschaft sollten sich der Verantwortung und Disziplin stellen, die Eigentum mit sich bringt, anstatt Miete zu zahlen oder in öffentlich geförderten Wohnprojekten zu leben.[44]

---

39 Hans-Werner Sinn (2009): Kasino-Kapitalismus. Wie es zur Finanzkrise kam, und was jetzt zu tun ist. Berlin: Econ, S. 123

40 Hans-Werner Sinn (2009): Kasino-Kapitalismus. Wie es zur Finanzkrise kam, und was jetzt zu tun ist. Berlin: Econ, S. 122

41 Hans-Olaf Henkel (2009): Die Abwracker. Wie Zocker und Politiker unsere Zukunft verspielen. München: Wilhelm Heyne Verlag, S. 31

42 Richard Haimann: Amerikas neuer Traum heißt Wohnen zur Miete. In: Welt online, Stand: 18. August 2009. URL: http://www.welt.de/finanzen/article4347924/Amerikas-neuer-Traum-heisst-Wohnen-zur-Miete.html, abgerufen am 24.08.2010

43 Hans-Olaf Henkel (2009): Die Abwracker. Wie Zocker und Politiker unsere Zukunft verspielen. München: Wilhelm Heyne Verlag, S. 32

44 Jakob Arnoldi (2009): Alles Geld verdampft. Finanzkrise in der Weltrisikogesellschaft. Frankfurt am Main: Suhrkamp Verlag, S. 24

Die Auswirkungen der Initiativen jedoch, welche, gleich von welcher Seite des politischen Spektrums, eingebracht wurden, um die Idee des Eigenheims für alle Amerikaner zu verwirklichen, waren am Ende durchwegs negativ. Sie brachten viele Immobilienspekulanten[45] und einen zu einer Blase aufgeblähten Immobilienmarkt hervor. Man kann der Politik nicht die alleinige Schuld an der Immobilienkrise geben, denn hier spielten vielfältige Faktoren mit, man kann aber doch behaupten, dass sie das Fundament für die Krise legte.

Die Entwicklung der Immobilienblase war in den Jahren vor ihrem Platzen zügig vorangeschritten. Die Zinsen wurden immer niedriger und immer mehr Leute bauten sich Häuser. Sobald sich die Rückzahlung des Darlehens durch den Wertzugewinn des Hauses bestreiten ließ, war auch kein eigenes Kapital mehr erforderlich. Die Immobilie bezahlte sich selbst. Sobald die Wertsteigerung die noch zu zahlenden Zinsen überstieg, konnte man sogar Geld verdienen. Man baute also nicht mehr nur um zu wohnen, sondern auch um vom Weiterverkauf zu profitieren. Die Banken trugen ihren Teil zur Hausse bei, indem sie viele der Häuser zu 100 Prozent finanzierten und sie dann sogar mit bis zu 125 Prozent beliehen. Die Käufer kamen so in den Genuss eines „cash-back", das heißt, sie bekamen beim Hausbau noch Geld heraus. Beispielsweise finanzierte der Käufer das Haus mit 100 Prozent des Kredits und um die restlichen 25 Prozent kaufte er noch ein Auto oder andere Konsumgüter. Auch dieses „cash-back"-System trug zu den inflationären Preisen der Immobilien bei, ohne dass es deren realen Wert auch nur minimal hob. Viele Amerikaner lebten über ihre Verhältnisse. Sie lebten einen Lebensstil auf Kosten der Banken, den sie selbst nie finanzieren hätten können. Und dies nahezu sorgenfrei, da sie durch eine gesetzliche Haftungsbeschränkung geschützt waren.[46] In den USA waren die meisten Hypotheken „nonrecourse-loans", was bedeutete, dass der Schuldner nicht persönlich haftete, sondern nur mit der beliehenen Immobilie.[47] In anderen Ländern war es üblich bei Zahlungsunfähigkeit das Haus des Schuldners zu versteigern und falls der Erlös daraus nicht reichte, auf etwaiges anderes Vermögen zurückzugreifen. In den USA allerdings herrschte Regressfreiheit. Wenn ein Hypothekennehmer die Zinsen nicht mehr zahlen konnte oder wollte, war die leidtragende Bank ledig-

---

45 Hans-Olaf Henkel (2009): Die Abwracker. Wie Zocker und Politiker unsere Zukunft verspielen. München: Wilhelm Heyne Verlag, S. 34
46 Henkel (2009): Die Abwracker. Wie Zocker und Politiker unsere Zukunft verspielen. München: Wilhelm Heyne Verlag, S. 33-34
47 Ferry Stocker (2009): Zahltag. Finanz- und Wirtschaftskrise und ökonomische Prinzipien. Wien: facultas.wuv, S. 70

lich befugt auf die beliehene Immobilie zuzugreifen, nicht aber auf sonstiges Vermögen oder Einkommen des Schuldners. Diese Art der Haftungsbeschränkung trug zu einem beträchtlichen Teil dazu bei, dass die Häuserspekulationen in den USA so stark anstiegen.[48] Die Eigenheimbesitzer gingen relativ sorglos mit dem beliehenen Geld um, da sie, außer dem Verlust ihres Hauses, weiters keine Einbußen zu befürchten hatten.

Immobilien waren ab den 1990er Jahren stetig teurer geworden. Man hatte den Menschen eingeredet, der Boom wäre nachhaltig und würde in der gesamten Wirtschaft Wohlstand erzeugen. Familien wurden, wie es schien, ohne Aufwand reicher. Mit den steigenden Preisen der Eigenheime, erhöhten die Familien auch ihre Konsumausgaben und damit ihren Lebensstil, welcher bald fast ausschließlich auf Schulden basierte.[49] Kredite waren billig, man nahm an, dass die Immobilienpreise weiter steigen würden und so kaufte man auch immer weiter ein.

Viele Familien verwendeten Immobilien als Sicherheit für Konsumkredite.[50] mmer mehr Menschen liehen sich also immer mehr Geld um Konsumausgaben zu finanzieren und benutzten dazu ihre Häuser, von denen sie Wertsteigerungen erwarteten, als Sicherheit. Sie finanzierten, in Anbetracht der immer weiter steigenden Immobilienpreise, ihren hohen Lebensstandard über Immobilienbesitz.

Sie beluden ihre Häuser mit immer höheren Schulden. Jedes Mal wenn deren Marktwert stieg, erhöhten sie die Hypothek, gaben das Geld aus und trugen damit zum weiteren Aufschwung bei.[51] Tatsächlich aber verloren die Häuser durch Abnutzung an Wert. Die Preise stiegen nur, weil der Wert der örtlichen Grundstücke, auf denen die Häuser gebaut worden waren, stieg.[52]

Zusammenfassend lässt sich also sagen, dass viele Haushalte Immobilien als Sicherheit für Konsumkredite benutzten, oder ihren Konsum durch den soge-

---

48   Hans-Olaf Henkel (2009): Die Abwracker. Wie Zocker und Politiker unsere Zukunft verspielen. München: Wilhelm Heyne Verlag, S. 34-35

49   Fred Harrison (2008): Wirtschaft Krise 2010. Wie die Immobilienblase die Wirtschaft in die Krise stürzt. Kühn & Weyh: Freiburg, S. 273

50   Karin Küblböck/Cornelia Staritz (2008): Finanzkrisen in Industrie- und Schwellenländern. Gemeinsamkeiten und Unterschiede. In: Beate Blaschek (ATTAC Österreich) (Hrsg.): Crash statt Cash. Warum wir die globalen Finanzmärkte bändigen müssen. Wien: ÖGB-Verl., S. 79-99, insbesondere S. 90

51   Ulrich Schäfer (2009): Der Crash des Kapitalismus. Warum die entfesselte Marktwirtschaft scheiterte und was jetzt zu tun ist. Frankfurt/New York: Campus Verlag, S. 154

52   Fred Harrison (2008): Wirtschaft Krise 2010. Wie die Immobilienblase die Wirtschaft in die Krise stürzt. Kühn & Weyh: Freiburg, S. 273

nannten „cash-back" - wiederum Schulden - finanzierten und folglich der private Konsum stetig auf einem hohen Niveau blieb.[53]

Auch die Hypothekenanbieter hatten sich aufgrund des Immobilienbooms und der steigenden Immobilienpreise auf der sicheren Seite gewähnt. Sie boten eine Reihe neuer Produkte mit flexibler Rückzahlung oder variablen Zinssätzen an. Durch diese neuen Produkte drängten auch neue Käufer auf den Markt. Die Hypothekenvermittler gingen davon aus, dass Schuldner, falls sie nicht mehr im Stande waren ihre Hypotheken zu bedienen, das Grundeigentum, auf das sie die Hypothek aufgenommen hatten, zu einem höheren Preis verkaufen könnten und machten sich somit keine Sorgen um das verliehene Geld. Auch sie waren der festen Überzeugung, der Boom sei nachhaltig und die Preise würden immer weiter steigen. Sie agierten bei der Überprüfung der Darlehensnehmer nachlässig und die Politik stand dabei hinter ihnen. Für sie war ein starker Anreiz vorhanden, Geld zu verleihen, da ihnen dies enorm hohe Provisionen einbrachte.[54]

Rückblickend gesagt, diente also ab den 1990er Jahren ein wesentlicher Teil der Kredite an Privathaushalte dem Immobilienerwerb. Die Preise stiegen aufgrund der anhaltenden Nachfrage immer weiter an.[55] Zwischen 1996 bis 2006 verdoppelten sich die Häuserpreise in den USA.[56]

Das Wachstum am Immobilienmarkt sollte durch die weitere Anwerbung von Kreditnehmern gesichert werden. Banken gingen darum in immer größerem Ausmaß dazu über, sogenannte „Subprime"-Kredite, zu sehr günstigen Konditionen, wie eben einer anfänglich langen tilgungsfreien Periode, zu vergeben.[57] Es

---

53 Karin Küblböck/Cornelia Staritz (2008): Finanzkrisen in Industrie- und Schwellenländern. Gemeinsamkeiten und Unterschiede. In: Beate Blaschek (ATTAC Österreich) (Hrsg.): Crash statt Cash. Warum wir die globalen Finanzmärkte bändigen müssen. Wien: ÖGB-Verl., S. 79-99, insbesondere S. 90

54 Jakob Arnoldi (2009): Alles Geld verdampft. Finanzkrise in der Weltrisikogesellschaft. Frankfurt am Main: Suhrkamp Verlag, S. 22-23

55 Karin Küblböck/Cornelia Staritz (2008): Finanzkrisen in Industrie- und Schwellenländern. Gemeinsamkeiten und Unterschiede. In: Beate Blaschek (ATTAC Österreich) (Hrsg.): Crash statt Cash. Warum wir die globalen Finanzmärkte bändigen müssen. Wien: ÖGB-Verl., S. 79-99, insbesondere S. 90

56 Hans-Olaf Henkel (2009): Die Abwracker. Wie Zocker und Politiker unsere Zukunft verspielen. München: Wilhelm Heyne Verlag, S. 33

57 Karin Küblböck/Cornelia Staritz (2008): Finanzkrisen in Industrie- und Schwellenländern. Gemeinsamkeiten und Unterschiede. In: Beate Blaschek (ATTAC Österreich) (Hrsg.): Crash statt Cash. Warum wir die globalen Finanzmärkte bändigen müssen. Wien: ÖGB-Verl., S. 79-99, insbesondere S. 90

war ein Hype entstanden, eine aufgeblähte Immobilienblase. Objektive Maßstäbe waren weitgehend außer Kreft gesetzt. Immobilien wurden nicht gemäß ihrem eigentlichen Wert gehandelt. Die Preise kletterten aufgrund des Hypes, also der steigenden Nachfrage, in absurde Höhen. Die Blase war ein Ausnahmezustand, niemand konnte, und fast niemand wollte sich ihr entziehen. Sie war in erster Linie ein psychologisches, kein ökonomisches, Problem, zu dem die Politik ihren Teil beitrug.[58]

Wie schon erwähnt, finanzierten viele und vor allem ärmere Menschen in Amerika ihren Lebensstil, im Glauben an den stetig steigenden Wertzuwachs ihrer Häuser, über Schulden. Dies ist auch an der Entwicklung der amerikanischen Sparquote seit 1929 ersichtlich. Bis zum Beginn der 1980er Jahre lag sie stetig zwischen sieben und elf Prozent. Danach fiel sie trendmäßig, ein Vierteljahrhundert lang. Zwischen 2005 und 2007 war sie dann praktisch bei null angelangt. Die Aufblähung der Blase stellte eine wesentliche Triebkraft des amerikanischen Konsums dar, der über viele Jahre hinweg schneller angestiegen war, als das verfügbare Einkommen. Die Amerikaner hatten es nicht mehr für nötig gehalten zu sparen, da sie sich aufgrund der stetig steigenden Preise ihrer Häuser, für das Alter abgesichert sahen. Mitte des Jahres 2006 schließlich platzte die amerikanische Immobilienblase. Die Preiskurve hatte ihr Maximum erreicht. Ab diesem Zeitpunkt fielen die Immobilienpreise nur noch.[59]

Der Ökonom Joseph Stiglitz schrieb hierzu, dass die einzige Überraschung an der Krise gewesen wäre, dass diese für einige überraschend kam. Er meinte, die Krise war für viele Beobachter ein Fall wie aus dem Lehrbuch, der nicht nur vorsehbar war, sondern auch vorhergesehen wurde. Ein deregulierter Markt, überflutet mit Liquidität und niedrigen Zinsen, eine globale Immobilienblase und hohe „Subprime"-Kreditvergaben waren eine toxische Kombination. Die Wirtschaft geriet aus dem Gleichgewicht, zwei Drittel und teilweise auch drei Drittel des amerikanischen Bruttoinlandsproduktes (BIP) waren mit Immobilien verbunden. Das Platzen der Blase traf zuerst die schlimmsten Hypotheken, bald aber alle.[60]

---

58 Hans-Olaf Henkel (2009): Die Abwracker. Wie Zocker und Politiker unsere Zukunft verspielen. München: Wilhelm Heyne Verlag, S. 41-42

59 Hans-Werner Sinn (2009): Kasino-Kapitalismus. Wie es zur Finanzkrise kam, und was jetzt zu tun ist. Berlin: Econ, S. 33-34, 48

60 Joseph E. Stiglitz (2010): Freefall. Free Markets and the Sinking of the Global Economy. London: Penguin Group, S. 1-2

Auch Rene Alfons Haiden sah unter anderem das zu rasche Wachstum am US-Immobilienmarkt und die übertriebene Niedrigzinspolitik der amerikanischen Zentralbank als Ursachen für die fehlerhafte Entwicklung. Vor allem aber die, vielfach über die eigentliche Investition hinausgehende, Darlehensgewährungen an Menschen ohne die entsprechenden Sicherheiten, zu überaus niedrigen Zinsen und ohne die in Europa übliche Mitverpflichtung des Darlehensnehmers.[61]

Viele Beobachter gaben in erster Linie der amerikanischen Notenbank (Federal Reserve System, Fed) die Schuld am Entstehen der Immobilienblase. Sie kritisierten die hier über Jahre hinweg betriebene Niedrigzinspolitik. Als Hauptverantwortlicher wurde immer wieder Alan Greenspan, der fast zwanzig Jahre an der Spitze der US-Notenbank stand[62], genannt.

Aber nicht nur zur Entstehung der Immobilienblase, sondern auch zum akuten Ausbruch der Immobilienkrise, sollte die amerikanische Notenbank, laut vieler Kommentatoren, beigetragen haben.

Hans-Olaf Henkel meinte zur Geldpolitik Greenspans, dass diese lange Zeit im Wesentlichen daraus bestand, künstlich verbilligtes Geld in die Märkte zu pumpen.[63] Der Ökonom Peter Bofinger schrieb, dass man spätestens im Herbst 2006 hätte erkennen können, dass der US-Immobilienmarkt in einer schwere Schieflage geraten würde. Auch er nannte die Niedrigzinspolitik Alan Greenspans als einen Grund für die Krise. Durch das billige Geld wäre ein starker Anreiz entstanden, Finanzinvestitionen mit einem möglichst hohen Verschuldungsgrad (leverage) einzugehen.[64] Joseph Stiglitz gab ebenfalls der Federal Reserve eine Mitschuld an der Krise. Er sagte, Greenspan hätte durch niedrige Zinsen die Märkte mit Liquidität geflutet und so eine Immobilienblase entstehen lassen.[65]

---

61   Rene Alfons Haiden (2009): Von der US-Finanzkrise zur Weltwirtschaftskrise. In: Erwin J. Frasl/Rene Alfons Haiden/Josef Taus (Hrsg.): Österreichs Kreditwirtschaft in der Weltfinanzkrise. Fakten, Analysen, Perspektiven und Chancen. Wien/Graz: Neuer Wissenschaftlicher Verlag, S. 51-72, insbesondere S. 52

62   Hans-Olaf Henkel (2009): Die Abwracker. Wie Zocker und Politiker unsere Zukunft verspielen. München: Wilhelm Heyne Verlag, S. 43

63   Hans-Olaf Henkel (2009): Die Abwracker. Wie Zocker und Politiker unsere Zukunft verspielen. München: Wilhelm Heyne Verlag, S. 42-43

64   Peter Bofinger (2009): Ist der Markt noch zu retten? Warum wir jetzt einen starken Staat brauchen. 2. Aufl., Berlin: Econ, S. 20, 22

65   Joseph E. Stiglitz (2010): Freefall. Free Markets and the Sinking of the Global Economy. London: Penguin Group, S. 4

Fred Harrison unterstellte Greenspan „strategisches Versagen"[66]. Auch Marc Beise sah den Boom und die Blase durch die Serie von Zinssenkungen der amerikanischen Notenbank initiiert.[67] Paul Krugman meinte gleichermaßen, dass die niedrigen Zinsen für die Immobilienblase verantwortlich gewesen wären, weil sie den Hauskauf attraktiv machten und durch die daraufhin steigende Nachfrage auch ein Anstieg der Preise gerechtfertigt war. Als negativ bezeichnete Krugman außerdem, dass die alten Regeln nicht mehr galten, dass nun also auch Menschen Kredite bekamen, die sich deren Rückzahlung nicht leisten konnten. Die niedrigen Zinsen hätten sich ausschließlich auf die vom Kreditbetrag abhängigen Tilgungsraten auswirken sollen und auf sonst nichts, so Krugman.[68]

Es existierten also viele Kritiker, durchaus aber auch Verteidiger von Greenspans Niedrigzinspolitik.

Hans-Werner Sinn zählte zu den Verteidigern, er meinte zwar auch, dass die amerikanische Zentralbank zunächst, im Vergleich zur Europäischen Zentralbank (EZB), tatsächlich niedrige Zinsen gesetzt hätte. Er sah es aber positiv, dass dieser Zinssatz die Bereitschaft erhöhte, das eigene oder geliehene Geld in Häuser und Aktien anzulegen. Dies hätte, laut Sinn, effektiv zur Belebung der Wirtschaft beigetragen und diese Politik wäre vor Ausbruch der Krise auch noch hoch gelobt worden.[69] Genau diesen Aspekt nannten auch andere Ökonomen, legten ihn jedoch negativ aus und kritisierten, dass durch das billige Geld ein starker Anreiz entstanden wäre, Finanzinvestitionen mit einem hohen Verschuldungsgrad einzugehen. Viele Amerikaner hatten sich also, in dem Glauben mit der Wirtschaft und den Immobilienpreisen würde es immer weiter bergauf gehen, hoch verschuldet. Kritiker machten Greenspan verantwortlich für den schuldenbasierten Boom auf dem Immobilienmarkt und damit auch für das Entstehen der Immobilienblase.

Hans-Werner Sinn erklärte, es wäre richtig, dass die akute Krise durch die seit der zweiten Hälfte des Jahres 2004 angestiegenen Zinsen ausgelöst wurde, welche Greenspan mitzuverantworten hatte. Er verteidigte diese Strategie aber,

---

66 Fred Harrison (2008): Wirtschaft Krise 2010. Wie die Immobilienblase die Wirtschaft in die Krise stürzt. Kühn & Weyh: Freiburg, S. 11

67 Marc Beise (2009): Die Ausplünderung der Mittelschicht. Alternativen zur aktuellen Politik. München: Deutsche Verlags-Anstalt, S. 73

68 Paul Krugman (2008): Die neue Weltwirtschaftskrise. Frankfurt/New York: Campus Verlag, S. 174-175

69 Hans-Werner Sinn (2009): Kasino-Kapitalismus. Wie es zur Finanzkrise kam, und was jetzt zu tun ist. Berlin: Econ, S. 54-55

indem er meinte, die Zentralbank müsste die Zinsen erhöhen wenn die Wirtschaft boomte, um Überhitzung zu vermeiden und um für Zinssenkungen zur Abfederung des nächsten Abschwungs gerüstet zu sein. Insofern wäre der Fed nicht vorzuwerfen, dass sie mit ihren Zinserhöhungen die Krise auslöste. Die strukturellen Ursachen für die Banken- und Immobilienkrise mussten, laut Sinn, irgendwann ohnehin aufbrechen und aus dem Auslöser der Krise könnte nicht auf die Gründe für die Fehlentwicklungen geschlossen werden.[70]

Man kann also sagen, dass Greenspan durch die Anhebung der Zinsen 2004 für den Ausbruch der Immobilienkrise mitverantwortlich war. Man kann ihm nicht die alleinige Schuld für die vorhergegangenen Fehlentwicklungen geben, jedoch trug seine Geldpolitik auch ihren Teil dazu bei.

Die Notenbank erhöhte also ab 2004 die Leitzinsen stetig, der Immobilienpreisboom schwächte daraufhin ab und die Immobilienpreise begannen ab 2007 zu sinken. Gleichzeitig setzte nun, nach der anfänglichen Schonfrist, bei vielen Hausbesitzern die Hochzinsphase ihres Kredites ein[71] und es kam zu allgemeinen Preissteigerungen. Immer mehr „Subprime"-Schuldner konnten daraufhin ihren Zahlungsverpflichtungen nicht mehr nachkommen.[72] Banken begannen Darlehen aufzukündigen und Hypothekenforderungen geltend zu machen. 2007 sahen sich zwei Millionen Darlehensnehmer mit Rückzahlungsforderungen konfrontiert.[73]

Schon der zunächst langsame Rückgang der Preise machte jene Annahme zunichte, auf welcher der Boom der „Subprime"-Kredite basiert hatte. Das Grundprinzip dieser Art von Kreditvergabe war die Annahme gewesen, dass es egal wäre, ob ein Kreditnehmer wirklich imstande wäre, die Hypothek, aufgrund seines Einkommens oder anderer Sicherheiten, zurückzuzahlen, solange die Häuserpreise permanent stiegen. Denn so konnten Kreditnehmer, wenn sie Probleme mit der Rückzahlung der Kredite hatten, entweder umschulden, oder das

---

70 Hans-Werner Sinn (2009): Kasino-Kapitalismus. Wie es zur Finanzkrise kam, und was jetzt zu tun ist. Berlin: Econ, S. 56-57

71 Stephan Schulmeister (2009): Die neue Weltwirtschaftskrise – Ursachen, Folgen, Gegenstrategien. Materialien zu Wirtschaft und Gesellschaft Nr. 106. Wien: Abteilung Wirtschaftswissenschaft und Statistik der Kammer für Arbeiter und Angestellte für Wien (Hrsg.), S. 2

72 Harald Shumann/Christiane Grefe (2008): Der globale Countdown. Gerechtigkeit oder Selbstzerstörung – die Zukunft der Globalisierung. Köln: Kiepenheuer & Wirtsch, S. 107

73 Fred Harrison (2008): Wirtschaft Krise 2010. Wie die Immobilienblase die Wirtschaft in die Krise stürzt. Kühn & Weyh: Freiburg, S. 274

Haus (mit Gewinn) verkaufen und ihre Hypothek dadurch tilgen. Sobald jedoch die Häuserpreise sanken, stieg die Ausfallsquote an.[74]

Die Immobilienkrise war eine US-amerikanische Sache, wobei hier sowohl der Politik als auch der Notenbank eine gewisse Teilschuld zuzuschreiben war, die Entwicklung der Immobilienblase ermöglicht zu haben. Es lief einiges falsch. Der amerikanische Immobilienmarkt blähte sich zu einer Blase auf, die Preise stiegen in absurde Höhen. Menschen, die über keinerlei Sicherheiten verfügten, bekamen Kredite, von denen sie sich Häuser aber auch noch allerlei andere Konsumgüter kauften. Diese Menschen handelten zwar falsch und unverantwortlich, es hielt sie jedoch auch niemand davon ab, sie wurden sogar von Politik und Wirtschaft zu diesem Handeln angespornt.

Die Immobilienkrise führte in weiterer Folge zu krisenhaften Erscheinungen auf der ganzen Welt, sowohl im Finanz- und Bankensektor als auch (etwas später) in der Realwirtschaft.

Das Übergreifen der Krise auf andere Erdteile und Wirtschaftssektoren resultierte vor allem daraus, dass amerikanische Banken die Kredite und Hypothekendarlehen, welche sie an Hausbauer mit oftmals zu geringen Sicherheiten vergeben hatten, in handelbare Wertpapiere umwandelten, also „verbrieften", und dann weiterverkauften. Sie verkauften die Hypotheken- und Kreditschulden an andere Institutionen, wie zum Beispiel Hedgefonds, ausländische Banken oder Versicherungen. Dies war auch einer der Gründe, warum die Banken wenig Anreiz darin sahen, die Kreditwürdigkeit ihrer Kunden zu überprüfen. Sie konnten ja die neuen Finanztitel verkaufen und somit das Risiko aus ihren Büchern entfernen.[75] Firmen wie Fannie Mae und Freddie Mac (Federal Home Loan Mortgage Corporation und Federal National Mortgage Association[76]), oder auch die Investmentbanken der Wall Street kauften den Hypothekenanbietern ihre Schuldverschreibungen gerne ab. Fannie Mae und Freddie Mac waren von der US-Regierung auch genau zu diesem Zweck gegründet worden. Sie hatten den Hypothekenanbietern seit jeher Darlehen abgekauft, diese in Pools zusammen-

74 Paul Krugman (2008): Die neue Weltwirtschaftskrise. Frankfurt/New York: Campus Verlag, S. 194-195

75 Karin Küblböck/Cornelia Staritz (2008): Finanzkrisen in Industrie- und Schwellenländern. Gemeinsamkeiten und Unterschiede. In: Beate Blaschek (ATTAC Österreich) (Hrsg.): Crash statt Cash. Warum wir die globalen Finanzmärkte bändigen müssen. Wien: ÖGB-Verl., S. 79-99, insbesondere S. 90-91

76 Hans-Olaf Henkel (2009): Die Abwracker. Wie Zocker und Politiker unsere Zukunft verspielen. München: Wilhelm Heyne Verlag, S. 56

gefasst und als Wertpapiere weiterverkauft. Sie selbst hatten nie Kredite vergeben, sondern diese immer nur gekauft und die primären Hypothekenanbietern
dadurch von ihren Risiken befreit und ihnen Liquidität verschafft. Nun waren
beide Unternehmen auch bereit, Darlehen mit niedrigerer Qualität zu kaufen, da
der Immobilienmarkt boomte und die Sicherheitsgüter leicht weiterzuverkaufen
waren. Die Papiere, die so entstanden, waren potentiell sehr lukrativ für Investoren und dementsprechend ließen sich mit ihnen hohe Profite erzielen. Auch Investmentbanken kauften sich stark in den Markt mit diesen sogenannten Kreditderivaten ein.[77] Die Wertpapiere wurden jedoch großteils wertlos, als die Hypo-
thekenbesitzer ihre Darlehen nicht mehr zurückzahlen konnten und die Inhaber
der Papiere erlitten enorme Bewertungsverluste.[78]

Die Ratingagenturen bewerteten die neu geschaffenen, risikoreichen Papiere
durchwegs gut und teilweise sogar mit Bestnoten. Später stellte sich heraus, dass
die Bewertungen der Immobilienpapiere fast durchwegs zu positiv ausgefallen
und damit falsch waren. Zu den Fehlbewertungen kam es vor allem, weil es
schwer war, die neuen und sehr komplexen Produkte einzuordnen, aber auch
weil die Ratingagenturen sich in einem Interessenskonflikt befanden. Sie wurden nämlich einerseits von den Finanzinstituten selbst dafür bezahlt, deren
Wertpapiere zu bewerten und nahmen teilweise auch sehr gut bezahlte Berater-
funktionen in diesen Instituten wahr, andererseits sollten sie korrekte und ehrli-
che Urteile abliefern.[79] Möglicherweise spielte also auch die Angst vor dem
Verlust lukrativer Kunden beim Zustandekommen der Fehlbewertungen eine
Rolle.

Die Rolle der Ratingagenturen, die Verbriefung der Immobilienkredite sowie allgemein Näheres zum Übergreifen der Krise von den USA auf die restli-
che Welt werden in Kapitel 3 noch ausführlicher behandelt.

---

77 Jakob Arnoldi (2009): Alles Geld verdampft. Finanzkrise in der Weltrisikogesellschaft.
    Frankfurt am Main: Suhrkamp Verlag, S. 23-25
78 Stephan Schulmeister (2009): Die neue Weltwirtschaftskrise – Ursachen, Folgen, Ge-
    genstrategien. Materialien zu Wirtschaft und Gesellschaft Nr. 106. Wien: Abteilung
    Wirtschaftswissenschaft und Statistik der Kammer für Arbeiter und Angestellte für
    Wien (Hrsg.), S. 2
79 Karin Küblböck/Cornelia Staritz (2008): Finanzkrisen in Industrie- und Schwellenlän-
    dern. Gemeinsamkeiten und Unterschiede. In: Beate Blaschek (ATTAC Österreich)
    (Hrsg.): Crash statt Cash. Warum wir die globalen Finanzmärkte bändigen müssen.
    Wien: ÖGB-Verl., S. 79-99, insbesondere S. 90-91

Bankenkrise

Die Bankenkrise resultierte direkt aus der Immobilienkrise, denn die Banken waren sehr stark in das Geschäft mit Hypotheken, Krediten sowie deren Verbriefung und Weiterverkauf involviert.

Den Banken und Hypothekenanbietern, welche „Subprime"-Kredite vergaben, war das hohe Ausfallsrisiko dieser Darlehen bewusst. Darum gingen sie zu der Praxis über, die Forderungen zu verbriefen und weiterzuverkaufen (auf den Vorgang der Verbriefung und die Entstehung neuer Finanzinstrumente wird im Kapitel „Verbriefung der (Immobilien-)Kredite – neue Wertpapiere entstehen" näher eingegangen). Die Banken wandelten also ihre (schlechten) Kredite in handelbare Wertpapiere um und verkauften diese dann, über eigens dazu gegründete Zweckgesellschaften, an Anleger auf der ganzen Welt weiter. Die Banken wollten so das Risiko, welches sie mit der Vergabe dieser Kredite und Hypothekendarlehen eingegangen waren, abwälzen. Weiters konnten sie durch die Verbriefung und den Weiterverkauf der risikoreichen Kredite, die durch Basel II vorgegebenen Eigenkapitalvorschriften für Banken (diese werden im Kapitel „Basel II" besprochen) umgehen und somit ihre Kreditvergabe weiter erhöhen.[80] Die Idee hinter der Verbriefung war, das Risiko durch den Weiterverkauf breiter zu streuen und auf den gesamten (Welt-)Markt zu verteilen. Man nahm an, dass die Folgen der Zahlungsunfähigkeit einzelner Schuldner weniger hart ausfallen würden, wenn die Gläubiger auf der ganzen Welt verteilt wären und jeder nur einen winzigen Teil der Forderungen hielte. Man ging also davon aus, dass sich der Schaden in jedem Fall in Grenzen halten würde. Lange Zeit verlief auch alles gut.[81] Im Endeffekt war es aber so, dass durch die neu geschaffenen Finanzprodukte das Risiko zwar verteilt, jedoch nicht gesenkt, sondern gesteigert wurde, weil durch sie auch die Risikobereitschaft und das Systemrisiko erhöht wurden.[82]

---

80 Karin Küblböck/Cornelia Staritz (2008): Finanzkrisen in Industrie- und Schwellenländern. Gemeinsamkeiten und Unterschiede. In: Beate Blaschek (ATTAC Österreich) (Hrsg.): Crash statt Cash. Warum wir die globalen Finanzmärkte bändigen müssen. Wien: ÖGB-Verl., S. 79-99, insbesondere S. 90-91

81 Rainer Hank (2009): Der amerikanische Virus. Wie verhindern wir den nächsten Crash. München: Karl Blessing-Verlag, S. 107

82 Karin Küblböck/Cornelia Staritz (2008): Finanzkrisen in Industrie- und Schwellenländern. Gemeinsamkeiten und Unterschiede. In: Beate Blaschek (ATTAC Österreich) (Hrsg.): Crash statt Cash. Warum wir die globalen Finanzmärkte bändigen müssen. Wien: ÖGB-Verl., S. 79-99, insbesondere S. 91

Die Verbriefung erstreckte sich auf Kreditansprüche unterschiedlicher Bonität, aber vor allem die schlechteren Kreditrisiken waren für die Verkäufer attraktiv, denn sie sollten aus den Bankbilanzen entfernt werden.[83] Somit waren es vor allem „Subprime"-Risiken, die gebündelt, zu Wertpapieren gemacht und weltweit verkauft wurden. Es entstanden sogenannte „Mortgage Backed Securities" (MBS).[84] Die „Mortgage Backed Securities" waren eine Art der „Asset Backed Securities" (ABS), also der forderungsbesicherten Wertpapiere. MBS waren durch Hypotheken besichert. Der Verkauf von ABS und auch MBS erfolgte indirekt über die Banken. Indirekt, eben weil die Banken eigene Gesellschaften, sogenannte Zweckgesellschaften (auch Special Purpose Vehicles, SPVs; Conduits oder „Schattenbanken" genannt) gründeten, welche die Hypothekenpapiere, aber auch andere, mit Konsumkrediten oder Kreditkartenschulden besicherte, Wertpapiere verkauften. Die Zweckgesellschaften fassten viele gleichartige Kredite zusammen, um sie dann abzusetzen. Als Sicherheit lag diesen Wertpapieren der gesamte Pool an Krediten der Zweckgesellschaft zugrunde. Ausfälle einzelner Kredite sollten also in diesem System keine großen Folgen nach sich ziehen. Die Banken entfernten auf diesem Weg viele Kredite aus ihren Büchern und kamen an neues Geld, um weitere Kredite vergeben zu können.[85]

In weiterer Folge schuf man dann die besonders risikoreichen „Collateralized Debt Obligations" (CDOs), welche ebenfalls von den Zweckgesellschaften verkauft wurden[86]. Auf die Verbriefung von Krediten und die Entstehung neuer Wertpapiere wird im „Verbriefung der (Immobilien-)Kredite – neue Wertpapiere entstehen" näher eingegangen.

Die Zweckgesellschaften waren bankähnliche Institutionen, sie kauften die langfristigen US-Hypothekenpapiere und finanzierten sich, indem sie dann kurzfristige Papiere (denn nach diesen bestand viel mehr Nachfrage, als nach langfristigen Schuldtiteln) emittierten. Dieses Geschäft war ein äußerst riskantes, denn falls es nicht gelang neue Käufer für die kurzfristigen Papiere zu finden,

---

83   Hans-Werner Sinn (2009): Kasino-Kapitalismus. Wie es zur Finanzkrise kam, und was jetzt zu tun ist. Berlin: Econ, S. 131

84   Stephan Schulmeister: Der "Aufbau" der großen Krise durch "business as usual" auf Finanzmärkten. Schriftliche Fassung eines Vortrags auf der Jahrestagung der Keynes-Gesellschaft am 16. und 17. Februar 2009 in Wien, S. 1

85   Ferry Stocker (2009): Zahltag. Finanz- und Wirtschaftskrise und ökonomische Prinzipien. Wien: facultas.wuv, S. 50-51

86   Michael Bloss/Dietmar Ernst/Joachim Häcker/Nadine Eil (2009): Von der Subprime-Krise zur Finanzkrise. Immobilienblase: Ursachen, Auswirkungen, Handlungsempfehlungen. München: Oldenburg Wissenschaftsverlag, S. 79

mussten die langfristigen Forderungen verkauft werden. Wenn das wiederum zu schnell passierte, konnte es zu großen Verlusten kommen. Aus diesem Grund gab es im Prinzip auch staatliche Regelungen, die vorsahen, dass Banken generell für alle Kredite die sie vergaben, über ausreichend Eigenkapital verfügen mussten (die Eigenkapitalvorschriften sind im Basel II-Abkommen geregelt, siehe dazu Kapitel „Basel II"). Es existierten also prinzipiell Vorschriften die besagten, dass Banken imstande sein mussten, Verluste abzufangen, ohne ihren Einlegern gegenüber in Zahlungsschwierigkeiten zu geraten. Für die Zweckgesellschaften aber galten diese Bestimmungen nicht, sie waren keiner Regulierung unterstellt, da sie nur mit großen Anlegern Geschäfte betrieben. Über die Zweckgesellschaften konnte man also der Regulierung entkommen und dies stellte für viele Bankinstitute einen entscheidenden Anreiz dar, ihre Kreditgeschäfte eben in diese Gesellschaften auszulagern.[87] Als jedoch der Ernstfall eintrat, mussten die Banken wieder für die von ihnen gegründeten „Schattenbanken", welche große Risiken bei der Fristentransformation eingegangen waren, haften und die Kreditrisiken lagen somit wieder bei ihnen.[88] Als schließlich niemand mehr die kurzfristigen Papiere kaufen wollte, wurde die Krise offensichtlich und breitete sich aus. Nun wurden auch die Banken, über die Haftung für ihre Zweckgesellschaften, von der Krise erfasst.[89]

Die gemeinwirtschaftlichen Banken Freddie Mac und Fannie Mae indes behielten viele Kreditansprüche in ihren Büchern und trugen die damit verbundenen Risiken selbst. Diese Tatsache machte sie zu den ersten Opfern der Finanzkrise. Sie wurden schon Anfang September 2008 verstaatlicht. Bis August 2008 hatten sie bereits Abschreibungen und Wertberichtigungen im Umfang von 20 Milliarden Dollar vorgenommen. Der Schwerpunkt der Krise aber lag im privaten Bankensystem. Dort lagen die „Subprime"-Risiken und auch viele der von Fannie Mae und Freddie Mac verbrieften Risiken.[90] Weitere Informationen dazu bietet das Kapitel „Rolle der Finanzinstitute, Zweckgesellschaften und Hedgefonds".

---

87 Peter Bofinger (2009): Ist der Markt noch zu retten? Warum wir jetzt einen starken Staat brauchen. 2. Aufl., Berlin: Econ, S. 26-27

88 Ulrich Schäfer (2009): Der Crash des Kapitalismus. Warum die entfesselte Marktwirtschaft scheiterte und was jetzt zu tun ist. Frankfurt/New York: Campus Verlag, S. 171

89 Beirat für Wirtschafts- und Sozialfragen (2009): Österreich und die internationale Finanzkrise. Nr. 83, S. 24

90 Hans-Werner Sinn (2009): Kasino-Kapitalismus. Wie es zur Finanzkrise kam, und was jetzt zu tun ist. Berlin: Econ, S. 134-135

Die hypothekenbesicherten Wertpapiere waren für die Käufer lukrativ so-lange die Immobilienpreise stiegen. Als jedoch die ersten Hauseigentümer, auf-grund von Preissteigerungen und höheren Zinsen, in Zahlungsschwierigkeiten gerieten, wurde langsam klar, dass die Papiere nichts mehr wert waren und nie-mand wollte diese mehr halten oder kaufen. An den Börsen brach Panik aus, denn die Investoren versuchten, ihr Geld zurückzuerlangen.[91]

Die Zentralbanken versuchten gegen diese im August 2007 aufkommende Panik an den Börsen anzukämpfen. Sie konzentrierten sich jedoch nur darauf, die Inflation unter Kontrolle zu bekommen.[92]

Auch die Ratingagenturen, welche den Immobilienpapieren positive Bewer-tungen ausstellten, spielen hier eine Rolle, denn sie trugen die allgemeine Eu-phorie mit. Auch ihre Bewertungen beruhten auf der Annahme einer positiven Preisentwicklung am Immobilienmarkt. Niemand sah oder wollte sehen, dass die Möglichkeit einer negativen Entwicklung der Immobilienpreise und damit auch der Zahlungsunfähigkeit vieler Schuldner bestand. Man konnte sich zwar vorstellen, dass die „Subprime"-Objekte dramatisch an Wert verlieren, aber nicht das gleichzeitig alle, also auch die wertvolleren Immobilien einbrechen könnten. Genau dies geschah jedoch. Es kam zu einer Abwärtsspirale, der welt-weite Hype um die Immobilienpapiere, welcher einige Jahre angehalten hatte, war nun binnen weniger Wochen vorbei.[93]

Die Spitze des Immobilienbooms dürfte 2006 erreicht worden sein. Die Fi-nanzkrise brach im August 2007 aus. Die Finanzierungskonditionen verschlech-terten sich schlagartig. Banken konnten ihre Kredite nicht mehr weiterverkaufen und hatten Schwierigkeiten mit der Refinanzierung auf dem Interbanken- wie auch auf dem Kapitalmarkt. Es wurden fast keine Wohnbaukredite mehr verge-ben und die Preise begannen zu fallen. Am 15. September 2008 war mit der In-solvenz der damals mit 28 000 Mitarbeitern viertgrößten Investmentbank der USA, der New Yorker Firma Lehman Brothers, ein Tiefpunkt erreicht. Deren Bankrott schlug weltweite Wellen und das gesamte Bankensystem kam ins Wanken. Das Vertrauen der Banken untereinander ging verloren und sie liehen sich gegenseitig kein Geld mehr. Der Grund dafür war, dass keine Bank wusste,

---

91 Fred Harrison (2008): Wirtschaft Krise 2010. Wie die Immobilienblase die Wirtschaft in die Krise stürzt. Kühn & Weyh: Freiburg, S. 10

92 Fred Harrison (2008): Wirtschaft Krise 2010. Wie die Immobilienblase die Wirtschaft in die Krise stürzt. Kühn & Weyh: Freiburg, S. 276

93 Hans-Olaf Henkel (2009): Die Abwracker. Wie Zocker und Politiker unsere Zukunft verspielen. München: Wilhelm Heyne Verlag, S. 61-63

in welche Papiere die jeweils andere investiert hatte und ob diese nicht auch bald in Konkurs gehen würde. So brach das gesamte System zusammen. Es wurde bald darauf als entscheidender Fehler der Regierung George W. Bushs angesehen, dass sie es überhaupt so weit kommen und Lehman Brothers zusammenbrechen ließ.[94] Ulrich Schäfer nannte das Fallenlassen von Lehman Brothers sogar den „größten Fehler, den eine amerikanische Regierung je begangen hat"[95].

Viele Anleger weltweit hatten in die als sicher geltenden Zertifikate von Lehman Brothers, welche dann wertlos wurden, investiert. Die amerikanische Regierung hatte vor der Lehman-Pleite schon Banken gerettet. Die überschuldeten Hypothekenbanken Freddie Mae und Fannie Mac sowie die Investmentbank Bear Stearns waren von Finanzminister Henry Paulson aufgefangen worden. Über den Grund, warum dann gerade bei Lehman Brothers eine Ausnahme gemacht und nicht geholfen wurde, rankten sich verschiedene Theorien. Am plausibelsten erscheint, dass der Staat ein Exempel statuieren wollte. Es sollte aufgezeigt werden, dass man nicht unbegrenzt Banken retten könnte und würde.[96] Es ging also vor allem darum, ein Zeichen zu setzen. Der Finanzminister befürchtete als Folge der vorhergegangenen Bankenrettungen, dass nun alle davon ausgingen, die Regierung würde jeder strauchelnden Bank unter die Arme greifen. Die vorherigen Rettungsaktionen schienen das Signal auszusenden, dass es auf geschäftlich ordentliches Verhalten nicht mehr ankäme, da der Staat ohnehin als Retter parat stünde.[97]

Manchen Verschwörungstheorien zu Folge, wie beispielsweise Hans-Olaf Henkel schrieb, gab es noch einen weiteren Grund, warum genau Lehman Brothers nicht gerettet wurde, und dieser war, dass der Großteil der Gläubiger dieser Bank außerhalb Amerikas lebte. Die Regierung spekulierte also darauf, dass die eigenen Wähler von einer Pleite weniger betroffen wären. Als international ausgerichtete Firma, bot sich Lehman Brothers, so gesehen, geradezu an, das oben

---

94 Hans-Olaf Henkel (2009): Die Abwracker. Wie Zocker und Politiker unsere Zukunft verspielen. München: Wilhelm Heyne Verlag, S. 71-72

95 Ulrich Schäfer (2009): Der Crash des Kapitalismus. Warum die entfesselte Marktwirtschaft scheiterte und was jetzt zu tun ist. Frankfurt/New York: Campus Verlag, S. 206

96 Hans-Olaf Henkel (2009): Die Abwracker. Wie Zocker und Politiker unsere Zukunft verspielen. München: Wilhelm Heyne Verlag, S. 73-74

97 Ulrich Schäfer (2009): Der Crash des Kapitalismus. Warum die entfesselte Marktwirtschaft scheiterte und was jetzt zu tun ist. Frankfurt/New York: Campus Verlag, S. 191

genannte Exempel zu statuieren.[98] Der Markt sollte nun also einmal zur Geltung kommen. Doch nach der Lehman-Pleite breitete sich die Angst unter den Banken weiter aus und der Vertrauensverlust verschlimmerte sich.[99] Die Finanzwelt war zuvor irrtümlich davon ausgegangen dass Lehman „too big to fail" wäre.[100] Die Insolvenz löste eine Kettenreaktion aus, denn sie wurde von den Finanzmärkten als Signal gedeutet, dass es nicht in jedem Fall zu einem „Bail-Out", also einer staatliche Auffangaktion, für Kreditgeber kommen würde. Die Unsicherheit bezüglich des Liquiditäts- und auch des Solvenzrisikos war nun sehr groß. Als Folge diese Vertrauensverlustes kam, wie schon weiter oben erwähnt, nahezu das gesamte Kreditgeschäft zwischen den Banken (der sogenannte Interbanken- oder Geldmarkt) zum Erliegen.[101] Der Zinssatz am Interbankenmarkt stieg um 5 Prozentpunkte, die Banken liehen sich untereinander kein Geld mehr. Auch die Kreditvergabe an Unternehmen wurde praktisch eingestellt. Die Märkte waren ausgetrocknet und weltweit mussten Banken vor dem Zusammenbruch gerettet werden.[102]

Beim großen Crash im Herbst 2008 brach also die Hoffnung zusammen, dass die Verbriefung der Hypotheken und Kredite die Banken vor dem Zusammenbruch bewahren könnte, weil die Risiken des Kreditgeschäftes an den Markt delegiert werden könnten. Denn der Wert der Wertpapiere, die sie im Gegenzug für die Forderungen übernahmen, hing vom Wert der Kredite ab. Der Gegenwert des Wertpapiers war der Kredit. Als viele Schuldner gleichzeitig zahlungsunfähig wurden, schrumpfte also auch das Eigenkapital der Banken, welche strukturierte Finanzprodukte (indirekt über Zweckgesellschaften) auf den Markt gebracht hatten. Die Erweiterung des Kreditvolumens hatte den Banken (und auch den Investoren und Konsumenten) mehr Geschäfte ermöglicht. Aber auch das Risiko ihres Handelns war dadurch enorm verstärkt worden. Zu viele Banken hatten zu viele der Kreditderivate verkauft und stürzten nun ein. Als der Immo-

---

98 Hans-Olaf Henkel (2009): Die Abwracker. Wie Zocker und Politiker unsere Zukunft verspielen. München: Wilhelm Heyne Verlag, S. 74

99 Peter Bofinger (2009): Ist der Markt noch zu retten? Warum wir jetzt einen starken Staat brauchen. 2. Aufl., Berlin: Econ, S. 29-30

100 Hans-Werner Sinn (2009): Kasino-Kapitalismus. Wie es zur Finanzkrise kam, und was jetzt zu tun ist. Berlin: Econ, S. 70

101 Beirat für Wirtschafts- und Sozialfragen (2009): Österreich und die internationale Finanzkrise. Nr. 83, S. 25-26

102 Beirat für gesellschafts-, wirtschafts- und umweltpolitische Alternativen (BEIGE-WUM)/Attac (2010): Mythen der Krise. Einsprüche gegen falsche Lehren aus dem großen Crash. Hamburg: VSA: Verlag, S. 7

bilienmarkt zusammenbrach, verkleinerte sich somit auch der Wertpapier-bestand der Banken und ihr Kapital. Abschreibungen im großen Stil waren die Folge. Die Banken hatten das Grundprinzip ihres Geschäftes überstrapaziert, die Fristentransformation. Es war üblich, dass Banken ihren Kreditkunden Geld langfristig zur Verfügung stellten, während sie sich damit kurzfristig refinanzier-ten. Doch seit 2000 hatten die Banken, indirekt über die Zweckgesellschaften, solche Fristentransformation in viel zu großem Ausmaß betrieben. Die Zweck-gesellschaften verfügten, wie erwähnt, praktisch über kein Eigenkapital und fi-nanzierten sich kurzfristig am Geldmarkt. Als dies plötzlich nicht mehr funktio-nierte, brach das Finanzierungsmodell zusammen.[103]

Nur mit den im Laufe des Oktober 2008 angelaufenen Rettungsprogrammen der einzelnen Regierungen der Industrieländer konnte ein völliger Zusammen-bruch des Finanzsystems verhindert werden. Man garantierte den Einlegern die Sicherheit ihrer Ersparnisse und verhinderte so einen sogenannten „Bank-Run" (einen Sturm der Einleger, welche ihr Geld abheben und in Sicherheit bringen wollen, auf die Banken), welcher wohl zum vollkommenen Zusammenbruch geführt hätte. Ein wichtiger Beitrag zur Stabilisierung kam von den Notenban-ken. Sie verdoppelten ihre Kredite an das Bankensystem und somit war das glo-bale Finanzsystem ab September 2008 von den Notenbanken abhängig und wur-de zusätzlich durch staatliche Eigenkapitalzuschüsse und Garantien gestützt. Man könnte fast behaupten, dass Finanzsystem sei verstaatlicht worden.[104] Peter Bofinger schrieb hierzu: „Der Markt hat sich selbst zerstört."[105]

Nach der Lehman-Pleite drohten auch die zwei verbliebenen Investment-banken Morgan Stanley und Goldman Sachs Pleite zu gehen, es kam zu einem „Run" auf diese beiden Institute. Diesmal machte die Politik jedoch klar, dass sie Banken ab einer gewissen Größenordnung auffangen würde.[106] Zusammenfassend kann man also sagen, dass die Krise mit einem Abschwung auf dem US-Immobilienmarkt, welcher wirtschaftliche, politische sowie regula-torische Ursachen hatte, begann und durch die Verbriefung von Hypotheken-

---

103 Rainer Hank (2009): Der amerikanische Virus. Wie verhindern wir den nächsten Crash.
     München: Karl Blessing-Verlag, S. 108-110
104 Peter Bofinger (2009): Ist der Markt noch zu retten? Warum wir jetzt einen starken
     Staat brauchen. 2. Aufl., Berlin: Econ, S. 30
105 Peter Bofinger (2009): Ist der Markt noch zu retten? Warum wir jetzt einen starken
     Staat brauchen. 2. Aufl., Berlin: Econ, S. 30
106 Lucas Zeise (2008): Ende der Party. Die Explosion im Finanzsektor und die Krise der
     Weltwirtschaft. Köln: PapyRossa, S. 86

schulden und strukturierten Finanzprodukten verschlimmert und beschleunigt wurde. Es kam schließlich weltweit zu einer Kreditklemme, da das Finanzsystem ein globales ist und überall auf der Welt Banken mit Derivaten und synthetischen Wertpapieren, die sich letztendlich als toxisch herausstellten, gehandelt hatten.[107] Die Ratingagenturen trugen mit ihren zu positiven Bewertungen der neu entstandenen Finanzprodukte ihren Teil zur Krise bei.

Die Finanzkrise beendete letztendlich den Zustand der Weltwirtschaft, in dem die USA ihren steigenden Konsum über erhöhte Verschuldung finanzierten. Damit fiel einer der wichtigsten Nachfragefaktoren für die Weltgütermärkte aus und die Finanzkrise hatte verheerende Auswirkung auf die Weltkonjunktur.[108] Schließlich wurde dann auch die Realwirtschaft Opfer der Krise auf den Finanzmärkten.[109] Es kam zu enormen Kursverlusten auf den Aktienmärkten und die Realwirtschaft wurde gewissermaßen von der Krise „angesteckt". Die Konsumnachfrage brach in vielen Bereichen ein.[110] Vor allem der Kreditengpass wirkte sich unmittelbar auch auf die Realwirtschaft aus, am meisten davon betroffen zeigten sich der Konsum, die Investitionen, das Wirtschaftswachstum und der Bereich der Beschäftigung.[111] Das Geschäftsvolumen musste zurückgefahren werden, es kam zu Entlassungen und damit zu einer weiteren Reduktion der gesamtwirtschaftlichen Nachfrage.[112]

In den USA wurde es, trotz fortgesetzter Zinssenkungen der US-Notenbank und massiver Liquiditätsspritzen für Unternehmen wie auch Haushalte, immer schwieriger einen Bankkredit zu bekommen. 2009 stellte sich schließlich eine

---

107 Jakob Arnoldi (2009): Alles Geld verdampft. Finanzkrise in der Weltrisikogesellschaft. Frankfurt am Main: Suhrkamp Verlag, S. 84

108 Lucas Zeise (2008): Ende der Party. Die Explosion im Finanzsektor und die Krise der Weltwirtschaft. Köln: PapyRossa, S. 151

109 Hans-Olaf Henkel (2009): Die Abwracker. Wie Zocker und Politiker unsere Zukunft verspielen. München: Wilhelm Heyne Verlag, S. 79

110 Ferry Stocker (2009): Zahltag. Finanz- und Wirtschaftskrise und ökonomische Prinzipien. Wien: facultas.wuv, S. 130-132

111 Karin Küblböck/Cornelia Staritz (2008): Finanzkrisen in Industrie- und Schwellenländern. Gemeinsamkeiten und Unterschiede. In: Beate Blaschek (ATTAC Österreich) (Hrsg.): Crash statt Cash. Warum wir die globalen Finanzmärkte bändigen müssen. Wien: ÖGB-Verl., S. 79-99, insbesondere S. 92

112 Ferry Stocker (2009): Zahltag. Finanz- und Wirtschaftskrise und ökonomische Prinzipien. Wien: facultas.wuv, S. 133

schwere Rezession ein.[113] Auch in Europa brach die Konjunktur (zwar verspätet aber dann doch) ein. Die Finanzkrise hatte erhebliche Auswirkungen auf die Weltkonjunktur und als diese sich abschwächte, bekam auch Europa die Krise in vollem Ausmaß zu spüren. Zuvor hatte sich Europa von der Krise weniger betroffen gezeigt als die USA. Nur einige international agierende Banken, die im Handel mit strukturierten Kreditprodukten tätig waren, schienen vorerst die Auswirkungen der Krise zu spüren. Auch in Europa hatten jedoch alle Banken mit einem erlahmenden Interbankenmarkt und aufgrund dessen mit fehlender Liquidität zu kämpfen. Ein Jahr nach Ausbruch der Finanzkrise brach nun also auch die europäische Konjunktur ein.[114]

Die Auswirkungen der Finanz- und Wirtschafskrise hielten zum Teil bis Ende 2010 an. Auch Österreich und seine Wirtschaft entkamen der Finanz- und Wirtschaftskrise, vor allem aufgrund ihrer internationalen Verflechtungen, nicht. Einige Industriebranchen verzeichneten starke Umsatzeinbrüche und dies wirkte sich wiederum negativ auf die Beschäftigung aus.[115]

Die Auswirkungen der Krise auf die österreichische Finanz- sowie Realwirtschaft werden in Kapitel 4 besprochen.

„Eurokrise"

Den Begriff „Eurokrise" hörte man seit Beginn des Jahres 2010 immer öfter, vor allem im Zusammenhang mit der Schuldenkrise in Griechenland sowie der Situation in Spanien, Portugal, Irland, Belgien und auch Italien. Im Falle Griechenlands verhielt es sich so, dass die staatlichen Rettungsaktionen für die Banken nach dem Zusammenbruch von Lehman Brothers das Land in schwere Not brachten. Griechenland wurde von vielen Seiten vorgeworfen, verschwenderisch mit seinen Finanzen umgegangen zu sein. Jedoch waren es eben vor allem die Auswirkungen der Finanzkrise und insbesondere der Lehman-Pleite, welche hier zu Schwierigkeiten führten. Viele Staaten, darunter auch Griechenland, gaben

---

113 Stephan Schulmeister: Der "Aufbau" der großen Krise durch "business as usual" auf Finanzmärkten. Schriftliche Fassung eines Vortrags auf der Jahrestagung der Keynes-Gesellschaft am 16. und 17. Februar 2009 in Wien, S. 2

114 Lucas Zeise (2008): Ende der Party. Die Explosion im Finanzsektor und die Krise der Weltwirtschaft. Köln: PapyRossa, S. 148-149

115 Beirat für Wirtschafts- und Sozialfragen (2009): Österreich und die internationale Finanzkrise. Nr. 83, S. 9

nach der Lehman-Pleite umfangreiche Garantien für Banken ab. Dadurch stieg das Kreditrisiko dieser Staaten massiv an. Griechenland war, wie auch Irland, davon sehr stark betroffen. Durch die Bankenrettungen verschlechterten sich die wirtschaftlichen Perspektiven für Staatsanleihen dieser Länder und dadurch stiegen die Risikoprämien stärker an. Die staatlichen Rettungsaktionen für die Finanzbranche bedeuteten letztendlich, dass die Risiken in den Bilanzen der Banken von den jeweiligen Staaten übernommen wurden. Dies führte dazu, dass das Vertrauen in die Ausgeglichenheit der Staatsfinanzen dieser Länder an den Finanzmärkten sank.[116]

Griechenland zeigte sich Ende 2009 hoch verschuldet und griechische Staatsanleihen wurden bald schrittweise von den Ratingagenturen bis auf den sogenannten „Schrottstatus" hinuntergestuft. Die Eurogruppe hatte schon zuvor zugestimmt, Griechenland ein Hilfspaket auf Basis freiwilliger bilateraler Kredite zu gewähren. Auch der Internationale Währungsfonds (IWF) beteiligte sich an diesem dreijährigen Hilfspaket, an welches ein Sanierungsprogramm geknüpft wurde. In Griechenland wurde bald ein restriktives Sparpaket beschlossen. Die EU (Europäische Union) und der IWF vereinbarten außerdem ein weiteres Paket zur Stützung des Euro.[117] Am 2. Mai 2010 wurde bekannt, dass Europa Griechenland mit 110 Milliarden Euro unterstützen wollte. 80 Milliarden Euro sollten von der Eurozone aufgebracht werden und 30 Milliarden vom IWF. Die Zahlungen wurden beschlossen, nachdem der griechische Regierungschef Giorgos Papandreou strikte Sparmaßnahmen zugesagt hatte.[118] Es wurde dann auch ein allgemeiner Euro-Rettungsfonds eingerichtet, da die Eurostaaten keines

---

116 Norbert Häring: EZB-Studie: Die wahren Ursachen der griechischen Tragödie. In: Handelsblatt, Stand: 28. Jänner 2010. URL: http://www.handelsblatt.com/politik/nachrichten/ezb-studie-die-wahren-ursachen-der-griechischen-tragoedie;2518164, abgerufen am 30. August 2010

117 Red. Tagesschau: Griechenlands Weg in die Krise – und wieder hinaus. In: Tagesschau.de, Stand: 20. Mai 2010. URL: http://www.tagesschau.de/wirtschaft/griechenland640.html, abgerufen am 30. August 2010

118 Red. Tagesschau: Griechenland bekommt 110 Millarden Euro Finanzhilfe. In: Welt online, Stand: 2. Mai 2010. URL: http://www.welt.de/wirtschaft/article7438485/Griechenland-bekommt-110-Milliarden-Finanzhilfe.html, abgerufen am 3. September 2010

ihrer Mitglieder untergehen lassen wollten.[119] Die Maßnahmen der EU als Antwort auf die „Eurokrise" werden im Kapitel „EU-Ebene" noch ausführlicher besprochen.

Die hohe Verschuldung und wirtschaftlich schlechte Situation einiger Länder der Eurozone, insbesondere betroffen war hier eben nicht nur Griechenland, sondern auch Portugal, Irland, Spanien, Italien und Belgien, stellten sich als sehr gefährlich dar, denn jedes dieser Länder konnte andere mit in den Abgrund reißen. Wenn ein Land also seine Schulden nicht mehr zahlen konnte, halfen die anderen Euroländer mit Rettungspaketen aus.[120] Auf den Finanzmärkten sorgte dies immer wieder für Verstimmung. Das Eurosystem war also trotz der Griechenland-Hilfe noch gefährdet.[121]

Der Euro brach von Januar bis Mai 2010 um fünfzehn Prozent ein. Im Mai 2010 erreichte er ein Vierjahrestief von 1,2143 Dollar. Analysten zufolge waren es zu diesem Zeitpunkt vor allem gegensätzliche Äußerungen der Zentralbanker, welche dem Euro schadeten. Die Ratsmitglieder der EZB meldeten sich nämlich mit sehr unterschiedlichen Ansichten über den Kursverfall des Euro zu Wort. Manche bezeichneten die Schwankungen des Euro als unerwünscht, andere hingegen sahen darin eine Chance zur Ankurbelung der Wirtschaft.[122] Die Schwäche des Euro war in erster Linie eine Folge von fehlendem Vertrauen. Internationale Investoren bezweifelten, dass die Eurozone die Finanzprobleme der stark verschuldeten Länder bewältigen könnte. Darüber hinaus war die Stimmung der Investoren allgemein weniger risikofreudig. Sie legten ihr Kapital eher in sicheren und weniger in riskanten Geschäften an. Europa und der Euro zählten indes nicht zu den sicheren Geschäften. Negativ wirkte sich auch aus,

---

119 Daniel Gratzla: So funktioniert der Euro-Rettungsschirm. In: FOCUS online, Stand: 19. November 2011. URL: http://www.focus.de/finanzen/news/tid-20487/schuldenkrise-so-funktioniert-der-euro-rettungsschirm_aid_573428.html, abgerufen am 3. Februar 2011

120 Corinna Milborn: Eurokrise: Nach Griechenland stehen nun die nächsten Länder vor dem Budgetdesaster. In: Format.at, 22. Februar 2010. URL: http://www.format.at/articles/1008/524/262637/eurokrise-nach-griechenland-laender-budgetdesaster, abgerufen am 30. August 2010

121 Daniel Eckert: Wie tief kann der Euro noch fallen? In: Welt online, Stand: 10. Februar 2010. URL: http://www.welt.de/finanzen/article6331607/Wie-tief-kann-der-Euro-noch-fallen.html, abgerufen 30. August 2010

122 Red. Handelsblatt: Chance oder Gefahr. EZB uneins über Euro-Einbruch. In: Handelsblatt, Stand: 27. Mai 2010. URL: http://www.handelsblatt.com/politik/konjunktur-nachrichten/chance-oder-gefahr-ezb-uneins-ueber-euro-einbruch;2589813, abgerufen am 1. September 2010

dass Spekulanten Geschäfte mit dem abstürzenden Euro machten, denn die Spekulationen auf einen fallenden Euro, griffen diesen wiederum an und begünstigten seinen Absturz. Der Euro hätte wohl Staatsbankrotte wirtschaftlich weniger
relevanter Länder, wie Griechenland (dieses erwirtschaftet nur 2,6 Prozent der
Wirtschaftskraft des Eurosystems) oder Portugal (1,8 Prozent), überleben können. Bei einer Zahlungsunfähigkeit von Spanien und Italien hätte die Situation
jedoch drastisch schlechter ausgesehen. Spanien erwirtschaftete rund zehn und
Italien rund 15 Prozent der Güter und Dienstleistung der Eurozone, diese Länder
konnte man daher als systemrelevant für die gemeinsame Währung bezeichnen.
Die Euroländer konnten einen wirtschaftlichen Zusammenbruch dieser Staaten
also nicht zulassen. Auch deshalb, weil zum Beispiel deutsche Banken viele
Schuldtitel dieser Länder hielten und deren Insolvenz damit umfangreiche Folgen für sie gehabt hätte.[123]

Im November 2010 verschärfte sich dann auch die Situation in Irland. Aufgrund der Immobilienkrise hatte die irische Regierung Milliardenbürgschaften
für den Bankensektor übernommen, welche ein großes Defizit im irischen
Staatshaushalt verursachten. Das irische Defizit lag Ende 2010 mit 32 Prozent
zehn Mal so hoch wie in der EU erlaubt. Irland beantragte daraufhin Hilfen aus
dem Euro-Rettungsschirm.[124]

Ende September 2010 stufte die Ratingagentur Moody's Spanien herab und
entzog dem Land die Bestnote AAA. Mögliche weitere Abstufungen wurden
nicht ausgeschlossen, da angenommen wurde, dass Spanien 2011 einen hohen
Refinanzierungsbedarf haben könnte, außerdem bestanden Risiken bei der Rekapitalisierung der Banken und Unsicherheiten bei der Sanierung der Staatsfinanzen.[125]

In der „Zeit" vom 26. Dezember 2010, meinte der Chefvolkswirt der Deutschen Bank, Thomas Mayer, dass wohl auch Portugal auf die Hilfe der EU und
des IWF zurückgreifen müsste. Im Falle Spaniens, Italiens und Belgiens sah

---

123 Daniel Eckert: Wie tief kann der Euro noch fallen? In: Welt online, Stand: 10. Februar
     2010. URL: http://www.welt.de/finanzen/article6331607/Wie-tief-kann-der-Euro-noch-
     fallen.html, abgerufen am 30. August 2010
124 Red. Welt/AFP/dpa/cat: Irland-Krise – Schäuble sieht Euro in großer Gefahr. In: Welt
     online, Stand: 23. November 2011. URL:
     http://www.welt.de/wirtschaft/article11172845/Irland-Krise-Schaeuble-sieht-Euro-in-
     grosser-Gefahr.html, abgerufen am 24. Jänner 2011
125 Red. Der Spiegel/hut/dpa/Reuters: Spanien droht neue Rating-Abstufung. In: Spiegel
     online, Stand: 15. Dezember 2011. URL:
     http://www.spiegel.de/wirtschaft/0,1518,734717,00.html, abgerufen am 24. Jänner 2011

Mayer diese Notwendigkeit jedoch weniger, er ging davon aus, dass diese Länder ihre Schuldenlast alleine bewältigen könnten. Im Falle Spaniens meinte er darüber hinaus, dass das Land im Grunde viel besser dastünde als Griechenland, Irland und Portugal.[126]

Auch Belgien stand strukturell um einiges besser da, als beispielsweise Irland, es hatte weder mit einer Immobilien- noch mit einer Bankenkrise zu kämpfen, dafür jedoch mit einer politischen Krise. Das Land war hoch verschuldet und hatte Probleme, ähnlich harte Sparmaßnahmen durchzusetzen wie Spanien oder Portugal.[127] Im Juni 2010 gab es in Belgien Neuwahlen auf welche jedoch keine Regierungsbildung folgte, da die Versuche einer Koalitionsbildung immer wieder scheiterten. Diese politische Krise wirkte sich auch negativ auf die Finanzmärkte aus. Die ohnehin schon prekäre Wirtschafts- und Haushaltslage des Landes spitzte sich noch weiter zu und die Investoren verloren nach und nach das Vertrauen in das Land. Könnte Belgien seine politische Krise nicht lösen, drohte eine weitere Zuspitzung der Lage und im äußersten Fall der Staatsbankrott. Auf einer weltweiten Liste von Staaten mit dem höchsten Ausfallrisiko kletterte Belgien von den Wahlen 2010 bis Ende 2010 vom 53. auf den 16. Platz. Die Versicherungsprämien zur Absicherung der Risiken von Staatsanleihen stiegen im vierten Quartal 2010 für kein anderes Land so stark an.[128]

Auch Italien zählte, aufgrund seiner hohen Staatsverschuldung, zu den gefährdeten Ländern der Eurozone. Anleger befürchteten auch hier, dass Hilfen von Außen benötigt werden würden und verhielten sich dementsprechend skeptisch. Zur Beruhigung der Märkte brachte Italien ein Sparpaket auf den Weg, welches bis 2013 Anpassungen von rund 25 Millionen Euro vorsah. Dazu gehör-

---

126 Red. Die Zeit/Reuters: Chefvolkswirt sieht Portugal in Not. In: Zeit online, Stand: 26. Dezember 2010. URL: http://www.zeit.de/wirtschaft/2010-12/portugal-rettungsschirm-euro, abgerufen am 24. Jänner 2011

127 Red. Der Spiegel/ssu/dpa/Reuters: Italien und Belgien leiden unter Verkaufshysterie der Anleger. In: Spiegel online, Stand: 1. Dezember 2010. URL: http://www.spiegel.de/wirtschaft/soziales/0,1518,732143,00.html, abgerufen am 24. Jänner 2011

128 Red. Rheinische Post: Staatskrise in Belgien. König befiehlt härteres Sparprogramm. In: RP online, Stand: 11. Jänner 2011. URL: http://www.rp-online.de/wirtschaft/eurokrise/Koenig-befiehlt-haerteres-Sparprogramm_aid_951003.html, abgerufen am 24. Jänner 2011

ten Gehaltskürzungen im öffentlichen Dienst, der Verkauf von Staatsgütern und eine Reform des Pensionssystems.[129]

Die Situation sah also mit Ende 2010 in einigen Staaten der Eurozone nicht gut jedoch einigermaßen stabil und kontrolliert aus.

Henrik Müller schrieb, dass angesichts der Krise vor allem Solidarität zwischen den Staaten der Währungsunion gefragt wäre und diese ihre gemeinsame Währung um große Überweisungen zwischen starken und schwachen Regionen ergänzen sollten.[130]

Bis Ende 2010 gab es keine Entwarnung in Sachen „Eurokrise", die Sanierung sollte noch Jahre dauern. Viele Länder mussten Sparprogramme einleiten und dies oftmals begleitet von großen Protesten der einheimischen Bevölkerung. Es bestand also durchaus in manchen Ländern die Gefahr, dass die Regierungen ihre Sparprogramme aus innenpolitischen Gründen weniger restriktiv als geplant durchziehen könnten und damit auch die Gefahr von Rückschlägen.[131]

Die „Eurokrise" schien aber Ende 2010 einigermaßen unter Kontrolle zu sein, noch kein Land der europäischen Union musste Bankrott anmelden und viele Länder der Währungsunion zeigten sich solidarisch gegenüber anderen Mitgliedsstaaten. Man würde im Ernstfall innerhalb der Währungsunion mit Geldern aushelfen, um Zusammenbrüche einzelner Länder, die dann möglicherweise den Euro und die gesamte Eurozone mit sich in den Abgrund rissen, zu verhindern. Die Lage erschien aber trotz allem noch kritisch, da die Krise in vielen Staaten der Währungsunion noch nicht durchgestanden war. Die Gefahr, dass Italien, Spanien, Irland, Portugal, Belgien oder wiederum Griechenland noch tiefer in die Krise hineinrutschen könnten und sich die Lage damit wieder deutlich verschlechtert, bestand auch Ende 2010 noch.

---

129 Red. Financial Times Deutschland: Euro-Krise. Schuldenemission kommt Italien teuer. In FTD.de, Stand: 29. Dezember 2010. URL:
      http://www.ftd.de/finanzen/maerkte/anleihen-devisen/:euro-krise-schuldenemission-kommt-italien-teuer/50209822.html, abgerufen am 24. Jänner 2011
130 Henrik Müller: Endspiel für den Euro. In: Spiegel online, Stand: 27. April 2010. URL:
      http://www.spiegel.de/wirtschaft/soziales/0,1518,691424,00.html, abgerufen am 30. August 2010
131 Hermann Sileitsch: Keine Entwarnung in der Euro-Krise – die Sanierung dauert noch viele Jahre. In: Wiener Zeitung.at, Stand: 27. August 2010. URL :
      http://wienerzeitung.at/default.aspx?tabID=4152&alias=wzo&cob=514273, abgerufen am 30. August 2010

Übergreifen der Finanzkrise auf die Welt – internationale Verflechtung des Finanzsystems

Im folgenden Kapitel wird das Übergreifen der Finanzkrise auf die Welt dargestellt. Die internationale Verflechtung des Finanzsystems sowie die jeweils spezifischen Rollen der Akteure, welche am weltweiten Übergreifen der Finanzkrise beteiligt waren, werden erläutert. Die Akteure waren einerseits Finanzinstitute, Zweckgesellschaften und Hedgefonds, andererseits aber auch die Politik, in Gestalt der von ihr eingesetzten Regulierungsinstrumente, Aufsichtsbehörden und Notenbanken. Besonderes Augenmerk wird in diesem Kapitel auf die Verbriefung und den Weiterverkauf von Krediten gerichtet, da diese Praxis in großem Ausmaß zur weltweiten Verbreitung der Krise beitrug. Auch Versicherungen gegen Zahlungsausfall und Ratingagenturen spielten in diesem Zusammenhang eine wichtige Rolle. Ratingagenturen vor allem deshalb, weil sie den Kreditderivaten, auch wenn diesen teilweise Kredite von Kreditnehmern geringer Bonität zugrunde lagen, sehr gute bis exzellente Bewertungen ausstellten.

Verbriefung der (Immobilien-)Kredite – neue Wertpapiere entstehen

Thema des folgenden Unterkapitels ist die Verbriefung von (Immobilien-)Krediten, die vor Ausbruch der sogenannten Wirtschafts- und Finanzkrise in großem Stil betrieben wurde. Banken schufen Kreditderivate und sogenannte strukturierte Finanzprodukte, um Kredite verkaufen und somit neues Geld für die Vergabe weiterer Kredite lukrieren zu können.

Kreditderivate erfuhren kurz vor dem Platzen der Immobilienblase eine explosionsartige Entwicklung und wurden bald zu einer Spekulationsware.[132] Der Grund für die Verbriefung war also, dass sie es den Emittenten ermöglichte, gewöhnliche, nicht handelbare Vermögenswerte in Anlageprodukte umzuwandeln

---

132 Dieter Balkhausen (2007): Raubtierkapitalismus. Wie Superspekulanten, Finanzjongleure und Firmenjäger eine Weltfinanzkrise provozieren. Köln: Fackelträger Verlag, S. 18

und zu verkaufen.[133] In den Jahren der Immobilienblase wurden vorwiegend Hypothekenkredite verbrieft. Dies geschah durch deren Zusammenfassung und Aufteilung in unterschiedliche Risikoklassen beziehungsweise Bonitätsstufen. Dadurch wurden die Kredite in verzinsliche Wertpapiere umgewandelt. Die neu geschaffenen Wertpapiere wurden jeweils mit einem Rating versehen, welches die Wahrscheinlichkeit widerspiegelte, mit der eine Schuld rechtzeitig und in voller Höhe zurückgezahlt werden würde. Die besonders wertvollen Immobilien mit hohen Ratings brachten dabei weniger Zinsen als die risikoreichen „Subprime"-Kredite mit viel höherem Ausfallsrisiko. Für die Käufer waren, trotz der schlechten Ratings, vor allem die riskanten Papiere attraktiv, da sie höhere Zinsen einbrachten. Bis zu diesem Punkt erschien das System risikoreich, aber durchschaubar, denn die Abstufung der Risiken ließ sich an den Papieren ablesen. Je schlechter das Rating eines Papieres war, desto höher gestalteten sich die Zinsen. Was dann jedoch als Problematik hinzukam, war, dass man begann die einzelnen Papiere zu mischen. Man stellte den Papieren mit guten Ratings solche mit schlechten oder auch sehr schlechten zur Seite. Dadurch sollten die Risiken verteilt werden. Damit wurde es aber schwieriger abzuschätzen, wie viel die gesammelten Anlagen, die hinter den einzelnen Wertpapieren standen, eigentlich Wert waren und wie viel Risiko die Wertpapiere in sich bargen.[134]

Die Verbriefung von Hypothekendarlehen war keine neue Praktik, sie wurde schon seit den 1930er Jahren betrieben. Dazu wurde mit Fannie Mae auch die erste staatlich geförderte Hypothekenbank gegründet. Damals jedoch und auch in den Jahrzehnten danach, bis zur Immobilienblase beschränkte sich die Verbriefung auf Hypotheken erstklassiger Qualität. Kredite wurden nur an Menschen vergeben, die imstande waren eine große Summe als Anzahlung zu leisten und über genügend Einkommen verfügten, um den Zahlungsverpflichtungen nachzukommen. Bei solchen Kreditnehmern waren die Ausfallsquoten gering und die Käufer der hypothekarisch versicherten Wertpapiere konnten sich sicher sein, was sie kauften. In den Jahren der Immobilienblase jedoch wurden viele „Subprime"-Kredite vergeben, verbrieft und verkauft. Die finanzielle Innovation, welche in besonderem Maße die Verbriefung von zweitklassigen Hypothe-

---

133 Michael Bloss/Dietmar Ernst/Joachim Häcker/Nadine Eil (2009): Von der Subprime-Krise zur Finanzkrise. Immobilienblase: Ursachen, Auswirkungen, Handlungsempfehlungen. München: Oldenburg Wissenschaftsverlag, S. 69

134 Hans-Olaf Henkel (2009): Die Abwracker. Wie Zocker und Politiker unsere Zukunft verspielen. München: Wilhelm Heyne Verlag, S. 58

ken ermöglichte, waren die CDOs.[135] Diese werden im vorliegenden Kapitel noch erläutert.

Statt also die Kreditansprüche selbst in ihren Bilanzen zu halten, verkauften die Banken diese, über speziell dazu gegründete Zweckgesellschaften, am Kapitalmarkt an andere Banken und Finanzinvestoren auf der ganzen Welt weiter. Die festverzinslichen Wertpapiere hatten einen anteiligen oder hierarchisch gestaffelten Anspruch auf die Zins- und Tilgungsleistungen der Hausbesitzer. Die Ansprüche wurden aber nur in dem Maße bedient, in dem die Hausbesitzer in der Lage waren, ihren Verpflichtungen nachzukommen. Die Verbriefung erstreckte sich zwar auf Kreditrisiken unterschiedlicher Qualität, jedoch waren die Banken vor allem daran interessiert, die schlechten „Subprime"-Risiken loszuwerden.[136] Der Verkauf der Kreditforderungen an Zweckgesellschaften ermöglichte es den Banken, die Risiken aus ihren Bilanzen zu entfernen. Die Kreditforderungen in den Bankbilanzen nahmen damit ab und die Geldbestände zu. So kamen die Banken an neues Geld und konnten weitere Kredite vergeben. Die Zweckgesellschaften boten dann die Wertpapiere zum Verkauf an. Die Käufer der Wertpapiere finanzierten auf diese Weise die Zweckgesellschaften. Diese Praxis entsprach nicht dem traditionellen Bankmodell, dem „originate & hold"-Modell, denn in diesem halten die Banken die Kreditforderungen selbst in ihren Bilanzen. Die Verbriefung der Kreditforderungen folgte dem „originate & distribute"-Modell. Die Banken verkauften also ihre Forderungen an Zweckgesellschaften, die sich entweder durch die Emission der ABS oder MBS finanzierten, oder den Pool an Krediten weiter strukturierten, das heißt in Wertpapiere unterschiedlicher Qualität zerlegten, und als CDOs verkauften.[137] ABS waren durch einen Pool gleichartiger Vermögenswerte gedeckt. Bei einer breiten Streuung der zugrunde liegenden Risiken haftete diesen Wertpapieren folglich ein geringeres Risiko an, als den ursprünglich zugrunde liegenden Forderungen. Einen großen Teil der ABS bildeten die „Asset Backed Commercial Papers" (ABCP). Diese waren kurzfristige Papiere und meist weniger bekannt, als gewöhnliche ABS. MBS waren ebenfalls eine Art der ABS. Sie waren durch einen Pool unterschiedlicher Hypothekenkredite besichert, die Immobilie sowie das

---

135 Paul Krugman (2008): Die neue Weltwirtschaftskrise. Frankfurt/New York: Campus Verlag, S. 175-176

136 Hans-Werner Sinn (2009): Kasino-Kapitalismus. Wie es zur Finanzkrise kam, und was jetzt zu tun ist. Berlin: Econ, S. 131

137 Ferry Stocker (2009): Zahltag. Finanz- und Wirtschaftskrise und ökonomische Prinzipien. Wien: facultas.wuv, S. 51, 53

Grundstück dienten hier als zugrundeliegender Vermögenswert. Der Unterschied zwischen MBS und ABS war also, dass MBS nur durch die Verbriefung von Hypothekenkrediten zustandekamen. ABS konnten auch andere Kredite, wie beispielsweise Auto- oder Konsumkredite, zugrundeliegen. CDOs entstanden dann eben durch die weitere Strukturierung der Wertpapiere.[138] Die Praxis der Strukturierung oder „Tranchierung", also der Einteilung in unterschiedliche Tranchen, wurde auch „slice and dice" genannt. Es wurde dann nicht mehr nur eine einzige Art von ABS oder MBS auf den Pool von Krediten ausgegeben, sondern Wertpapiere unterschiedlicher Bonität.[139] Dass es nicht bei der Vergabe von ABS blieb, sondern die Kreditforderungen weiter zusammengefasst und strukturiert wurden, barg große Gefahr in sich, denn so entstanden Wertpapiere mit bald nicht mehr einschätzbaren Risiken dahinter.

CDOs boten, wie erwähnt, Anteile (Tranchen) an den Zahlungen aus einem Pool von Hypotheken. Jedoch waren nicht alle Tranchen gleich.[140] Insgesamt gab es drei Qualitäten der CDOs. In der Kategorie „Equity" lagen jene Wertpapiere, die als erste mit Ausfällen im Kreditportfolio belastet wurden, also die risikoreichsten Wertpapiere, mit der höchsten Verzinsung. Die nächste Kategorie bezeichnete man als „Mezzanine", hier waren die „nächstbesten" Wertpapiere zusammengefasst. Die beste Kategorie war die „Senior-Debt-Tranche", welche mit Triple A bewertet wurde.[141] Sie hatte einen vorrangigen Anspruch auf die Zahlungen der Hypothekenschuldner. Erst wenn die Ansprüche dieser Tranche erfüllt waren, kamen die nachrangigen Tranchen an die Reihe.[142] Durch die Zusammenfassung und Strukturierung, das „slice and dice", wurden also aus einer großen Anzahl einzelner Kredite, mit teilweise schlechter Qualität, erstklassige Wertpapiere. Im Durchschnitt gab es meist noch weitere Strukturierungen und in manchen Fällen kam es zu bis zu sechs Verbriefungsstufen. Die Nachfrage nach exotischen Finanzprodukten war groß. Jedoch lag dem ganzen

---

138 Michael Bloss/Dietmar Ernst/Joachim Häcker/Nadine Eil (2009): Von der Subprime-Krise zur Finanzkrise. Immobilienblase: Ursachen, Auswirkungen, Handlungsempfehlungen. München: Oldenburg Wissenschaftsverlag, S. 72-73, 74, 78
139 Ferry Stocker (2009): Zahltag. Finanz- und Wirtschaftskrise und ökonomische Prinzipien. Wien: facultas.wuv, S. 53
140 Paul Krugman (2008): Die neue Weltwirtschaftskrise. Frankfurt/New York: Campus Verlag, S. 176
141 Ferry Stocker (2009): Zahltag. Finanz- und Wirtschaftskrise und ökonomische Prinzipien. Wien: facultas.wuv, S. 54-55
142 Paul Krugman (2008): Die neue Weltwirtschaftskrise. Frankfurt/New York: Campus Verlag, S. 176

Konzept der Verbriefung in diesem Fall ein fataler Konstruktionsfehler zugrunde, denn man hatte das systemische Risiko des Kreditpools übersehen. Das individuelle Ausfallsrisiko einzelner Kredite konnte durch die Poolung zwar durchaus verringert werden, das Risiko jedoch, dass der gesamte US-Immobilienmarkt zusammenbrechen könnte, wurde entweder nicht bedacht oder ignoriert. Dieses Risiko nämlich konnte auch durch Bündelung der Kredite nicht eliminiert werden. Ebenfalls half es nicht, dass in den Pools Hypothekenkredite aus unterschiedlichen Regionen der USA zusammengefasst waren, weil man dachte, die Immobilienpreise würde höchstens regional aber nicht national fallen, denn es kam anders.[143] Man wusste, dass die Ausfallswahrscheinlichkeit von „Subprime"-Krediten bei rund fünf Prozent lag und deshalb erachtete man es als unwahrscheinlich, dass Inhaber weniger riskanter Tranchen jemals mit einem Verlust konfrontiert werden würden.[144] Die Senior-Tranchen galten deshalb vor dem Platzen der Immobilienblase als sichere Anlageform. Sie wurden von den Ratingagenturen mit Bestnoten bewertet, obwohl die der Tranche zugrundeliegenden Hypothekendarlehen teilweise höchst dubios waren. Aufgrund der erstklassigen Ratings ließen sich die Papiere gut verkaufen und das wiederum ermöglichte den Banken die weitere Vergabe von „Subprime"-Krediten. Viele institutionelle Anleger, wie zum Beispiel Pensionsfonds, kauften die mit AAA bewerteten Papiere, da diese erheblich höhere Erträge abwarfen, als gewöhnliche festverzinsliche Anleihen.[145] Nach außen hin erschienen die Papiere so sicher zu sein wie US-Staatsanleihen und warfen dabei deutlich höhere Zinsen ab. Der CDO-Markt gehörte bis 2007 zu den wachstumsstärksten Segmenten des Finanzmarktes. Jeder der solch ein Papier kaufte, brachte damit frisches Geld in den amerikanischen Immobilienmarkt und heizte den Spekulationsboom weiter an. Lange sah es so aus, als würden die CDOs und andere komplexe Wertpapiere die Finanzmärkte und das Bankensystem stabiler machen. Zumindest theoretisch schien es, als ließen sich die Risiken durch die Finanzinnovationen besser

---

143 Ferry Stocker (2009): Zahltag. Finanz- und Wirtschaftskrise und ökonomische Prinzipien. Wien: facultas.wuv, S. 55-60

144 Peter Bofinger (2009): Ist der Markt noch zu retten? Warum wir jetzt einen starken Staat brauchen. 2. Aufl., Berlin: Econ, S. 24

145 Paul Krugman (2008): Die neue Weltwirtschaftskrise. Frankfurt/New York: Campus Verlag, S. 176

streuen und damit minimieren. Wie man jedoch später erkannte, waren sie ein erhebliches Sicherheitsrisiko.[146]

Der gesamte Prozess der Strukturierung basierte auf der Annahme, dass die für die Vergangenheit beobachtete Ausfallswahrscheinlichkeit der „Subprime"-Kredite von fünf Prozent sich auch zukünftig nicht verändern würde. Diese Annahme stellte sich aber als falsch heraus, denn da in den Jahren 2004 bis 2007 Kredite an Schuldner mit immer schlechterer Bonität vergeben worden waren, stiegen die Ausfallraten bald an und die Strukturierung kippte.[147] Vielen CDO-Käufern war zudem nicht klar wie diese Produkte im Detail funktionierten und auf welche Risiken sie sich beim Kauf einließen. Bald konnten auch Experten nicht mehr weiterhelfen. Kernannahmen, auf Basis derer die Papiere konstruiert worden waren, erwiesen sich (eben bezüglich der Ausfallswahrscheinlichkeit der „Subprime"-Kredite und der Entwicklung der amerikanischen Immobilienpreise) als falsch. Banken, Versicherungen und Pensionskassen auf der ganzen Welt sowie die Ratingagenturen hatten die CDOs mit ähnlichen Modellen bewertet. Weltweit trugen vor Ausbruch der Krise rund 60 Prozent aller strukturierten Finanzprodukte das Gütesiegel AAA. Ab Mitte 2007 jedoch schraubten die Ratingagenturen ihre Urteile massiv zurück. Von den 30 CDO-Tranchen, welche die Investmentbank Merill Lynch noch 2007 mit der Bestnote AAA auf den Markt gebracht hatte, hatten Mitte 2008 schon 27 offiziell Schrottstatus. Die Ratingagentur Moody's stufte 2007 fast jede dritte forderungsbesicherte Anlage herab.[148] Es passierte also letztendlich, was keiner angenommen beziehungsweise viele übersehen oder auch ignoriert hatten.

Das ganze Konzept des Weiterverkaufs von Kreditforderungen diente den Banken dazu, die schlechten Kredite, die sie vergeben hatten, loszuwerden und daraufhin wieder neue Darlehen vergeben und verkaufen zu können. Die Kreditrisiken wanderten so rund um den Globus. Überall auf der Welt wurden die ABS, MBS und vor allem CDOs gekauft. Die Möglichkeit des schnellen Weiterverkaufs der Kredite war auch ein Grund dafür, dass die Banken keinerlei Anreiz mehr sahen, die Bonität ihrer Kunden zu prüfen. Am Ende hingen weltweit

---

146 Olaf Storbeck (2009): Die Jahrhundertkrise. Über Finanzchemisten, das Versagen der Notenbanken und John Maynard Keynes. Stuttgart: Schäffer-Poeschel, S. 43-44

147 Peter Bofinger (2009): Ist der Markt noch zu retten? Warum wir jetzt einen starken Staat brauchen. 2. Aufl., Berlin: Econ, S. 24-25

148 Olaf Storbeck (2009): Die Jahrhundertkrise. Über Finanzchemisten, das Versagen der Notenbanken und John Maynard Keynes. Stuttgart: Schäffer-Poeschel, S. 44, 47-48

mehr als ein Fünftel der festverzinslichen Wertpapiere direkt oder indirekt am US-Immobilienmarkt.[149]

Die Verbriefung der Kreditforderungen hing also direkt mit der Kreditvergabepraxis der Banken zusammen, denn ohne die Möglichkeit der Verbriefung und des Weiterverkaufs von Kreditforderungen und damit des Risikos, wären die Banken sicherlich in weniger großem Ausmaß bereit gewesen, Kredite an Kunden mit geringer Bonität zu vergeben.

Die Kreditvergabe konnte deswegen erhöht werden, weil die Banken durch die Verbriefung und den Weiterverkauf risikoreicher Kredite, die Eigenkapitalvorschriften von Basel II umgingen. Dass die Risiken aber dadurch nicht verschwanden, sondern von anderen Finanzinstrumenten gehalten wurden, oftmals sogar von den eigenen Investmentfonds, daran dachte kaum jemand. Das Konzept sich über die neu geschaffenen Finanzprodukte abzusichern, ging nicht auf, denn die Produkte verteilten zwar das Risiko, senkten es aber nicht. Im Gegenteil erhöhten sie es durch die Einladung zu mehr Risikobereitschaft noch. Sie steigerten das Systemrisiko.[150] Die Verbriefung oder Neuverpackung war die Besonderheit der Spekulationskrise, sie ermöglichte erst das gewaltige Ausmaß des Spekulationsbooms und sorgte im Abschwung dafür, dass die Wertverluste besonders hoch ausfielen und die Gläubiger überraschten.[151] Das „originate & distribute"-Modell war eigentlich dazu gedacht, das Risiko aus dem Kreditgeschäft in rationaler Weise an den Kapitalmarkt weiterzugeben. Die Vielzahl der involvierten Banken und Fonds beziehungsweise Zweckgesellschaften und immer neue ungeprüfte Finanzinnovationen sorgten jedoch für einen sehr hohen Grad an Intransparenz bezüglich der Allokation von Risiken.[152]

Das Problem der Verbriefung und des Weiterverkaufs von Kreditansprüchen war also, dass die neu entstandenen Papiere durch die Strukturierung irgendwann undurchschaubar wurden. Niemand wusste mehr, was eigentlich dahintersteckte und wie riskant diese Papiere waren. Außerdem ermöglichten sie es

---

149 Lisa Nienhaus (2009): Die Blindgänger. Warum die Ökonomen auch künftige Krisen nicht erkennen werden. Frankfurt/New York: Campus Verlag, S. 154-155

150 Karin Küblböck/Cornelia Staritz (2008): Finanzkrisen in Industrie- und Schwellenländern. Gemeinsamkeiten und Unterschiede. In: Beate Blaschek (ATTAC Österreich) (Hrsg.): Crash statt Cash. Warum wir die globalen Finanzmärkte bändigen müssen. Wien: ÖGB-Verl., S. 79-99, insbesondere S. 91

151 Lucas Zeise (2008): Ende der Party. Die Explosion im Finanzsektor und die Krise der Weltwirtschaft. Köln: PapyRossa, S. 13

152 Paul J.J Welfens (2009): Transatlantische Bankenkrise. Stuttgart: Lucius & Lucius, S. 45

den Banken, noch mehr „Subprime"-Kredite zu vergeben, die dann wiederum verbrieft und weiterverkauft wurden. So entstand gewissermaßen ein Teufelskreis, den die Ratingagenturen durch ihre viel zu guten Bewertungen der strukturierten Papiere noch antrieben. Als schließlich die meisten Hypothekenschuldner ihre Rückzahlungen nicht mehr tätigen konnten, brach das System zusammen. Die Banken hatten zu viele „Subprime"-Kredite vergeben und verfügten über eine zu geringe Eigenkapitalbasis um im Abschwung all ihre Zweckgesellschaften refinanzieren zu können. Durch den weltweiten Verkauf der anlagebesicherten Wertpapiere verbreitete sich die Finanzkrise schließlich auch auf der ganzen Welt.

Versicherung durch „Credit Default Swaps" (CDS)

Eine weitere Rolle in der Finanzkrise spielten die „Credit Default Swaps" (CDS). CDS sind Versicherungen gegen Zahlungsausfall und stellten sich im Zuge der Krise als ebenso gefährlich wie die besprochenen CDOs heraus. Mit den CDS konnte sich derjenige, der CDOs oder andere Anleihen besaß, für den Fall absichern, dass der Schuldner in Zahlungsschwierigkeiten geriet und seine Verbindlichkeiten nicht mehr bedienen konnte. Je höher das Ausfallrisiko des Kreditnehmers, desto höher waren auch die Gebühren für derartige Kreditversicherungen. Oft wurden auch die CDS selbst auf den Finanzmärkten gehandelt. Es war also möglich sich Kreditausfallsversicherungen großer Firmen in sein Depot zu legen und dafür Rendite zu kassieren. Der CDS-Käufer wettete dann darauf, dass das Unternehmen scheiterte. Der CDS-Verkäufer hingegen setzte dagegen und wettete, dass das Unternehmen seine Zahlungsverpflichtungen einhielte. In der aktuellen Krise erwiesen sich CDS als negativer Einflussfaktor. Sie reduzierten Risiken nicht, sondern steigerten diese. Unter anderem, weil sie die hemmungslose Kreditvergabe an bonitätsschwache Immobilienkäufer vermutlich noch weiter anfachten. Sie verstärkten bei Anlegern, die ihr Geld in „Subprime"-CDOs investierten, das Gefühl von Sicherheit. Das Risiko beim Kauf eines Papiers, das von den Ratingagenturen mit Bestnoten bewertet wurde, erschien, bei zusätzlicher Absicherung durch CDS, gering. Ohne diesen vermeintlich doppelten Schutz wären wohl weniger „Subprime"-CDOs verkauft worden. In der Theorie hätte sich der CDS-Markt über den Preis für die Kreditversicherungen selbst in ein Gleichgewicht bringen müssen. Dazu hätten die Verkäufer aber die höheren Ausfallsrisiken bei „Subprime"-Krediten berücksichtigen und höhere Gebühren verlangen müssen. Das wiederum hätte die Nachfrage nach

CDS und indirekt auch nach „Subprime"-CDOs gedämpft. Der gesamte Hintergrund, warum der CDS-Markt nicht funktionierte, wurde jedoch bis Ende 2010 noch nicht lückenlos geklärt. Ein Grund, welcher dem Marktversagen möglicherweise zuträglich war, dass die CDS, anders als Aktien und Anleihen, nicht auf großen, transparenten Märkten gehandelt wurden, sondern in außerbörslichen Geschäften, auf sogenannten „Over the counter"-Märkten (OTC). Diese zeichneten sich durch wenig Liquidität und mangelnde Transparenz aus. Tatsächliches Angebot und Nachfrage ließen sich hier schlechter beurteilen. Zudem unterlagen OTC-Märkte keiner Kontrolle und Aufsicht. Ein Beispiel, das hier anzuführen ist, ist das des Versicherungskonzerns AIG, welcher Geschäfte mit CDS betrieb und auch „Subprime"-Risiken absicherte. Im Jahr 2007 hatten allein die „Subprime"-Risiken, denen das Unternehmen ausgesetzt war, einen Umfang von knapp 60 Milliarden US-Dollar. Der Kollaps des US-Immobilienmarktes führte dann auch zum Kollaps von AIG, denn Anbieter von CDS mussten meist Sicherheiten, in Form von Staatsanleihen oder Bargeld, hinterlegen, deren Höhen abhängig vom Ausfallrisiko des Darlehens und der Kreditwürdigkeit des CDS-Verkäufers waren. Da die „Subprime"-Kredite ab Mitte 2007 immer häufiger platzten, musste AIG immer mehr Sicherheiten bereitstellen. Gleichzeitig wurden die Ratingagenturen kritischer und senkten das Kreditrating des Unternehmens. Dies wiederum führte dazu, dass Käufer noch mehr Sicherheiten verlangten, welche AIG schließlich nicht mehr aufbringen konnte. Das Beispiel AIG zeigt, dass von CDS eine Gefahr ausging, die vor der Krise niemand gesehen hatte. Sie konnten relativ wenige und vergleichsweise kleine Institute in die Lage versetzen, das gesamte Finanzsystem zu destabilisieren.[153]

Rolle der Finanzinstitute, Zweckgesellschaften und Hedgefonds

Die Rolle der Finanzinstitute, Zweckgesellschaften und Hedgefonds in der sogenannten Wirtschafts- und Finanzkrise ist Thema des folgenden Unterkapitels. Man kann alle drei wohl salopp als „Mittäter" bezeichnen, denn sie alle trugen zum Entstehen und zur Entwicklung der Krise bei.

Die Banken, welche aufgrund der Möglichkeit der Verbriefung von Kreditforderungen und damit des Weiterverkaufs von Kreditrisiken, keine oder nur

---

153   Olaf Storbeck (2009): Die Jahrhundertkrise. Über Finanzalchemisten, das Versagen der Notenbanken und John Maynard Keynes. Stuttgart: Schäffer-Poeschel, S. 53-56

unzureichende Bonitätsprüfungen ihrer Kreditkunden durchführten, trugen erheblich zur Entstehung der Krise bei. Ihnen ist vorzuwerfen ohne Rücksicht auf Verluste nur auf den eigenen Profit aus gewesen zu sein.

Sie weiteten das Verhältnis zwischen Kreditvolumen und Eigenkapital beträchtlich aus und hielten im Laufe der Zeit immer weniger Eigenkapital in ihren Bilanzen. Das Bankgeschäft wurde dadurch lukrativer für die Eigentümer (Aktionäre) und die Bankmanager, die mit hohen Boni vom Erfolg profitierten.[154] Eventuelle negative Auswirkungen wurden jedoch ignoriert und erst als die Entwicklung abglitt, wurde sichtbar, welche Rolle die Banken in der Krise eigentlich spielten.

Die Banken waren es auch, welche Zweckgesellschaften zum Weiterverkauf der Kreditrisiken schufen. Diese waren bankähnliche Institutionen[155] und kauften Kredite gleicher Art, vor allem Immobilien-, Auto- oder Kreditkartenkredite, verbrieften diese und schrieben dann neue forderungsbesicherte Wertpapiere.[156] Sie kauften also die langfristigen Hypothekenforderungen und finanzierten diese durch das Emittieren kurzfristiger Schuldtitel, der ABCP, auf dem Geldmarkt.[157] Notfalls erhielten sie auch Geld von ihren Zentralen, aber wenn dann nur unterjährig, damit diese Mittel von den Banken nicht bilanziert werden mussten. Die eingenommenen Gelder legten die Zweckgesellschaften dann eben in langfristigen Derivaten der amerikanischen Hypothekenkredite an, also im Wesentlichen in CDO- und ABS-Papieren. Somit betrieben sie eine Fristentransformation, die es ihnen erlaubte erhebliche Gewinnmargen zu realisieren. Ihr Geschäftsvolumen musste in der Zentrale nicht bilanziert werden und deshalb konnten sie in den guten Zeiten vor Ausbruch der Krise auch riesige Gewinne erwirtschaften.[158] Das Geschäft der Zweckgesellschaften stellte ein sehr riskantes dar, da es passieren konnte, dass sich keine Käufer für die kurzfristigen Papiere finden ließen und die langfristigen Forderungen vorzeitig verkauft werden mussten. Wenn dies zu schnell ging, konnten große Verluste auftreten. Darum gab es für Banken

---

154 Rainer Hank (2009): Der amerikanische Virus. Wie verhindern wir den nächsten Crash. München: Karl Blessing-Verlag, S. 104-105

155 Peter Bofinger (2009): Ist der Markt noch zu retten? Warum wir jetzt einen starken Staat brauchen. 2. Aufl., Berlin: Econ, S. 26

156 Ferry Stocker (2009): Zahltag. Finanz- und Wirtschaftskrise und ökonomische Prinzipien. Wien: facultas.wuv, S. 50

157 Peter Bofinger (2009): Ist der Markt noch zu retten? Warum wir jetzt einen starken Staat brauchen. 2. Aufl., Berlin: Econ, S. 26

158 Hans-Werner Sinn (2009): Kasino-Kapitalismus. Wie es zur Finanzkrise kam, und was jetzt zu tun ist. Berlin: Econ, S. 169

auch Vorschriften, die regelten, dass für alle Kredite, die vergeben wurden, ausreichend Eigenkapital vorhanden sein musste. Banken mussten imstande sein eventuelle Verluste abzufangen, ohne ihren Einlegern gegenüber in Zahlungsschwierigkeiten zu geraten. Diese Vorschriften galten aber nicht für die Zweckgesellschaften, obwohl sie Bankgeschäfte betrieben.[159]

Hier kam ein Defizit des Regulierungssystems Basel II zum Tragen, welches im nächsten Unterpunkt noch näher besprochen wird, nämlich die Zulassung von Ausnahmen. Diese betrafen auch Zweckgesellschaften und Hedgefonds, wobei gerade deren Ausnahme von der Regulierung höchst problematisch war, da sie besonders riskante Finanzgeschäfte durchführten. Hans-Werner Sinn nannte die Ausnahmen der Zweckgesellschaften aus dem Basel II-System einen klaren Regulierungsfehler, da die Muttergesellschaften in aller Regel zur Übernahme aller Risiken ihrer Conduits verpflichtet waren.[160] Die meisten professionellen Anleger waren sich auch der Risiken der Geschäfte der Zweckgesellschaften bewusst. Die Papiere ließen sich dementsprechend nur absetzen, wenn eine etablierte Bank bereit war, die Haftung zu übernehmen.[161] Die Banken taten dies auch, da die Zweckgesellschaften ohnehin in ihrem eigenen Besitz waren.[162] Das hieß, dass im schlimmsten Fall, welcher auch bald eintrat, alle Risiken wieder bei den Banken selbst lagen.

Mit den Zweckgesellschaften entstand in den Jahren vor der Krise also ein System von Schattenbanken, das nicht der Aufsicht unterlag und welches selbst Insider kaum durchschauten. Bis 2007 hatte besagtes System gewaltige Ausmaße erreicht. In den USA waren traditionelle Banken seit den frühen 1990er Jahren nur noch für 20 Prozent der Kredite verantwortlich, der Rest lag in den Schattenbanken. Sie wurden zumeist im Ausland betrieben. Deutsche Banken beispielsweise platzierten ihre Zweckgesellschaften oft in Irland, aufgrund der dortigen sehr niedrigen Steuern. Die Tochtergesellschaften gingen mit der Zeit immer riskantere Geschäfte ein. Sie mussten ja, anders als ihre Mutterhäuser, für die ausstehenden Kredite kein Eigenkapital zur Seite legen und agierten fast

159 Peter Bofinger (2009): Ist der Markt noch zu retten? Warum wir jetzt einen starken Staat brauchen. 2. Aufl., Berlin: Econ, S. 26-27

160 Hans-Werner Sinn (2009): Kasino-Kapitalismus. Wie es zur Finanzkrise kam, und was jetzt zu tun ist. Berlin: Econ, S. 169

161 Peter Bofinger (2009): Ist der Markt noch zu retten? Warum wir jetzt einen starken Staat brauchen. 2. Aufl., Berlin: Econ, S. 27

162 Ferry Stocker (2009): Zahltag. Finanz- und Wirtschaftskrise und ökonomische Prinzipien. Wien: facultas.wuv, S. 50

ausschließlich mit geliehenem Geld. Ihr Geschäft war waghalsig, warf aber bis zum Sommer 2007 große Gewinne ab. Es ging solange gut, wie sich jemand fand, der bereit war, den langfristig gebundenen Zweckgesellschaften kurzfristig Geld zu leihen. Für den Fall von Liquiditätsengpässen lagen Kreditlinien der Banken aus und dies erwies sich letztendlich als Achillesferse des Bankensystems, denn durch die Haftungen griffen die Probleme der Zweckgesellschaften auf ihre Mutterhäuser über.[163]

Auch die Investitionen in Hedgefonds wuchsen in den letzten Jahren stark an. Die Möglichkeit auch in einem schwierigen Marktumfeld Gewinne machen zu können, verbreitete die irreführende Annahme, Hedgefonds wären eine sichere Anlageform mit konstant hohen Gewinnen bei niedrigem Risiko. In einem effizienten Marktumfeld jedoch sind hohe Gewinne nur bei ebenso hohem Risiko möglich.[164]

Der Begriff „Hedgefonds" ist ein Überbegriff für verschiedene Veranlagungs- und Spekulationsstrategien, deren Ziel es ist, einen regelmäßigen und positiven Veranlagungsertrag, unabhängig vom Marktumfeld zu erzielen. Charakteristika von Hedgefonds sind beispielsweise, dass sie meist in offshore-Zentren angesiedelt und dem breiten Anlegerpublikum oft nicht zugänglich sind, zudem nutzen sie modernste Technologien und Instrumente. Da sie keine Publikumsfonds darstellen, waren sie in der Vergangenheit wenig reguliert. Außerdem arbeiten sie großteils mit sehr hohem Fremdkapitalanteil (leverage).[165]

Die Grundidee des ersten Hedgefonds bestand darin, traditionelle Investments um den Einsatz von leverage und Leerverkäufen zu ergänzen. Seitdem kam eine Vielzahl von unterschiedlichen Strategien hinzu. Allen gemein war, dass sie sehr ausgeprägte Formen des aktiven Managements darstellten.[166] Hedge bedeutet übersetzt soviel wie „Hecke" und spielt auf die ursprüngliche Funktion dieser Gesellschaften, nämlich Unternehmensrisiken abzudecken, an. Zu

---

163 Olaf Storbeck (2009): Die Jahrhundertkrise. Über Finanzalchemisten, das Versagen der Notenbanken und John Maynard Keynes. Stuttgart: Schäffer-Poeschel, S. 59-60

164 Stan Beckers/Jan Smedts (2005): Hedge Funds: Where is the (h)edge? In: Hubert Dichtl/Jochen M. Kleeberg/Christian Schlenger: Handbuch Hedge Funds. Chancen, Risiken und Einsatz in der Asset Allocation. Bad Soden/Ts.: Uhlenbruch Verlag, S. 119-150, insbesondere S. 120

165 Beirat für Wirtschafts- und Sozialfragen (2009): Österreich und die internationale Finanzkrise. Nr. 83, S. 56

166 Hubert Dichtl/Jochen M. Kleeberg/Christian Schlenger: Handbuch Hedge Funds. Chancen, Risiken und Einsatz in der Asset Allocation. Bad Soden/Ts.: Uhlenbruch Verlag, S. VII

diesem Zweck boten Hedgefonds Banken und anderen Finanzinstitutionen Absicherungen gegen bestimmte Unternehmensrisiken an. Dies konnte durchaus eine nützliche Funktion darstellen. Hedgefonds waren bisweilen sogar im Rückversicherungsgeschäft für Erstversicherer tätig und unterlagen dann auch der Versicherungsaufsicht. Im Laufe der Zeit jedoch begannen sie immer riskantere Geschäfte zu machen. Sie beschränkten sich nicht mehr auf die Absicherung von Risiken, sondern engagierten sich in steigendem Maße in problematischen Spekulationsgeschäften.[167]

Der Begriff „Hedgefonds" bezeichnet prinzipiell die Struktur und nicht die Strategie eines Fonds. Die einzelnen Strategien, welche Hedgefonds anwenden, können sehr unterschiedlich sein. Es gibt jedoch mehrere generelle Richtlinien beziehungsweise Grundprinzipien. Einer der wichtigsten Unterschiede zwischen traditionellen Investmentfonds und Hedgefonds besteht in den organisatorischen und rechtlichen Anforderungen, die für traditionelle Fonds wesentlich strenger und präziser definiert wurden als für Hedgefonds. Hedgefonds sind ähnlich den Investmentfonds vor allem Investmentvehikel, welche die Gelder der Investoren sammeln und ihnen Zugang zum Wissen und zu den Fähigkeiten der Manager, bestimmte Investmentstrategien durchzuführen, gewähren. Die Struktur eines Hedgefonds ist meist möglichst einfach gehalten, um effizient arbeiten zu können. Sie richtet sich nach der Art des Investments, den verwendeten Finanzinstrumenten, den Märkten, in die investiert wird sowie den rechtlichen und steuerlichen Bedürfnissen der potentiellen Investoren. Die meisten Hedgefonds, welche zur Zeit der Krise existierten, stammten aus Amerika, wurden jedoch in der Regel im Ausland (offshore) gegründet. „Offshore" bedeutete dann im Großteil der Fälle ausgewählte Jurisdiktionen kleiner Inselstaaten, welche besonders liberale Bestimmungen für die Gründung von Investmentfirmen vorweisen konnten.[168]

Hedgefonds existierten in den USA schon seit dem zweiten Weltkrieg, waren viele Jahre lang aber eher Randerscheinungen der Finanzszene. Dieses Nischendasein stellte auch einen ihrer Charakterzüge dar. Wie erwähnt, war das „hedge" in ihrem Namen eigentlich darauf bezogen, dass sich Anleger mit einer Investition in einen solchen Fonds gegen Schwächeanfälle auf dem gewöhnlichen Kapitalmarkt absichern konnten. Ein Hedgefonds investierte also nicht in

---

167 Hans-Werner Sinn (2009): Kasino-Kapitalismus. Wie es zur Finanzkrise kam, und was jetzt zu tun ist. Berlin: Econ, S. 170
168 Ursula Fano-Leszczynski (2002): Hedgefonds. Erfolgreich investieren, Risiko minimieren. Wien: MANZ Verlag, S. 31-32

die üblichen und wichtigsten Anlageklassen wie Aktien, Anleihen oder Immobilien. Alternativen waren beispielsweise Gold, Rohstoffe oder auch exotische Währungen von Ländern, die vom Finanzkapitalismus noch weniger erschlossen waren. Vorerst investierten Hedgefonds also nur in diese Randgebiete des Kapitals. Einen Entwicklungsschub erlebten sie dann als vermehrt Finanzmarktderivate auftauchten und aufgrund der Verbreitung elektronischer Handelsmethoden und computergestützter Börsen zu einer Massenerscheinung wurden. Investoren konnten somit nämlich viel leichter als zuvor, auf fallende Kurse setzen oder allgemein komplizierte Wetten eingehen. Hedgefonds erhielten damit viel breitere Möglichkeiten, ihre Anlagen so zu tätigen, dass sie von schlecht laufenden Hauptmärkten nicht berührt wurden oder von diesen sogar profitierten. Hedgefonds waren aufgrund der Risiken, die sie eingingen, als Anlageform nicht für alle zugelassen. Versicherungen beispielsweise durften in Hedgefonds nur mit kleinen Quoten investieren. Sie waren also nicht für das breite Publikum gedacht, sondern richteten sich an Personen und Institutionen, welche bereit waren große Beträge zu investieren. Sie waren fast immer als geschlossene Fonds konzipiert. Das in den Fonds investierte Geld war in der Regel für einen längeren Zeitraum gebunden und konnte nicht vorfristig wieder zurückgegeben werden. Dies erlaubte es den Hedgefonds-Managern, sehr flexibel mit den ihnen anvertrauten Mitteln umzugehen.[169]

Hedgefonds waren also eine alternative Investmentform und erleichterte gesetzliche Bedingungen in einigen europäischen Ländern trugen in den Jahren vor der Krise zum wachsenden Interesse an ihnen bei. Sie stellten eine sehr anspruchsvolle Anlageform dar, die zwar hohe Renditen versprach, gleichzeitig aber mit erheblichen Risiken verbunden war. Der Umgang mit und die gewinnbringende Investition in Hedgefonds erforderte viel Kenntnis und Verständnis, von Seiten der Manager wie auch der Anleger. Als eines der charakteristischsten Merkmale von Hedgefonds wurde oftmals die Verfolgung absoluter Renditezielen genannt, das sogenannte „Absolute-Return-Investment". Dabei sollten positive Renditen, unabhängig von der Marktentwicklung, also bei steigenden wie auch fallenden Kursen, erzielt werden. Die Strategie dahinter war einerseits die Ausnutzung von Fehlbewertungen (Arbitrage) und zum anderen die Prognose beziehungsweise Spekulation der Portfoliomanager bezüglich zukünftiger Kurs- und Preisentwicklungen. Es ließen sich verschiedene Strategien sowohl in steigenden, als auch in fallenden Märkten realisieren, denn Hedgefonds gingen auch

---

169   Lucas Zeise (2008): Ende der Party. Die Explosion im Finanzsektor und die Krise der Weltwirtschaft. Köln: PapyRossa, S. 48-49

oftmals sogenannte Short-Positionen (zum Beispiel Leerverkäufe) ein. Gerade diese Möglichkeit erhöhte die Attraktivität von Hedgefonds in den Jahren vor der Krise.[170] Genauer definiert, bedeutet Arbitrage gleichzeitiges Kaufen und Verkaufen verwandter oder ähnlicher Wertpapiere, um Profite aus Preisunterschieden zu erzielen. Es wird also versucht temporäre Ineffizienzen in der Bewertung bestimmter Finanzinstrumente festzustellen und auszunutzen. Arbitrage ist immer risikoreich, da sie großteils auf der Analyse historischer Daten basiert, der Markt sich jedoch nicht immer an seine eigenen historischen Vorgaben hält. Die Märkte wurden mit der Zeit außerdem immer effizienter und die Profite traditioneller Arbitrage-Transaktionen immer geringer. Es musste bald sehr hoher leverage eingesetzt werden, um Gewinne machen zu können. Ziel des leverage war es, das Gewinnpotential zu steigern, die negative Folge dessen war, dass dadurch auch das Potential für Verluste gesteigert wurde.[171] Leerverkäufe waren die besondere Spezialität der Hedgefonds, denn damit konnten bei fallenden Kursen, die normalerweise Verluste erzeugen, Gewinne lukriert werden. Dies geschah, indem sich der Fonds Wertpapiere einer bestimmten Sorte lieh und versprach diese Papiere nach einer gewissen Zeit, zuzüglich einer Leihgebühr, wieder zurückzugeben. Die geliehenen Papiere verkaufte er dann auf dem Markt, in der Hoffnung sie vor Ablauf der Frist billiger wieder zurückkaufen und zurückgeben zu können. Dies gelang häufig, weil der Fonds ja nicht nur seinen eigenen Bestand an Wertpapieren, sondern auch die geliehenen Papiere auf den Markt warf. Auf diese Weise konnte er eine mächtige Hebelwirkung entfalten, die den Kurs der Wertpapiere fallen ließ. Der fallende Kurs erzeugte dann weitere Abwertungserwartungen und veranlasste weitere Käufer auszusteigen, was abermals den Kurs drückte. Wenn der Hedgefonds also geschickt agierte, konnte es zu einer Panik kommen, auf deren Höhepunkt er die Wertpapiere sehr billig zurückkaufen und anschließend dem Ausleiher zurückgeben konnte. Lag der Rückkaufkurs um mehr als die Gebühr unter dem Verkaufskurs, wurde Gewinn erzielt.[172] „Short selling" bedeutet also bei fallenden Kursen

---

170 Wolfgang Besseler/Wolfgang Drobetz/Jacqueline Henn (2005): Hedge Funds: Die „Königsdisziplin" der Kapitalanlage. In: Hubert Dichtl/Jochen M. Kleeberg/Christian Schlenger: Handbuch Hedge Funds. Chancen, Risiken und Einsatz in der Asset Allocation. Bad Soden/Ts.: Uhlenbruch Verlag, S. 4-53, insbesondere S. 4-5

171 Ursula Fano-Leszczynski (2002): Hedgefonds. Erfolgreich investieren, Risiko minimieren. Wien: MANZ Verlag, S. 24-25

172 Hans-Werner Sinn (2009): Kasino-Kapitalismus. Wie es zur Finanzkrise kam, und was jetzt zu tun ist. Berlin: Econ, S. 170-171

überbewertete, geliehene Aktien zu verkaufen. Traditionelle Aktienfonds dürfen keine Short Positionen bilden und tendieren daher bei negativer Marktentwicklung auch zu Verlusten. Hedgefonds nutzen gemeinhin schlechte Marktsituationen aus, um Gewinne zu machen. Bedenklich ist, dass dabei gegen den natürlichen Markttrend nach oben angekämpft wird. Dies kann sich negativ auf den Markt auswirken.[173] Neben dem normalen Leerverkauf gibt es noch den gedeckten Leerverkauf („naked short selling"). Hier verschafft sich der Verkäufer zum Zeitpunkt des Verkaufs weder Eigentum an der verkauften Aktie noch erwirbt er einen Anspruch auf einen Eigentumsübergang, trotzdem verkauft er die Aktien und drückt damit den Kurs nach unten. Anschließend kauft er die entwerteten Aktien schnell am Markt, um seiner Lieferverpflichtung doch noch nachkommen zu können. Hier geht es also um extrem spekulative und damit auch riskante Transaktionen, welche Hans-Werner Sinn als „Glücksrittertum in Reinkultur" bezeichnete.[174] Solange die Börsenkurse stiegen, störte sich jedoch niemand an den Hedgefonds und ihren Strategien. Sogar Investmentbanken liehen ihnen Geld für ihre riskanten Geschäfte.[175] Im Laufe der Krise jedoch mehrte sich die Kritik an Hedgefonds.

Schäfer schrieb, dass viele die Leerverkäufe für den Niedergang der Wall Street verantwortlich machten. Die Spekulanten hätten angeblich alles getan, um die Kurse in jene Richtung zu bewegen, die ihnen Geld brachte. Sie hätten Gerüchte gestreut, Nachrichten erfunden und falsche Zahlen verbreitet.[176] Auch beim Zusammenbruch von Lehman Brothers wären Leerverkäufe im Spiel gewesen.[177] Hedgefonds wurde immer wieder vorgeworfen, dass sich durch ihre Transaktionen, die eindeutig als Spekulationen bezeichnet werden konnten, erst die Volatilität und die Preisungleichgewichte am Markt erzeugten.[178] Sybille

173   Ursula Fano-Leszczynski (2002): Hedgefonds. Erfolgreich investieren, Risiko minimieren. Wien: MANZ Verlag, S. 24
174   Hans-Werner Sinn (2009): Kasino-Kapitalismus. Wie es zur Finanzkrise kam, und was jetzt zu tun ist. Berlin: Econ, S.172
175   Ulrich Schäfer (2009): Der Crash des Kapitalismus. Warum die entfesselte Marktwirtschaft scheiterte und was jetzt zu tun ist. Frankfurt/New York: Campus Verlag, S. 199
176   Ulrich Schäfer (2009): Der Crash des Kapitalismus. Warum die entfesselte Marktwirtschaft scheiterte und was jetzt zu tun ist. Frankfurt/New York: Campus Verlag, S. 198-199
177   Hans-Werner Sinn (2009): Kasino-Kapitalismus. Wie es zur Finanzkrise kam, und was jetzt zu tun ist. Berlin: Econ, S. 171
178   Wolfgang Besseler/Wolfgang Drobetz/Jacqueline Henn (2005): Hedge Funds: Die „Königsdisziplin" der Kapitalanlage. In: Hubert Dichtl/Jochen M. Kleeberg/Christian

Pirklbauer und Christian Schoder sprachen sich für ein Verbot oder zumindest eine Beschränkung aller Hochrendite-Fonds aus. Sie kritisierten, dass Hedgefonds ausschließlich mit Blick auf hohe Renditen agierten, hochriskant mit Aktien, Rohstoffen sowie Währungen spekulierten und sich fast ausschließlich über Kredit und mit marginalem Einsatz von eigenem Kapital finanzierten. Dies stellte in den Augen der beiden Politologen ein zu großes Risiko dar und war der positiven Entwicklung der Wirtschaft abträglich.[179] Der Beirat für Wirtschafts- und Sozialfragen sah alternative Investmentfonds, wie Hedgefonds oder Private Equity Fonds nicht als unmittelbare Auslöser der Krise. Jedoch beschleunigten Hedgefonds, laut ihm, durch ihre „short selling"-Strategien, also die Spekulation auf fallende Kurse, den Abschwung auf den Finanzmärkten. Die Hedgefondsindustrie selbst war jedoch ebenfalls negativ von der Finanzkrise betroffen, weil Investoren massiv Gelder abzogen. Dadurch wurden Verkäufe notwendig und es kam zu weiteren Anspannungen auf den betroffenen Märkten. Die Fremdfinanzierung der Fonds war bald nur noch schwer möglich[180]. Ab 2007 kam es zur Liquidierung vieler Hedgefonds.[181]

Der Beirat für Wirtschafts- und Sozialfragen warf den Hedgefonds vor allem mangelnde Transparenz vor und forderte das Anstreben höherer Transparenz auf europäischer Ebene. Hedgefonds sollten einer effektiven Aufsicht unterstellt werden, um die Stabilität des Finanzsystems zu verbessern.[182]

Hedgefonds wurden also von vielen Experten als gefährlich angesehen. Es existierte aber nicht nur negative Kritik an ihnen. Die Autoren Besseler, Drobetz und Henn, beispielsweise schrieben, dass Hedgefonds durch ihre Strategien, wie die der Arbitrage, die Finanzmärkte effektiver machten, weil sie versuchten Ineffizienzen bei Informationen und Bewertungen auszunutzen und dadurch Preis-

---

Schlenger: Handbuch Hedge Funds. Chancen, Risiken und Einsatz in der Asset Allocation. Bad Soden/Ts.: Uhlenbruch Verlag, S. 4-53, insbesondere S. 9

179 Christian Schoder/Sybille Pirklbauer (2008): Wege aus der Krise: Alternativen zur herrschenden Politik. In: Beate Blaschek (ATTAC Österreich) (Hrsg.): Crash statt Cash. Warum wir die globalen Finanzmärkte bändigen müssen. Wien: ÖGB-Verl., S. 155-183, insbesondere S. 168

180 Beirat für Wirtschafts- und Sozialfragen (2009): Österreich und die internationale Finanzkrise. Nr. 83, S. 56-57

181 Michael Bloss/Dietmar Ernst/Joachim Häcker/Nadine Eil (2009): Von der Subprime-Krise zur Finanzkrise. Immobilienblase: Ursachen, Auswirkungen, Handlungsempfehlungen. München: Oldenburg Wissenschaftsverlag, S. 199

182 Beirat für Wirtschafts- und Sozialfragen (2009): Österreich und die internationale Finanzkrise. Nr. 83, S. 57

diskrepanzen eliminierten. Die Autoren räumten jedoch ein, dass es aus Sicht der Hedgefonds eine sinnvolle Strategie sein kann, Ungleichgewichte und Trends zu verstärken, um dann durch rechtzeitiges Drehen der Position Gewinne zu realisieren. Hedgefonds könnten, laut den Autoren, verschiedene Einflüsse, aber nicht nur negative, auf Märkte haben, die Art des Einflusses hinge unter anderem von der verfolgten Strategie und dem Anlagestil ab.[183]

Einige Experten argumentierten also positiv für Hedgefonds, die überwiegende Meinung in der Literatur war mit Stand 2010 aber, dass Hedgefonds ein eher negatives Produkt der Finanzindustrie darstellten und, wenn sie auch nicht der konkrete Auslöser waren, durch ihre spekulativen Strategien - und hier vor allem die Leerverkäufe - zur Entwicklung der Krise beigetragen hatten. Stimmen nach einer strengeren Regulierung von Hochrendite-Fonds wurden zunehmend lauter, denn bis zur Krise mussten sich diese Fonds kaum mit rechtlichen Vorschriften oder Regulierung auseinandersetzen.

Rolle der Ratingagenturen

Mit ihren zu positiven Bewertungen der Kreditderivate und strukturierten Finanzprodukte begünstigten auch die Ratingagenturen die Krise des Finanzmarktes und später der Realwirtschaft. Die entscheidende Frage, welche sich hier stellt, ist, warum die Ratingagenturen dermaßen versagten.

Die derzeitige Krise entstand durch Wertpapiere, welche aufgrund ihrer sehr guten Bewertungen der Ratingagenturen als sicher galten, obwohl ihnen risikoreiche Hypotheken zugrunde lagen. Die guten Ratings gründeten auf der Vermutung, dass ein Ausfall unwahrscheinlich wäre, da dieser den Ausfall eines Großteils der zugrundeliegenden Kredite erforderte. Die Hauptfunktion der Ratingagenturen war es, das Kreditrisiko von Unternehmen oder Regierungen, die als Emittent festverzinslicher Wertpapiere auftraten, zu untersuchen. Dazu sammelten sie Informationen über diese Emittenten oder Kreditnehmer, ihr Marktumfeld und ihre wirtschaftliche Situation. Sie recherchierten und analysierten dabei gegenwärtige und auch zukünftige Faktoren, welche die Sicherheit des Kredites

---

183 Wolfgang Besseler/Wolfgang Drobetz/Jacqueline Henn (2005): Hedge Funds: Die „Königsdisziplin" der Kapitalanlage. In: Hubert Dichtl/Jochen M. Kleeberg/Christian Schlenger: Handbuch Hedge Funds. Chancen, Risiken und Einsatz in der Asset Allocation. Bad Soden/Ts.: Uhlenbruch Verlag, S. 4-53, insbesondere S. 9

gefährden konnten.[184] Rating bedeutet also die Einstufung der Bonität von Kreditnehmern sowie Anleiheschuldnern und dient Investoren zur Risikoeinschätzung eines Investments. Ratings haben unmittelbaren Einfluss auf den Kurs begebener Aktien und auf die Zinssätze von auf dem Geldmarkt aufgenommenen Krediten. Deswegen will auch jeder Bestnoten erhalten. Die Einstufung der geprüften Institutionen erfolgt in einem Schema, das in Buchstaben und Ziffern eingeteilt ist und zwischen den drei großen Ratingagenturen (Standard & Poors, Moody's Investors Service, Fitch Ratings) leicht differiert. Die Höchste Bonitätsstufe ist Triple A, also AAA beziehungsweise aaa. Das Geschäft mit Ratings ist ein Beispiel für ein akkordiertes Oligopol. Seit in den USA die gesetzliche Vorschrift bestand, dass bei börsennotierten Unternehmen ein Rating zu erfolgen hatte und diese Regelung praktisch weltweit übernommen wurde, teilten sich die drei genannten US-amerikanischen Agenturen den Markt zu 80 Prozent auf.[185]

Wie kam es nun aber zu einer Situation, in der Ratingagenturen als mitschuldig an einer Wirtschafts- und Finanzkrise angesehen wurden?

Hans-Werner Sinn schrieb hierzu, dass die Ratingagenturen als Einzige Licht in das Dunkel der wirtschaftlichen Verflechtungen und Bewertungen hätten bringen können, dies jedoch versäumten und stattdessen ihren Kunden, gegen hohe Zahlungen, noch halfen die Wertpapiere zu strukturieren. Die Rechnungen dahinter und damit auch die Bewertungen stimmten jedoch nicht. Durch die Strukturierung entstanden nämlich überwiegend AAA-Tranchen, obwohl die ursprünglichen Kredite an die Hauseigentümer keineswegs dieser Kategorie zuzurechnen waren. Um zu verstehen warum es zu solchen Fehlbewertungen kam, muss man wissen, dass die Ratingagenturen selbst private Großunternehmen und börsennotierte Aktiengesellschaften waren und von den zu bewertenden Unternehmen bezahlt wurden.[186] Michael Holztrattner sah hier das grundlegende Problem, nämlich dass es Ratingagenturen, wie allen privatwirtschaftlich organisierten Unternehmen, um den höchstmöglichen Profit ging und sie dieses Ziel

184 Michael Bloss/Dietmar Ernst/Joachim Häcker/Nadine Eil (2009): Von der Subprime-Krise zur Finanzkrise. Immobilienblase: Ursachen, Auswirkungen, Handlungsempfehlungen. München: Oldenburg Wissenschaftsverlag, S. 88
185 Manfred Holztrattner/Michael Sedmak (2009): Eliten oder Nieten. Die Finanz- und Wirtschaftskrise als Ergebnis politischer und wirtschaftlicher Führungsschwächen. Salzburg: KIESEL-Verlag, S. 104-105
186 Hans-Werner Sinn (2009): Kasino-Kapitalismus. Wie es zur Finanzkrise kam, und was jetzt zu tun ist. Berlin: Econ, S. 144-147

mit allem Mitteln verfolgten.[187] Storbeck nannte drei Ursachen für das Versagen der Ratingagenturen. Erstens Interessenkonflikte, zweitens handwerkliche Fehler in den Analysemodellen und drittens systematische Schwächen bei der Berechnung der Ausfallsrisiken von strukturierten Produkten. Die Interessenkonflikte entstanden eben daraus, dass die Ratingagenturen von den Investmentbanken, welche die CDOs zusammenstellten und verkaufen wollten, selbst beauftragt und bezahlt wurden. Weiters standen die drei Ratingagenturen in einem harten Wettbewerb. Die Praxis, zuerst hypothetisch bei den Ratingagenturen anzufragen, wie viele AAA-Papiere man wohl ihrer Meinung nach aus den Einzelkrediten machen konnte, auf denen das neue CDO basieren sollte, war üblich und wer sich zu streng zeigte, bekam den Rating-Auftrag nicht. Ratingagenturen fungierten also immer mehr wie Berater, die den Investmentbanken halfen, die Wertpapiere so zu strukturieren, dass möglichst viele Triple-A-Tranchen entstanden. Dafür wurden sie gut bezahlt und dementsprechend bestand für sie auch wenig Anreiz, hohe Qualitätsanforderungen an die strukturierten Produkte zu stellen. Die genannten handwerklichen Fehler waren schlicht und einfach Rechenfehler der Ratingagenturen. Doch selbst wenn sie sauber gearbeitet hätten, wäre es wohl nicht zu richtigen Bewertungen der CDOs gekommen, da hier einige systemimmanente Tücken im Spiel waren, die erst später von Wissenschaftlern offengelegt wurden. Sie waren der dritte wesentliche Faktor, warum die Ausfallswahrscheinlichkeit viel zu optimistisch eingeschätzt wurde. Schon kleine Fehler bei der Bewertung der einzelnen Kreditrisiken führten dazu, dass die Ausfallswahrscheinlichkeit der CDOs drastisch unterschätzt wurde.[188]

Die drei großen amerikanischen Ratingagenturen zogen also letztlich viel Kritik auf sich und wurden schuldig am Zusammenbruch gemacht. Ihre Bewertungen bildeten die Grundlage für alle wichtigen Kaufentscheidungen und dadurch übten sie enormen Einfluss aus. Der Verdacht, dass sie diesen missbrauchten, liegt nahe. Es gab weder europäische noch internationale UN-Ratingagenturen, die Kreditgeber waren demnach auf private Evaluationen angewiesen. Mögliche Korruptionsvorwürfe aufgrund der Interessenkonflikte und der Bezahlung der Ratingagenturen durch die zu bewertenden Firmen wurden in den Jahren der Krise oftmals ausgesprochen. Henkel allerdings schrieb, dass

---

187 Manfred Holztrattner/Michael Sedmak (2009): Eliten oder Nieten. Die Finanz- und Wirtschaftskrise als Ergebnis politischer und wirtschaftlicher Führungsschwächen. Salzburg: KIESEL-Verlag, S. 104

188 Olaf Storbeck (2009): Die Jahrhundertkrise. Über Finanzalchemisten, das Versagen der Notenbanken und John Maynard Keynes. Stuttgart: Schäffer-Poeschel, S. 48-49

man, um das Problem zu verstehen, schon an einem früheren Punkt in der Kette ansetzen und erkennen musste, dass die Ratingagenturen eigentlich gar nicht leisten konnten, was von ihnen verlangt wurde. Die Basis ihrer Ratings waren Daten aus der Vergangenheit, erwartet wurde jedoch ein Blick in die Zukunft. Ratingagenturen konnten, laut Henkel, nur Aufschluss über die Vergangenheit geben. Ihre positiven Benotungen beruhten auf der auffallend positiven Preisentwicklung auf dem Immobilienmarkt, die jedoch nicht anhielt. Die Daten, die in ihre Ratings einflossen, spiegelten die Euphorie wider, die am Markt herrschte.[189] Die Qualität der Bewertungen wurde spätestens seit Ausbruch der Finanzkrise sehr in Zweifel gezogen, da gerade die bis zuletzt guten bis hervorragenden Bewertungen der CDOs und ähnlicher Finanzkonstrukte samt den Bewertungen der dahinterstehenden Bank- und Investmenthäuser zu dem großem Ausmaß der Immobilienblase und deren Platzen geführt hatten. Weder die von den Ausfällen betroffenen Banken – wohl aber jene, welche die strukturierten Produkte auf den Markt gebracht hatten – noch die vielen zuständigen Aufsichtsbehörden in aller Welt dürften gewusst haben, was in den Ratingagenturen wirklich vor sich ging oder hielten ihre Augen davor fest verschlossen. Nur die Mitarbeiter der Agenturen selbst wussten über die Finanzprodukte Bescheid, welche hier entwickelt und verkauft wurden, wie die US-Prüfungsbehörde Securities and Exchange Commission (SEC) nach dem Platzen der Blase aufdeckte. Die Existenz von Ratingagenturen verhinderte jedenfalls in Bezug auf die Krise nicht nur nichts, sondern begünstigte im Gegenteil die maßlosen Spekulationen noch.[190] Auch Joseph Stiglitz beschuldigte die Ratingagenturen, schlechte Arbeit geleistet und die Krise beschleunigt zu haben. Er meinte, sie hätten das Wachstum der toxischen Produkte beaufsichtigen und kontrollieren sollen, stattdessen ermutigten sie durch gute Bewertungen viele Investoren auf der ganzen Welt, die sichere Plätze für ihr Geld suchten, darunter auch Pensionsfonds, diese Produkte zu kaufen.[191]

Ratingagenturen können also als entscheidender, beschleunigender und multiplizierender Faktor für das Entstehen und die Entwicklung der Finanzkrise ge-

---

189   Hans-Olaf Henkel (2009): Die Abwracker. Wie Zocker und Politiker unsere Zukunft verspielen. München: Wilhelm Heyne Verlag, S. 58-61

190   Manfred Holztrattner/Michael Sedmak (2009): Eliten oder Nieten. Die Finanz- und Wirtschaftskrise als Ergebnis politischer und wirtschaftlicher Führungsschwächen. Salzburg: KIESEL-Verlag, S. 105-107

191   Joseph E. Stiglitz (2010): Freefall. Free Markets and the Sinking of the Global Economy. London: Penguin Group, S. 7

nannt werden. Für ihr Versagen wurden drei Gründe ausgemacht, vor allem der Hintergrund des Wettbewerbs und der Interessenkonflikte, denen sie als privatwirtschaftlich organisierte Unternehmen ausgesetzt waren, blieb brisant. Ratingagenturen mussten damit umgehen, im Zuge der Finanzkrise viel ihres Ansehens eingebüßt zu haben.

Rolle der Politik:
Politische Regulierungsinstrumente – Ziele und Wirkungsweisen

Im Fokus des folgenden Unterkapitels steht die Rolle der Politik in der Wirtschafts- und Finanzkrise. Politische Regulierungsinstrumente, insbesondere die Basel II-Regelungen sowie staatliche Aufsichtsbehörden und Notenbanken, werden hinsichtlich ihrer Ziele sowie ihrer Wirkungs- und Vorgehensweisen untersucht.

Basel II

Das Basel II-Abkommen war ein bankenaufsichtsrechtliches Regelwerk, dessen offizielles Ziel es war, die Stabilität des internationalen Bankensystems zu stärken. Die Regelungen wurden vom Baseler Ausschuss für Bankenaufsicht (BCBS) am 4. Juli 2006 veröffentlicht und lösten 2007 die bis dahin gültige Vereinbarung (Basel I) ab.[192] Das Abkommen wurde von der Schweiz und der EU übernommen. Am 1. Jänner 2008 wurden die entsprechenden Richtlinien geltendes Recht in den EU-Staaten. Die USA hingegen setzten Basel II nicht um.[193]

Das übergeordnete Ziel von Basel II sollte mittels dreier Säulen erreicht werden. Unter Säule 1 waren die anrechenbaren Eigenmittel und Ansätze zur Bestimmung der erforderlichen Eigenmittel für Kredit-, Markt- und operationelle Risiken definiert. Säule 2 beinhaltete den aufsichtsrechtlichen Überwa-

---

192 Eidgenössische Finanzmarktaufsicht FINMA: Capital Accord („Basel II"). URL: http://www.finma.ch/d/finma/internationales/gremien/basel/Seiten/capital-accord.aspx, abgerufen am 27. Oktober 2010

193 Hans-Werner Sinn (2009): Kasino-Kapitalismus. Wie es zur Finanzkrise kam, und was jetzt zu tun ist. Berlin: Econ, S. 157-158

chungsprozess, welcher die Unterlegung aller Risiken der Banken mit genügend Eigenkapital sicherzustellen hatte und zudem ein angemessenes Management dieser Risiken verlangte. Säule 3 definierte die minimalen Offenlegungspflichten der Banken hinsichtlich ihres Risikoprofils und der Eigenmittelunterlegung ihrer Risiken.[194]

Basel II stand in direkter Verbindung mit den Ratingagenturen, da das Regelwerk Ratings als notwendige Voraussetzung für die Bemessung der Mindestkapitalausstattung vorsah. Dahinter stand die Betonung eines kapitalmarktorientierten Finanzsystems, in dem Marktdisziplin eine große Rolle spielen sollte.[195] Die Bonitätseinstufung des Kreditnehmers, anhand eines externen oder auch internen Ratings der Banken selbst, stellte ein wesentliches Kriterium dar, nach dem die Eigenkapitalunterlegung bestimmt wurde.[196] Ratingagenturen lieferten, laut Welfens, jedoch nicht die notwendige Qualitätsarbeit beim Rating von Finanzprodukten, welche im Rahmen der Basel II-Regeln eigentlich erforderlich gewesen wäre.[197]

Die Höhe des Eigenkapitals hing bei Basel II, wie erwähnt, von den Markt-, den Kredit- und den operationellen Risiken ab. Dies führte dazu, dass für mit der Bonitätsnote AAA beurteilte US-Immobilienkredite nur noch 0,56 Prozent an Eigenkapital erforderlich war. Zudem waren die Banken ja befugt, selbst das Risiko ihrer Aktiva zu bestimmen und in guten wirtschaftlichen Zeiten werden Risiken üblicherweise als gering eingeschätzt. Die Banken benötigten also immer weniger Eigenkapital für ihre Kreditgeschäfte und konnten ihre Bilanzsummen teilweise massiv ausweiten, ohne ihr Eigenkapital entsprechend nach oben anpassen zu müssen.[198] Basel II bestimmte dabei, wie hoch das Eigenkapital in Relation zur gesamten Ausfallwahrscheinlichkeit sein musste. Geschäfts-

194 Eidgenössische Finanzmarktaufsicht FINMA: Capital Accord („Basel II"). URL: http://www.finma.ch/d/finma/internationales/gremien/basel/Seiten/capital-accord.aspx, abgerufen am 27. Oktober 2010

195 Silvio Andrae (2006): Basel – Ökonomie. Zur Konstitution internationaler Finanzsystem-Regulierung. Frankfurt am Main: Peter Lang GmbH, S. 250

196 Michael Cluse/Alexander Dernbach/Jörg Engels/Peter Lellmann (2005): Einführung in Basel II. In: Deloitte (Hrsg.), Michael Cluse/Jörg Engels (Schriftleitung): Basel II. Handbuch zur praktischen Umsetzung des neuen Bankenaufsichtsrechts. Berlin: Erich Schmidt Verlag, S. 19-44, insbesondere S. 27

197 Paul J.J Welfens (2009): Transatlantische Bankenkrise. Stuttgart: Lucius & Lucius, S. xii

198 Peter Bofinger (2009): Ist der Markt noch zu retten? Warum wir jetzt einen starken Staat brauchen. 2. Aufl., Berlin: Econ, S. 54

banken müssen immer einen gewissen Prozentsatz ihrer Forderungen durch Eigenkapital abdecken. Das Problem bei Basel II war, dass keine darüber hinausgehenden Anforderungen gestellt wurden, also beispielsweise hinsichtlich der Verwendung von Gewinnen. Eine Geschäftsbank, die genau die Eigenkapitalquote erfüllte, darüber hinaus aber kein Eigenkapital besaß, konnte letztendlich keinerlei Verlust verkraften und die geforderte Quote dann auch nicht mehr einhalten. Entsprechend drastisch musste die Bank dann ihr gesamtes Geschäftspotential reduzieren. Dies war in der aktuellen Krise unter anderem der Grund dafür, dass die Geschäftsbanken ihre Kreditvergabe zunehmend einschränkten. Sinnvoller wäre es also gewesen, das Regelwerk so zu gestalten, dass Gewinne nicht vollständig als Dividenden ausgeschüttet werden durften, sondern ein gewisser Teil als Mindestpuffer behalten werden musste.[199]

Mit Basel II wurde auch die Rechnungslegungspraxis den internationalen Standards IFRS (International Financial Reporting Standards[200]) angepasst und das ausgewiesene (bilanzielle) Eigenkapital am Markt orientiert. Laut Silvio Andrae erfüllt Eigenkapital dann seine Funktion, wenn es einen Wert hat, welcher dessen Marktwert widerspiegelt. Bei der früheren Buchwertorientierung war dies nicht der Fall, deswegen beschrieb Andrae die Marktwertbilanzierung als eine Voraussetzung für Marktdisziplin.[201] Andere Experten sprachen sich jedoch gegen die Marktwertbilanzierung aus. Eichhorn und Solte kritisierten, dass das Prinzip des Fair-Values, also das der Marktwertbilanzierung, den Unternehmen die Möglichkeit einräumte, Vermögensgegenstände über ihren Einkaufs- oder Herstellungspreis zu einem sogenannten Marktwert zu bewerten, jedoch unabhängig davon, ob es überhaupt möglich gewesen wäre, den jeweiligen Gegenstand auch tatsächlich zu verkaufen und den entsprechenden Preis zu erzielen. Die Autoren sprachen sich also dagegen aus, dass Vermögenskomponenten, die auf dem Markt überhaupt nicht, und schon gar nicht in dem vorhandenen Volumen, angeboten wurden, zu dem Wert in die Bilanzen eingestellt werden durften, den die tatsächlich am Markt gehandelten, als äquivalent ange-

---

199 Wolfgang Eichhorn/Dirk Solte (2009): Das Kartenhaus Weltfinanzsystem. Rückblick –
     Analyse – Ausblick. Hrgs.: Klaus Wiegandt. Frankfurt am Main: Fischer Taschenbuch
     Verlag, S. 119

200 IFRS/IAS Portal: Was sind IFRS / IAS? URL: http://www.ifrs-
     portal.com/Grundlagen/Was_sind_IFRS_IAS/Was_sind_IFRS_IAS_01.htm, abgerufen
     am 26. Oktober 2010

201 Silvio Andrae (2006): Basel – Ökonomie. Zur Konstitution internationaler Finanzsystem-Regulierung. Frankfurt am Main: Peter Lang GmbH, S. 112

sehenen Produkte beziehungsweise Vermögensobjekte, zum jeweiligen Zeitpunkt erzielten. Dies stellte, laut ihnen, ein völliges Ignorieren des bis vor Basel II gültigen ökonomischen Prinzips dar, dass sich nämlich ein Gleichgewichtspreis über die Austarierung von Angebot und Nachfrage ergeben sollte. In der Fair-Value-Bewertung lag enormes Risiko, besonders dann, wenn das Volumen der mit Fair-Value bewerteten Vermögenswerte gegenüber den tatsächlich am Markt gehandelten Volumen äquivalenter Vermögenswerte sehr groß war. Dies kam, so die Autoren, einer Vermögensillusion gleich.[202]

Auch Hans-Werner Sinn äußerte sich negativ zu Basel II. Die vorgesehenen Eigenkapitalquoten waren, laut ihm, viel zu gering und reichten nicht aus, die Risiken zu decken. Verstärkt wurde dieser Effekt eben dadurch, dass Banken eigene Modelle zur Berechnung der Anlagerisiken bedienen durften und dadurch Gestaltungsspielraum gewannen. Auch hatten die Fair-Value-Bewertungsmodelle eine prozyklische Wirkung und verstärkten die Hochs und Tiefs des Konjunkturzyklus der Wirtschaft.[203] Das Bankgeschäft an sich war immer schon in einem gewissen Ausmaß prozyklisch, weil Kreditinstitute im Aufschwung/Abschwung risikofreudiger/risikoaverser waren, mehr/weniger Investitionsfinanzierungen nachgefragt wurden und auch das Ausfallsrisiko im Aufschwung/Abschwung niedriger/höher einzuschätzen war. Basel II verstärkte in der Krise von 2007 (insbesondere durch die kombinierte Wirkung der Bewertungsregeln und Kapitaladäquanzrichtlinien) die prozyklische Tendenz des Bankgeschäftes noch. Noch weiter verstärkt wurde diese Tendenz durch leichtfertig vergebene Ratings und die Annahme stets liquider Märkte.[204]

Die österreichische Nationalbank (OeNB) nannte die prozyklische Wirkung ebenfalls als einen Kritikpunkt am Regelwerk von Basel II, da Banken dadurch in wirtschaftlich schwierigen Perioden durch rasch steigende Eigenkapitalanforderungen noch zusätzlich belastet wurden, während es umgekehrt in wirtschaftlich guten Phasen grundsätzlich zu Erleichterungen kommt. Generell sah die OeNB Basel II aber eher positiv und meinte, die Bestimmungen schufen faire Regeln für ein stabiles und sicheres Finanzsystem, da Unternehmen durch die

---

202 Wolfgang Eichhorn/Dirk Solte (2009): Das Kartenhaus Weltfinanzsystem. Rückblick – Analyse – Ausblick. Hrgs.: Klaus Wiegandt. Frankfurt am Main: Fischer Taschenbuch Verlag, S. 120-121

203 Hans-Werner Sinn (2009): Kasino-Kapitalismus. Wie es zur Finanzkrise kam, und was jetzt zu tun ist. Berlin: Econ, S. 159-164

204 Beirat für Wirtschafts- und Sozialfragen (2009): Österreich und die internationale Finanzkrise. Nr. 83, S. 13

gleichwertige Anerkennung von internen Ratings zur Eigenmittelberechnung und externen Ratings, eine transparente und objektive Bewertung ihrer Firma erhielten. Für Unternehmen mit guter Bonität war es damit, laut OeNB, noch leichter möglich, sich über Kredite zu finanzieren.[205]

Basel II beinhaltete auch eine Reihe von Vorschriften für die Vergabe von Krediten an KMUs (kleine und mittlere Unternehmen). Die Kosten für KMUs erhöhten sich dadurch drastisch, da ihnen der Zugang zu günstigen Krediten versperrt wurde, so Schoder und Pirklbauer. Die Autoren sahen im Falle von Basel II eine doppelte Fehlwirkung, da Kredite für KMUs teurer aber wesentlich problematischere Bereiche, wie beispielsweise Fonds, außer Acht gelassen wurden. Die Immobilienkrise zeigte, laut ihnen, die Wirkungslosigkeit von Basel II in diesem Bereich.[206] Die OeNB hingegen sah die Regelungen von Basel II auch in Bezug auf KMUs positiv.[207]

Trotz einiger positiver Stimmen in Bezug auf Basel II schien sich durch die Lehren der Finanzkrise aber doch der Ruf nach Reformen durchgesetzt zu haben und die Arbeit an Basel III wurde aufgenommen. Auch die OeNB schrieb hierzu, dass die Finanzkrise einen Handlungsbedarf an der Weiterentwicklung von Basel II aufzeigte. Kernpunkt der Reformarbeit des BCBS und der EU-Kommission war es, die Risikotragfähigkeit der Banken, welche sich in der Höhe und Qualität des Eigenkapitals ausdrückte, besser mit den eingegangenen Risiken in Einklang zu bringen.[208] Bezüglich der prozyklischen Wirkung von Basel II forderten Kritiker, die Vorschriften dementsprechend zu verschärfen, sodass Banken zukünftig über den gesamten Konjunkturzyklus mehr Eigenkapital zu Seite legen müssten. Auch die Praxis der Fair-Value-Bewertung und der Ratings sollte, laut Kritikern, reformiert werden, dies schien jedoch mit Ende 2010

---

205 OeNB: Basel II. Schwerpunkt für kleinere und mittlere Unternehmen. URL: http://www.oenb.at/de/finanzm_stab/basel_2/kmu_schwerpunkt/kmu-schwerpunkt.jsp, abgerufen am 27. Oktober 2010

206 Christian Schoder/Sybille Pirklbauer (2008): Wege aus der Krise: Alternativen zur herrschenden Politik. In: Beate Blaschek (ATTAC Österreich) (Hrsg.): Crash statt Cash. Warum wir die globalen Finanzmärkte bändigen müssen. Wien: ÖGB-Verl., S. 155-183, insbesondere S. 166

207 OeNB: Basel II. Schwerpunkt für kleinere und mittlere Unternehmen. URL: http://www.oenb.at/de/finanzm_stab/basel_2/kmu_schwerpunkt/kmu-schwerpunkt.jsp, abgerufen am 27. Oktober 2010

208 OeNB: Basel II. Schwerpunkt für kleinere und mittlere Unternehmen. URL: http://www.oenb.at/de/finanzm_stab/basel_2/kmu_schwerpunkt/kmu-schwerpunkt.jsp, abgerufen am 27. Oktober 2010

kein Punkt auf der Agenda zu sein. Besonders laut war auch der Ruf nach einer Regulierung von Zweckgesellschaften. Diese unterlagen bis Ende 2010 kaum einer Kontrolle, jedoch lagerten Banken Risiken in sie aus und sie führten dann eigentliche Bankgeschäfte durch. So wurden die Basel II-Regelungen, insbesondere in Bezug auf Eigenkapital, umgangen. Trotz allem hafteten die Banken jedoch für ihre Zweckgesellschaften und in der Finanzkrise zeigte sich, dass zu wenig Eigenkapital zur Seite gelegt worden war, um für deren Verluste aufkommen zu können. Der Staat musste in vielen Fällen aushelfen. Die Ausnahme der Zweckgesellschaften aus der Regulierung war also nicht gerechtfertigt. Ebenso sollten die Investitionen der Banken in Hedgefonds und andere hochriskante Fonds eingeschränkt und einer Kontrolle unterstellt werden.

Staatliche Aufsichtsbehörden und Notenbanken

Besonders in der Kritik stand im Zusammenhang mit der Finanzkrise die amerikanische Notenbank (Fed). Diese Kritik sowie die Rolle der Fed werden im Kapitel „Immobilienkrise" aufgezeigt und besprochen. Im Wesentlichen wurde der Fed vorgeworfen nach 9/11 den Leitzins auf ein Prozent gesenkt sowie langfristig niedrig gehalten und dadurch die Immobilienblase in den USA ermöglicht zu haben.[209]

Am 25. September 2008 schrieb die Frankfurter Allgemeine Zeitung (FAZ), dass die Banken- und Marktaufsicht an jedem einzelnen Finanzplatz katastrophal versagt hätte. Weder in Deutschland noch in Großbritannien oder Amerika erkannten die Aufsichtsbehörden, dass Geschäftsmodelle existierten, die gefährliche Schneeballeffekte auslösen konnten. Zudem vernachlässigten die Aufsichtsbehörden ihre grenzüberschreitende Zusammenarbeit, blockierten sich teilweise sogar gegenseitig und übersahen das systemische Risiko in den neuen Kreditprodukten. Durch eine einheitliche Regulierung und eine zentrale Finanzaufsicht hätten sich wohl einige Fehler verhindern lassen. Außerdem, so die FAZ, fehlte den Aufsichtsbehörden hochkarätiges Personal, welches auf einer Stufe mit versierten Investmentbankern agierte.[210]

---

209 George Soros (2008): Des Ende der Finanzmärkte - und deren Zukunft. Die heutige Finanzkrise und was sie bedeutet. München: FinanzBuch Verlag, S. 94
210 Bettina Schulz: Das Versagen der Aufsicht. In: faz.net, Stand: 25. September 2008. URL:
http://www.faz.net/s/Rub58241E4DF1B149538ABC24D0E82A6266/Doc~E11984E25

Weder die Ratingagenturen noch die Aufsichtsbehörden der einzelnen Länder hatten vor den strukturierten Finanzprodukten gewarnt. In den USA vergrößerte 2004 eine zweifelhafte Entscheidung der SEC zur Eigenkapitalregulierung die Gefahr sogar noch. Seit 1975 hatte eine Regelung gegolten, nach der die Investmentbanken verpflichtet waren, mindestens ein Zwölftel ihres Gesamtgewinns beziehungsweise ihrer Aktiva als Eigenkapital zu halten, dies entsprach einer Mindestkapitalquote von 8,3 %. Diese Regelung wurde im April 2004 ersatzlos gestrichen, was zur Folge hatte, dass Investmentbanken ihre Ausleihungen bis 2006 teilweise auf das 22-fache (Merill Lynch) und das 31-fache (Morgan Stanley) ihres Eigenkapitals erhöhten. Dies entsprach bilanziellen Eigenkapitalquoten von 3,2 und 4,6 %. Dem vorausgegangen war intensive Lobbyarbeit der fünf führenden US-Investmentbanken, denn diese wollten ihre Geschäfte mit möglichst geringen Eigenkapitalquoten betreiben, um höhere Renditen zu erzielen.[211]

Die US-Finanzaufsicht war aufgrund ihrer Zersplitterung in einer schlechten Ausgangsposition. Die SEC hatte zwar im Wertpapierbereich eine wichtige Position, die Fed hingegen hatte nur bei den Geschäftsbanken eine Minimalaufsicht inne, während in der Praxis die Bankenaufsicht zwischen den Bundesstaaten und der Fed geteilt war. Die Aufsichtsbehörden griffen nicht ein, als zunehmend Zweckgesellschaften und Hedgefonds gegründet und damit außerbilanzielle Aktivitäten getätigt wurden, sondern ließen den Beteiligten freie Hand.[212]

Systemische Finanzkrisen entstanden, laut dem österreichischen Beirat für Wirtschafts- und Sozialfragen, oft nach überzogenen Deregulierungsphasen. Eine solche lässt sich auch vor der Krise ab 2007 ausmachen. Deregulierungsprozesse wurden vor der Krise stark vorangetrieben. Die Regulierung wurde teilweise an unabhängige Institutionen oder die Finanzindustrie selbst übertragen und der Finanzindustrie insgesamt mehr Einfluss eingeräumt. Ein gutes Beispiel stellen hier auch die Rolle der Ratingagenturen im Basel II-Regelwerk sowie die IFRS, die Rechnungslegungsvorschriften, welche von einem privatrechtlich organisierten Bilanzierungsgremium erstellt wurden, dar. Man kann sagen, dass Regulierung in den Jahren vor der Krise zunehmend privatisiert und Regulie-

2C1C4142918F9F9C9BDE2DB6~ATpl~Ecommon~Scontent.html, abgerufen am 27. Oktober 2010

211 Hans-Werner Sinn (2009): Kasino-Kapitalismus. Wie es zur Finanzkrise kam, und was jetzt zu tun ist. Berlin: Econ, S. 151-152

212 Paul J.J Welfens (2009): Transatlantische Bankenkrise. Stuttgart: Lucius & Lucius, S. 46

rungsdifferenzen ausgeweitet wurden. Insgesamt machte die Krise ein weites Spektrum an Schwachstellen sichtbar. Der Beirat für Wirtschafts- und Sozialfragen sah das spezielle Charakteristikum dieser Krise im Zusammentreffen von „Marktversagen" und „Regulierungsversagen" sowie einigen anderen Faktoren. Dies stellte in der Krise eine enorme Herausforderung für die nationale wie auch internationale Wirtschaftspolitik dar.[213] Hans-Werner Sinn sah den Grund für die Defizite ebenfalls im Glauben an die Selbstregulierung der Märkte, denn dieser war, laut ihm, dafür verantwortlich, dass Staaten ihre Aufsichtsbehörden personell unterbesetzten und ihnen nicht die Aufgaben zuwiesen, die für eine wirksame Kontrolle nötig gewesen wären.[214]

Oft wurde zur Veranschaulichung der Situation vor der Finanzkrise auch von der „entfesselten Finanzwirtschaft[215]" gesprochen. Dieses Bild sollte verdeutlichen, dass hier in den letzten Jahren alle Schranken in Form von Regulierung abgebaut wurden. Man ermöglichte den Menschen, weitgehend zu tun was sie wollten.

---

213 Beirat für Wirtschafts- und Sozialfragen (2009): Österreich und die internationale Finanzkrise. Nr. 83, S. 31-33

214 Hans-Werner Sinn (2009): Kasino-Kapitalismus. Wie es zur Finanzkrise kam, und was jetzt zu tun ist. Berlin: Econ, S. 155

215 Wolfgang Eichhorn/Dirk Solte (2009): Das Kartenhaus Weltfinanzsystem. Rückblick – Analyse – Ausblick. Hrgs.: Klaus Wiegandt. Frankfurt am Main: Fischer Taschenbuch Verlag, S. 65

Die Krise in Österreich

Im folgenden Kapitel werden die Auswirkungen der Wirtschafts- und Finanzkrise auf Österreich dargestellt. Das Kapitel ist in zwei Unterpunkte aufgeteilt, im ersten werden die Auswirkungen der Krise auf Österreich allgemein dargestellt, wobei hier die Finanz- sowie die Realwirtschaft Erwähnung finden. Der zweite Unterpunkt beschäftigt sich mit der wirtschaftlichen Lage in den Ländern Mittel-, Ost- und Südosteuropas (MOSOEL). Im Zusammenhang mit dem Engagement heimischer Banken in dieser Region wird die Möglichkeit zukünftiger negativer Auswirkungen der Krise auf Österreich dargestellt. Die MOSOEL konnten die Krise bis Ende 2010 noch nicht endgültig überwinden und auch Österreich könnte, aufgrund seiner wirtschaftlichen Verflochtenheit mit diesen Ländern, noch weitere negative Folgen der Krise zu spüren bekommen.

Auswirkungen der Krise auf Österreich

Das folgende, in zwei Teile aufgeteilte Unterkapitel beschäftigt sich mit den Auswirkungen der Krise auf Österreich. Dabei widmet sich jeweils ein Unterpunkt der Finanz- und einer der Realwirtschaft, da die Krise von der Finanz- auf die Realwirtschaft übergriff. Die Auswirkungen auf diese beiden Bereiche werden also großteils getrennt voneinander besprochen. Diese Trennung bedeutet jedoch nicht, dass die beiden Wirtschaftsbereiche nicht zusammenhängen und sich gegenseitig beeinflussen, denn das Gegenteil ist der Fall. Sie sind eng verbunden und eine völlige Teilung der beiden Bereiche ist nicht möglich, die Grenzen sind fließend.

Finanzwirtschaft

Österreich war, laut dem Beirat für Wirtschafts- und Sozialfragen, aufgrund seiner internationalen Verflechtungen stark von der Krise betroffen. Symptomatisch dafür war unter anderem, dass Kreditinstitute bei der Kreditvergabe deutlich vorsichtiger wurden. Die Gründe für diesen eingeschränkten Spielraum bei der Kreditvergabe waren sowohl die Vertrauenskrise, Verluste sowie der Abschreibungsbedarf.[216] Die Krise beeinträchtigte also die Ertragssituation der österreichischen Banken und es kam zu einer Verschlechterung der Kreditqualität und zu mehr Wertberichtigungen.[217]

Als positiver Aspekt für Österreichs in der Krise von 2007 bis 2010 ist zu nennen, dass die österreichischen Kreditinstitute im Allgemeinen vergleichsweise weniger vom Abschreibungsbedarf strukturierter Produkte betroffen waren und das österreichische Bankensystem damit eine Sonderstellung inne hatte. Österreichs Großbanken traf die Krise jedoch von einer anderen Seite her stark, nämlich über ihr Engagement in den MOSOEL[218], welches bis Ende 2010 von vielen Experten als kritisch angesehen wurde.[219]

Ab dem ersten Quartal 2008 wurden die Kurse auf den Aktienmärkten weltweit von der Krise erfasst und fielen daraufhin konstant. Finanzmarktcrashes waren zwar ein bekanntes Phänomen, aufgrund der Deregulierungen und der insgesamt stärker gewordenen Bedeutung der Finanzmärkte in den Jahren vor der Krise unterschieden sich die Abwärtsbewegungen in der Krise ab 2007 dann jedoch von jenen in bisherigen Krisen. Die Wertverluste auf den Aktienmärkten ließen die Kurse teilweise sogar auf ein Niveau unter jenes von vor zehn Jahren fallen. Besonders stark tangierte dies Banken, da sie von der Krise direkt betroffen waren, aber auch Investoren hatten Verluste zu verzeichnen. Der Leitindex der Wiener Börse, der ATX (Austrian Traded Index) reagierte ab dem dritten Quartal 2008 auf die Krise und büßte 65 Prozent seines Wertes ein. Die Wiener Börse verlor von Oktober 2007 bis Jänner 2009 rund 117 Milliarden Euro an Marktkapitalisierung und zeigte sich damit relativ stark von der Krise betroffen. Grund dafür war wiederum die starke Exponiertheit Österreichs und insbesondere der österreichischen Finanzbranche gegenüber MOSOE. Österreichs Banken blieben durch ihr Engagement auf den dortigen Märkten zwar

---

216 Beirat für Wirtschafts- und Sozialfragen (2009): Österreich und die internationale Finanzkrise. Nr. 83, S. 9

217 Peter Mooslechner (2009): Das österreichische Banksystem in der globalen Finanz- und Wirtschaftskrise. In: Erwin J. Frasl/Rene Alfons Haiden/Josef Taus (Hrsg.): Österreichs Kreditwirtschaft in der Weltfinanzkrise. Fakten, Analysen, Perspektiven und Chancen. Wien/Graz: Neuer Wissenschaftlicher Verlag, S. 187-200, insbesondere S. 188

218 Beirat für Wirtschafts- und Sozialfragen (2009): Österreich und die internationale Finanzkrise. Nr. 83, S. 9

219 Peter Mooslechner (2009): Das österreichische Banksystem in der globalen Finanz- und Wirtschaftskrise. In: Erwin J. Frasl/Rene Alfons Haiden/Josef Taus (Hrsg.): Österreichs Kreditwirtschaft in der Weltfinanzkrise. Fakten, Analysen, Perspektiven und Chancen. Wien/Graz: Neuer Wissenschaftlicher Verlag, S. 187-200, insbesondere S. 188

von anderen Gefahren, wie gefährlichen Geschäften im Investmentbanking oder dem Handel mit strukturierten Produkten von US-„Subprime"-Krediten, verschont, im Laufe der Zeit wurden jedoch die Risiken auf den mittel- und ost- und südosteuropäischen Märkten immer höher bewertet.[220]

Die Auswirkungen der Krise erreichten Österreich also sowohl aufgrund seiner Wirtschaftsstruktur als auch aufgrund des speziellen Geschäftsmodells seiner Banken erst mit Verzögerung und indirekt. Die Effekte wurden im Laufe der Zeit jedoch immer deutlicher sichtbar, vor allem eben die Rückwirkungen der Wirtschaftsbeziehungen mit den MOSOEL. Die österreichischen Banken waren aufgrund ihres „originate & hold"-Geschäftsmodells, in welchem die Forderungen in der Bankbilanz verblieben, zu Beginn der Krise von den Verwerfungen im Bereich der strukturierten Kreditprodukte, wie erwähnt, wenig betroffen. Gegenüber strukturierten Produkten hielten die 25 größten österreichischen Banken ein relativ moderates Gesamtexposure von circa 1,5 Prozent der gesamten Bilanzsumme zum Jahresende 2008. Ungleich stärker als von den Problemen am Interbankenmarkt waren sie im internationalen Vergleich eben vom Übergreifen der Krise auf die Volkswirtschaften in MOSOE betroffen. Obwohl das Exposure österreichischer Banken in MOSOE nur rund zwanzig Prozent des Exposure westlicher Banken insgesamt in der Region ausmachte, stach es mit 199 Milliarden Euro vor allem in seiner Relation zum BIP mit rund 70 Prozent (2008) heraus. Die negativen Auswirkungen der Krise auf die Liquiditätssituation und die Geschäftsentwicklung der Banken in MOSOE konnten allerdings durch Maßnahmenpakete von Notenbanken, Regierungen, dem IWF, der EU-Kommission und der Weltbank gemildert werden. Die aggregierte Eigenmittelquote (Kernkapitalquote) aller österreichischen Banken lag Ende 2008 bei 11,02 Prozent und damit deutlich über den regulatorischen Mindestanforderungen von acht Prozent. Zudem kam es seit Jahresende 2008 zu mehreren Partizipationskapitalerhöhungen im Rahmen des Bankenpakets. Die wichtigsten Ratingagenturen änderten ihre Ratings österreichischer Großbanken bis Herbst 2008 nicht, danach reagierten sie jedoch mit Herabstufungen und Reports zum Osteuropamanagement der Banken. Die Entwicklung der Aktienkurse österreichischer Großbanken folgte seit Ausbruch der Krise weitgehend jener anderer

---

220 Thomas Zotter/Sepp Zuckerstätter (2009): Die Finanzmarktkrise und ihre Wirkungsmechanismen auf die Realwirtschaft. In: Silvia Angelo/Helmut Gahleitner/Martina Landsmann (Red.): Notleidende Banken: Fakten – Wirkungen – Lösungen. Beiträge zur Wirtschaftspolitik Nr. 23. Wien: Abteilung Wirtschaftspolitik der Kammer für Arbeiter und Angestellte für Wien (Hrsg.), S. 6-8, insbesondere S. 8

europäischer Großbanken, wobei die Verluste der österreichischen Banken eben aufgrund ihres Exposures in MOSOE um einige Prozentpunkte höher waren. Ab der Talsohle im März 2009 verbesserte sich die Situation dann jedoch wieder. Trotzdem fand bei CDS österreichischer Großbanken im ersten Quartal 2009 eine Neubeurteilung statt, wobei wiederum das Engagement in Osteuropa im Fokus der Finanzmärkte stand. Oft wurde auch von Kapitalmarktteilnehmern die Osteuropa-Kreditportfolioqualität pauschal in Frage gestellt, was zu einem signifikanten Anstieg der CDS führte. Im Fokus der Wirtschaftspolitik stand daraufhin die Stabilisierung des Finanzsystems.[221]

Österreichische Banken expandierten ab Mitte der 1980er Jahre in die MOSOE Region und entfernten sich damit zunehmend von ihrem vormals eher vorsichtigen Geschäftsmodell. Bereits Anfang der 1990er Jahre gründeten drei österreichische Bankengruppen Tochterbanken in den benachbarten Ländern sowie Polen und Russland. In der zweiten Hälfte des Jahrzehnts folgten dann weitere. Es kam damit zu einer Abkehr vom ursprünglichen Geschäftsmodell der österreichischen Banken und einigen Neugründungen. Manche Banken vertrauten weiterhin auf organisches Wachstum, andere beteiligten sich an der ersten Privatisierungswelle staatlicher Banken. Mit der Stabilisierung der ökonomischen Lage in MOSOE zur Jahrtausendwende kam es dann zu einer Expansion des Bankwesens. Zu dieser Zeit gewann die Region durch wachsende Direktkredite auch jenseits der Tochterbanken an Bedeutung. Internationale Organisationen hatten seit Jahren, unabhängig von der Finanzkrise, vor einer Überhitzung der dortigen lokalen Kreditmärkte, vor allem angesichts der hohen und oftmals zweistelligen Wachstumsraten, gewarnt. Nach Ansicht von Attac, betrieben österreichische Banken eine aggressive Expansionspolitik in der MOSOE Region und waren nicht unschuldig an den dortigen Entwicklungen im Zuge der Krise. Attac kritisierte, dass sich sowohl die Geschäftsmodelle der Großbanken als auch jene zahlreicher kleiner Regionalbanken in Richtung riskanterer Geschäftsstrategien entwickelt hatten. Hinzu kamen vor allem bei den Großbanken sinkende Eigenkapitalquoten, die zwar die Rendite für eingesetztes Kapital erhöh-

---

221 Peter Mooslechner (2009): Das österreichische Banksystem in der globalen Finanz- und Wirtschaftskrise. In: Erwin J. Frasl/Rene Alfons Haiden/Josef Taus (Hrsg.): Österreichs Kreditwirtschaft in der Weltfinanzkrise. Fakten, Analysen, Perspektiven und Chancen. Wien/Graz: Neuer Wissenschaftlicher Verlag, S. 187-200, insbesondere S. 192-194

ten, jedoch gleichzeitig die Kapitalpuffer für das übernommene Risiko schwinden ließen, was sich in der Krise negativ auswirkte.[222]

Die schlechter werdenden Bewertungen der Märkte MOSOEs im Zuge der Krise zogen schließlich auch die Bewertungen österreichischer Banken hinab. Die hohe Einschätzung der Risiken und die hohe Unsicherheit wirkten sich besonders auf die Marktbewertung der beiden großen börsennotierten Banken aus. Die Erste Bank verlor bis 2009, im Vergleich zum Höchststand im zweiten Quartal 2007, rund 81 Prozent ihres Marktwertes und Raiffeisen International, im Vergleich zum Höchststand im dritten Quartal 2007, rund 88 Prozent.[223]

Für die österreichischen Banken war in der Krise die politische Maßnahme der Garantie der Einlagensicherung privater Bankkunden von besonderer Bedeutung. Dies war vor allem psychologisch wichtig, um das Vertrauen in die Banken aufrecht zu erhalten[224] und eine Panik oder im schlimmsten Fall einen Bank Run zu verhindern. Die österreichische Bundesregierung sicherte also die Gelder der privaten Einleger ab und verabschiedete darüber hinaus verschiedene Maßnahmenpakete, wie das Bankenpaket und später die Konjunkturbelebungspakete, um Österreich ein besseres „Durchtauchen" und Überstehen der Krise zu ermöglichen. Die Reaktionen auf die Krise, in Form politischer Maßnahmen auf internationaler und nationaler Ebene, werden in Kapitel 5 dargestellt.

Die Krise 2007 bis 2010 wies eine historisch ungewöhnlich hohe Geschwindigkeit sowie ein großes Maß an Unsicherheit auf. Zur speziellen Logik des Krisenverlaufes gehörte jedenfalls, dass Europa sich von dieser Krise nicht nur nicht abkoppeln konnte, sondern auch immer tiefer in die negativen Ent-

---

222 Beirat für gesellschafts-, wirtschafts- und umweltpolitische Alternativen (BEIGE-WUM)/Attac (2010): Mythen der Krise. Einsprüche gegen falsche Lehren aus dem großen Crash. Hamburg: VSA: Verlag, S. 59

223 Thomas Zotter/Sepp Zuckerstätter (2009): Die Finanzmarktkrise und ihre Wirkungsmechanismen auf die Realwirtschaft. In: Silvia Angelo/Helmut Gahleitner/Martina Landsmann (Red.): Notleidende Banken: Fakten – Wirkungen - Lösungen. Beiträge zur Wirtschaftspolitik Nr. 23. Wien: Abteilung Wirtschaftspolitik der Kammer für Arbeiter und Angestellte für Wien (Hrsg.), S. 6-8, insbesondere S. 8

224 Rene Alfons Haiden (2009): Maßnahmen zur Bewältigung der Finanzkrise in Österreich. Eine aktuelle Analyse der heimischen Wirtschaft. In: Erwin J. Frasl/Rene Alfons Haiden/Josef Taus (Hrsg.): Österreichs Kreditwirtschaft in der Weltfinanzkrise. Fakten, Analysen, Perspektiven und Chancen. Wien/Graz: Neuer Wissenschaftlicher Verlag, S. 73-101, insbesondere S. 77

wicklungen samt ihren Effekten hineingezogen wurde.[225] Dies galt auch für Österreich.

Mit der österreichischen Finanzwirtschaft schien es aber, sah man von den Gefahren im Zusammenhang mit den Engagement der Banken in MOSOE und möglichen Rückschlägen, welche sich daraus ergeben konnten, ab, ab 2010 wieder bergauf zu gehen. Laut OeNB kam es im ersten Halbjahr 2010 erstmals seit 2008 wieder zu einem Anstieg der Bilanzsummen der österreichischen Banken, wofür hauptsächlich Auslandsforderungen und -verbindlichkeiten verantwortlich waren. Zudem stabilisierten sich die Kredite an private Haushalte und nichtfinanzielle, also realwirtschaftliche Unternehmen.[226]

Auch der Leitindex der Wiener Börse, ATX konnte sich wieder erholen. Nachdem er von einem Stand von 4512,98 Einheiten Ende 2007 auf 1750,83 Einheiten Ende 2008 gefallen war, erbrachte er mit Ultimo 2009 wieder 2495,56 Einheiten[227] und lag Ende 2010 mit 2,904.47[228] Einheiten noch höher. Das Vorkrisenniveau konnte allerdings bis Ende 2010 noch nicht wieder erreicht werden.

Realwirtschaft

Die Krise, welche in der Finanzwirtschaft ihren Ausgang nahm, übertrug sich auch im Falle Österreichs nach und nach auf die Realwirtschaft. Die verschiedenen Effekte, welche zu solch einer Übertragung oder „Ansteckung" führen können, werden später in diesem Kapitel dargestellt und erläutert.

---

225 Peter Mooslechner (2009): Das österreichische Banksystem in der globalen Finanz- und Wirtschaftskrise. In: Erwin J. Frasl/Rene Alfons Haiden/Josef Taus (Hrsg.): Österreichs Kreditwirtschaft in der Weltfinanzkrise. Fakten, Analysen, Perspektiven und Chancen. Wien/Graz: Neuer Wissenschaftlicher Verlag, S. 187-200, insbesondere S. 192

226 Peter Steindl: Erstmals seit Ende 2008 wieder Bilanzsummenanstieg. Wesentliche Entwicklungen im inländischen Finanzwesen im ersten Halbjahr 2010. Stand: Q4/2010. URL: http://oenb.at/de/img/stat_2010_q4_analyse_steindl_tcm14-210796.pdf, abgerufen am 30. November 2010

227 Wiener Börse AG: Jahresstatistik 2009. Stand: 2009. URL: http://www.wienerborse.at/static/cms/sites/wbag/media/de/pdf/prices_statistics/yearly_s tatistics/2009.pdf, abgerufen am 30. November 2010

228 Wiener Börse AG: Jahresstatistik 2010. Stand: 2010. URL: http://www.wienerborse.at/static/cms/sites/wbag/media/de/pdf/prices_statistics/yearly_s tatistics/2010.pdf, abgerufen am 15. Februar 2011

Österreich war jedenfalls, ebenso wie viele andere Länder, laut dem Deutschen Auswärtigen Amt, von der Rezession in Folge der Wirtschafts- und Finanzkrise betroffen. Die österreichische Regierung reagierte zwar im Oktober 2008, als sich der Einbruch der Wirtschaft ankündigte, rasch mit Maßnahmen zur Gegensteuerung, diese Hilfen konnten jedoch nicht verhindern, dass die Wirtschaft 2009, laut dem Deutschen Auswärtigen Amt, um 3,6 Prozent schrumpfte, was den stärksten Rückgang seit dem zweiten Weltkrieg darstellte. Im Jahr 2008 konnte noch eine reale Wirtschaftswachstumsrate von rund zwei Prozent erreicht werden. 2007 waren es, im Vergleich, 3,1 Prozent und 2006 3,2 Prozent.[229] Laut der Statistik Austria wuchs das österreichische BIP, jeweils im Vorjahresvergleich, 2006 um plus 5,5 Prozent, 2007 um plus 5,9 Prozent und 2008 um plus 4,1 Prozent. 2009 schrumpfte es dann um 3,1 Prozent.[230] 2010 stieg das Wirtschaftswachstum, einer Statistik der WKO von Dezember 2010 zufolge, um zwei Prozent[231]; dies war mehr als zuvor prognostiziert worden war, mit einem geringfügigen Wachstum war aber auch in den Monaten zuvor schon gerechnet worden[232]. Für 2011 rechnete man im Dezember 2010 mit einem Wirtschaftswachstum von 1,7 und für 2012 von 2,1 Prozent. Schon für das Jahr 2010 rechnete man also wieder mit einem geringfügigen Wirtschaftswachstum, welches auch eintraf. Seit dem Jahr 2003, in welchem die Wirtschaft, gemäß einer Statistik der WKO, nur um 0,8 Prozent wuchs, lag das österreichische Wirtschaftswachstum, bis zum Jahr 2009 als die Krise schließlich die Realwirtschaft in vollem Ausmaß erreichte, immer über zwei Prozent, beziehungsweise einmal, 2008, mit Einsetzen der Krise, bei rund zwei Prozent. 2006

229 Deutsches Auswärtiges Amt: Österreich. Wirtschaft. Stand: April 2010. URL: http://www.auswaertiges-amt.de/diplo/de/Laenderinformationen/Oesterreich/Wirtschaft.html, abgerufen am 18. November 2010

230 Statistik Austria: Statistisches Jahrbuch Österreichs 2011. Stand: 15. Dezember 2010. URL: http://www.statistik.at/web_de/static/k15_054414.pdf, abgerufen am 18. Februar 2011

231 WKO: Wirtschaftswachstum. Veränderung des realen BIP in %. Stand: Dezember 2010 URL: http://www.wko.at/statistik/eu/europa-wirtschaftswachstum.pdf, abgerufen am 18. Februar 2011

232 WKO: Wirtschaftswachstum. Veränderung des realen BIP in %. Stand: November 2010 URL: http://www.wko.at/statistik/eu/europa-wirtschaftswachstum.pdf, abgerufen am 23. November 2010

und 2007 wuchs die österreichische Wirtschaft mit über drei Prozent besonders stark.[233]

An den Zahlen zum österreichischen Wirtschaftswachstum lässt sich der durch die Krise hervorgerufene realwirtschaftliche Einbruch also genau ablesen. 2007 spürte die österreichische Wirtschaft die Krise noch nicht, 2008 griff die Krise zwar international schon um sich, Österreich zeigte sich davon aber noch wenig betroffen. 2009 hingegen brach die österreichische Wirtschaft dann ein und trotz der folgenden wirtschaftlichen Erholung erreichte das Wirtschaftswachstum nach diesem Absturz bis Ende 2010 noch nicht wieder das Vorkrisenniveau. Dieses sollte, laut Prognosen, auch in den nächsten Jahren noch nicht wieder erreicht werden. Man rechnete mit eher verhaltenem Wachstum, wenn auch nicht mit negativen Zahlen.

Österreich konnte jedoch auch im Jahr 2009 seinen Triple A-Status der Ratingagentur Standard & Poors[234] halten und auch 2010 bewerteten die Ratingagenturen Moody's[235] sowie Fitch Ratings[236] Österreich mit Bestnoten. In seiner Prognose für 2009 und 2010 vom März 2009 schrieb auch das WIFO, dass sich die Weltwirtschaft erstmals seit dem zweiten Weltkrieg in einer Rezession befände und sich auch Österreich, als kleine exportorientierte Volkswirtschaft, diesem internationalen Abwärtstrend nicht entziehen könnte. Das österreichische Wirtschaftswachstum verlangsamte sich im Jahr 2008, laut WIFO, in jedem Quartal und die österreichische Wirtschaft trat Ende des Jahres in die Rezession, wie sich eben auch an den Zahlen zum Wirtschaftswachstum 2008 und 2009 ablesen lässt. Die Konsumausgaben sanken zwar nicht, wohl aber die Export- und die Investitionsnachfrage, wenn auch im Vergleich weniger als im Durchschnitt des Euro-Raumes. Das WIFO sagte vor dem Hintergrund der internationalen Konjunkturschwäche für 2009 und 2010 auch voraus, dass die Inflation schwächer werden und der Verbraucherpreisindex nur leicht steigen

---

233 WKO: Wirtschaftswachstum. Veränderung des realen BIP in %. Stand: Dezember 2010 URL: http://www.wko.at/statistik/eu/europa-wirtschaftswachstum.pdf, abgerufen am 18. Februar 2011

234 Standard & Poor's: Global Credit Portal. Ratings Direct. Austria. Stand: 30. Dezember 2009. URL: http://www.oebfa.co.at/dokumente/Austria_S&P.pdf, abgerufen am 23. November 2010

235 Moody's Investors Service: Credit Analysis. Austria. Stand: 3. März 2010. URL: http://www.oebfa.co.at/dokumente/Austria_M.pdf, abgerufen am 23. November 2010

236 Fitch Ratings: Full Rating Report. Austria. Stand 12. April 2010. URL: http://www.oebfa.co.at/dokumente/Austria_Fitch.pdf, abgerufen am 23. November 2010

würde. Für 2010 rechnete das WIFO außerdem wieder mit einer geringfügigen Beschleunigung des Preisauftriebs, bei der Kerninflation sah es jedoch ein stabil bleibend niedriges Niveau. 2009 prognostizierte das WIFO weiters einen Einbruch des Arbeitsmarktes. Das Institut ging davon aus, dass der Arbeitsmarkt, welcher üblicherweise verzögert auf die Entwicklung der Realwirtschaft reagiert, 2010 noch nicht von der leichten Erholung profitieren und die Arbeitslosenrate damit weiter steigen würde.[237]

Das WIFO sah also im März 2009 noch wenig Aussicht auf Erholung der Konjunktur im Jahr 2010.

In seiner Prognose für 2010 und 2011 vom September 2010 hingegen sagte es dann eine Besserung der Situation einen Aufschwung bei jedoch anhaltender Unsicherheit voraus. Aufgrund der Abwertung des Euros im ersten Halbjahr 2010 prognostizierte das WIFO für die Exporte des Euro-Raumes in der zweiten Jahreshälfte 2010 eine weitere Expansion. Für 2011 wurde ein verhaltener Aufschwung in der Euro-Zone vorausgesagt. Die Lage der Industrie sollte sich zwar stabilisieren, die hohen Staatsdefizite, anstehende Konsolidierungsmaßnahmen, die mäßige Investitionsdynamik, der Reformbedarf im Finanzsektor sowie die Ungleichgewichte im Euro-Raum bedeuteten allerdings eine Belastung. Das WIFO ging für Österreich von einem Wirtschaftswachstum von zwei Prozent 2010 und 1,9 Prozent 2011 aus.[238] Das Institut nahm an, dass die Konjunkturbelebung zu einer Verbesserung der Lage auf dem Arbeitsmarkt und der öffentlichen Haushalte beitragen werde, es ging also für 2011 von einer Verringerung der Arbeitslosenquote aus. Auch das Budgetdefizit sollte infolge der geplanten Konsolidierungsmaßnahmen zurückgehen. Außerdem setzte 2010 – mit Verzögerung im Vergleich zu den USA und Asien – ein kräftiger Aufschwung der Industriekonjunktur ein. Die Abwertung des Euro und die gleichbleibend starke Nachfrage aus der fernöstlichen Region begünstigten den Export und auch die Binnennachfrage wurde, trotz der Turbulenzen in einigen südlichen Ländern der Eurozone (siehe Kapitel „Eurokrise"), angekurbelt. Österreich profitierte vor

---

237 WIFO: Prognose für 2009 und 2010: Auch Österreich von der internationalen Wirtschaftskrise stark getroffen. In: APA OTS, Stand: 27. März 2009. URL: http://www.ots.at/presseaussendung/OTS_20090327_OTS0097/prognose-fuer-2009-und-2010-auch-oesterreich-von-der-internationalen-wirtschaftskrise-stark-getroffen, abgerufen am 18. November 2010

238 WIFO: Prognose für 2010 und 2011: Aufschwung mit anhaltender Unsicherheit. In: APA OTS, Stand: 24. September 2010. URL: http://www.ots.at/presseaussendung/OTS_20100924_OTS0124/prognose-fuer-2010-und-2011-aufschwung-mit-anhaltender-unsicherheit, abgerufen am 29. November 2010

allem vom starken Wachstum Deutschlands. Trotzdem ging das WIFO für 2011, wie erwähnt, von einem eher verhaltenen Aufschwung im Euro-Raum aus. Die Exporte sollten, laut dem WIFO, langsamer wachsen als 2010 und die private Nachfrage durch die anstehenden Maßnahmen zur Budgetkonsolidierung zurückgehen, vor allem in jenen Ländern, welche mit einer schwachen Wettbewerbsfähigkeit und den Folgen von Immobilienblasen umzugehen hatten. In Deutschland und seinen Nachbarländern werde die Wirtschaft, laut WIFO, folglich stärker expandieren als im südlichen Euro-Raum.[239]

Markus Marterbauer schrieb 2010 zu dieser Thematik, dass die Finanzmarkt- und Wirtschaftskrise, auch wenn sich seit dem zweiten Halbjahr 2009 eine Stabilisierung der Konjunktur beobachten ließ, noch nicht vorbei wäre. Die wirtschaftliche Erholung ging nur schleppend voran und die Gefahr von Rückschlägen wäre groß. Diese könnten durch das weiterhin labile Finanzsystem oder eine zu frühe Beendigung der expansiven Budget- und Geldpolitik ausgelöst werden. Vor allem die sozialen Kosten der Krise werden, laut Marterbauer, noch das gesamte weitere Jahrzehnt hindurch spürbar sein. In den EU-Ländern entstanden diese vor allem aus dem Doppelproblem hoher Arbeitslosigkeit und hohem Budgetdefizits, denn mit diesen beiden Dingen war auch eine starke Ausweitung der Ungleichheit bezüglich der Verteilung des Wohlstandes verbunden. Marterbauer meinte, dass die Zahl der Arbeitslosen in Österreich und auch in der EU insgesamt als Folge der Krise noch weiter steigen und sich der Finanzierungssaldo des österreichischen Staates ebenfalls verschlechtern werde. Die beiden Probleme der Arbeitslosigkeit einerseits und des Budgetdefizits andererseits könnten zwar durch einen kräftigen Konjunkturaufschwung, der über mehrere Jahre anhielte, rasch zurückgeführt werden, solch ein Aufschwung verlangte jedoch als Voraussetzung hohe Raten des Wirtschaftswachstums und solche wären in einer Konjunktursituation wie 2010, wie erwähnt, sehr unwahrscheinlich, da Rezessionen, die von Immobilien- und Finanzkrise ausgelöst wurden meist viel tiefer gehen als „normale" Rezessionen und ihnen meist nur schwache Erholungsphasen folgen. Die geringe Risikobereitschaft von Unternehmen und Banken sowie die niedrige Kapazitätsauslastung der Unternehmen ließen auf eine geringe Investitionsdynamik und eine verhaltene Konjunktur schließen. Prognosen für die mittelfristige Wirtschaftsentwicklung erwarteten,

239 WIFO: Prognose für 2010 und 2011: Aufschwung mit anhaltender Unsicherheit. In: APA OTS, Stand: 24. September 2010. URL: http://www.ots.at/presseaussendung/OTS_20100924_OTS0124/prognose-fuer-2010-und-2011-aufschwung-mit-anhaltender-unsicherheit, abgerufen am 29. November 2010

laut Marterbauer, dass das reale Wirtschaftswachstum unter dem langfristigen Durchschnitt von zwei Prozent bleiben werde. Dies wäre jedoch deutlich zu wenig, um zu einem Rückgang der Arbeitslosigkeit und des Budgetdefizits zu führen.[240]

Die Krise übertrug sich also von der Finanz- auf die Realwirtschaft und Ende 2010 herrschte eine gewisse Prognoseunsicherheit. Die Unsicherheit auf den Finanzmärkten spiegelte sich in einer drastisch gestiegenen Unsicherheit in der Realwirtschaft wider. Es gibt Übertragungsmodelle, welche erklären, wie die Finanz- und Bankenkrise möglicherweise auf die Realwirtschaft übersprang. Die wichtigsten Übertragungskanäle der Krise auf die Realwirtschaft waren die Finanzierungsbedingungen, der Bilanzkanal, Vermögenseffekte, Vertrauenseffekte, der Handelskanal und der Finanzkanal.

• Finanzierungsbedingungen sind beispielsweise steigende Zinsen und Risikoaufschläge, welche Kredite teurer machen und sich damit auf die Investitionen auswirken. Meist werden dann nur mehr jene Investitionsprojekte durchgeführt, deren erwartete Rendite über den Finanzierungskosten liegt. Außerdem kann es zu einer Kreditklemme kommen. Kreditverknappung kann in Krisensituationen eine entscheidende negative Rolle spielen. Die Kreditvergabemöglichkeiten der Banken sind an deren Eigenkapital gebunden und dieses sinkt bei hohem Abschreibungsbedarf. Die Finanzkrise führte zu einem massiven Vertrauensverlust in das Bankensystem und zwischen den Banken selbst. Dieser Vertrauensverlust schlug sich in erhöhten Risikoaufschlägen und entsprechend erschwerter Refinanzierung für die Banken nieder. Die Krise auf dem Interbankenmarkt war ein Zeichen des Vertrauensverlustes.

• Über den sogenannten Bilanzkanal kann es ebenfalls zur Verknappung des Kreditangebots kommen. Die Kreditvergabe der Banken ist, wie erwähnt, an deren Eigenkapital gebunden. Kommt es durch Abschreibungen aus Vermögen (Wertpapiere und Beteiligungen) oder durch Kreditausfälle zu Ergebniseinbußen oder Verlusten, können die Banken ihr Kreditangebot weniger stark ausweiten. Im schlimmsten Fall kommt es über den Bilanzkanal dann zu einer Verknappung der Kredite, was Auswirkungen auf Unternehmen und Investitionen haben kann.

---

240 Markus Marterbauer (2010): Wirtschaftspolitische Wege aus der Krise. In: Vera Lacina (Red.): Die Krise und die Konsequenzen: Wirtschaftspolitik, Verteilungsfragen, Finanzmarktregulierung. Beiträge zur Wirtschaftspolitik Nr. 25. Wien: Abteilung Wirtschaftspolitik der Kammer für Arbeiter und Angestellte für Wien (Hrsg.), S. 10-14, insbesondere S. 10

- Vermögenseffekte wiederum haben Einfluss auf den privaten Konsum. Haushalte verfolgen oftmals ein Sparziel und dieses kann durch Bewertungsgewinne oder -verluste schneller beziehungsweise langsamer erreicht werden als geplant. Die Haushalte können dann je nachdem mehr oder weniger konsumieren. In den 1990er Jahren kam es so in den USA zu einem konjunkturbelebenden Effekt. Private Haushalte erreichten ihre Sparziele meist nicht durch Sparen, sondern durch Gewinne auf den Aktien- oder Immobilienmärkten. Durch ihren Konsum trieben sie dann die Konjunktur der ganzen Welt an. Stürzen Kurse dann auf breiter Front ab, verlieren Haushalte ihre Ersparnisse, müssen demnach mehr sparen und fallen somit als Konjunkturstütze aus. Wie stark dieser Effekt ausfällt, ist von Volkswirtschaft zu Volkswirtschaft verschieden. Volkswirtschaften in denen Haushalte ihr Geld eher in kapitalmarktorientierten Produkten anlegen, sind aber generell stärker betroffen. In Österreich ist dies traditionell nicht der Fall und Vermögenseffekte spielen darum eine untergeordnete Rolle. Vermögenseffekte tangieren allgemein den privaten Konsum, aber vor allem jene Branchen, bei denen die Konsumentscheidungen weniger dringend und aufschiebbar sind, wie beispielsweise die Automobilindustrie, die Unterhaltungselektronik oder auch die Bauwirtschaft.
- Vertrauenseffekte führen zu einer Dämpfung der Erwartungen der Unternehmen und der Haushalte, was zur Folge hat, dass die Investitions- sowie die Konsumneigung zurückgehen, oder geringer wachsen. In diesem Zusammenhang kam wieder die Verknüpfung der österreichischen Wirtschaft mit der MOSOE Region ins Spiel. Bis zum Herbst 2008 gingen die meisten Experten davon aus, dass die starke Präsenz in den MOSOEL Österreich vor der Krise schützen würde, weil sich der österreichische Außenhandel damit ein zweites Standbein aufgebaut hatte. Außerdem waren Österreichs Banken auf den von der Krise besonders hart getroffenen Märkten weniger stark präsent als Banken anderer Länder. Bald wurden die Risiken in den MOSOEL jedoch schlechter beurteilt und damit negative Vertrauenseffekte hervorgerufen.

Die „Ansteckung" zwischen Volkswirtschaften kann hauptsächlich über drei Kanäle erfolgen, nämlich den Handelskanal, also die Exportseite, den Finanzkanal, also die integrierten Finanzmärkte und den Internationalisierungsgrad der Unternehmen eines Landes.
- Der Handelskanal, also der Außenhandel, wirkt über zwei Mechanismen, nämlich über die Importnachfrage der Volkswirtschaft, in die exportiert wird und den Wechselkurs. Die Nachfrage in den USA wuchs beispielsweise in den

letzten Jahren weniger stark und dies traf die Exporte. Vor allem in Deutschland, mit dem Österreich stark verflochten ist, war der Aufschwung der letzten Jahre stark exportgetragen und die Inlandsnachfrage eher gering. Die starke Exportorientierung und Vernachlässigung der Binnennachfrage erwiesen sich in der Krise als Achillesferse Europas und insbesondere Deutschlands.

- Der Internationalisierungsgrad der Unternehmen und die Verflechtung der Finanzmärkte können, wie erwähnt, ebenfalls eine Rolle spielen. Je stärker die Unternehmen eines Landes in internationalen Konzernen verflochten sind, desto stärker sind auch Tochterunternehmen multinationaler Konzerne von Problemen im Land der Muttergesellschaft betroffen. Ein Beispiel hierfür aus der Krise 2007 bis 2010 wären die Probleme der US-Automobilbranche, welche sich beispielsweise auch auf die Wiener Niederlassung von General Motors (GM) auswirkten.[241] So führte das GM-Werk in Wien Aspern Anfang 2009 Kurzarbeit für 1540 seiner 1850 Mitarbeiter ein. Auch in Deutschland waren Opel-Werke über ihre Muttergesellschaft GM in Form von Kurzarbeit von der Krise betroffen.[242] 2010 zeigte die Entwicklung des österreichischen Opel-Werkes jedoch wieder einen Aufwärtstrend. „Der Standard" schrieb am 27. Juni 2010, dass man für das Jahr 2010 ein Zuwachs im zweistelligen Prozentbereich erwartete. Die Auftragslage wäre so gut, dass zusätzlich zur Stammbelegschaft noch laufend neue Leiharbeiter aufgenommen werden könnten.[243]

- Ein weiterer Übertragungskanal der Finanzkrise auf die Realwirtschaft war der Finanzkanal, das heißt die Übertragung über integrierte Finanzmärkte. Die Ansteckung erfolgte hier durch den hohen Integrationsgrad der Finanzmärkte

---

241 Thomas Zotter/Sepp Zuckerstätter (2009): Die Finanzmarktkrise und ihre Wirkungsmechanismen auf die Realwirtschaft. In: Silvia Angelo/Helmut Gahleitner/Martina Landsmann (Red.): Notleidende Banken: Fakten – Wirkungen - Lösungen. Beiträge zur Wirtschaftspolitik Nr. 23. Wien: Abteilung Wirtschaftspolitik der Kammer für Arbeiter und Angestellte für Wien (Hrsg.), S. 6-8, insbesondere S. 9-11

242 Red. Die Presse/APA: Kurzarbeit bei GM in Wien: 1540 Mitarbeiter betroffen. In: Die Presse.com, Stand: 7. Jänner 2009. URL: http://diepresse.com/home/wirtschaft/economist/442108/Kurzarbeit-bei-GM-in-Wien_1540-Mitarbeiter-betroffen, abgerufen am 21. November 2010

243 Red. Der Standard/APA: Auftragsboom für Wien-Aspern. In: derStandard.at, Stand: 27. Juni 2010. URL: http://derstandard.at/1277336833036/Produktionszuwachs-Auftragsboom-fuer-Wien-Aspern, abgerufen am 21. November 2010

und die hohe Geschwindigkeit des Informationsaustausches auf den Märkten. Die Übertragungseffekte über diesen Kanal waren jedoch nur schwer quantifizierbar.[244]

Die Lage der Realwirtschaft besserte sich 2010 allgemein wieder. GM/Opel war nicht das einzige Unternehmen Österreichs, das mit Kurzarbeit auf die Krise reagierte. Im April 2009 mussten in Österreich 57 000 Beschäftigte kurzarbeiten. Besonders die Automobilindustrie und die Metallverarbeitung waren betroffen. Durch das Modell der Kurzarbeit konnten in der Krise viele Arbeitsplätze erhalten werden. Die Auftragslage der Unternehmen besserte sich bis Ende 2010 wieder und die Kurzarbeit konnte in vielen Betrieben beendet werden.[245] Die WKO sah den Einsatz von Kurzarbeit positiv und machte dies daran fest, dass die österreichische Arbeitslosenrate trotz gesunkener Wirtschaftsleistungen auch während der Krise eine der geringsten im EU-Durchschnitt war. Christoph Leitl, Präsident der WKO, sah dafür die österreichischen Betriebe verantwortlich. Österreichs Wirtschaft schrumpfte 2009, im Vergleich zu 2008, wie erwähnt, um 3,6 Prozent, die Beschäftigung ging jedoch nur um 1,4 Prozent zurück.[246] Die Arbeitslosigkeit in Prozent der erwerbslosen Personen lag, gemäß einer Statistik der WKO, 2006 bei 4,8, 2007 bei 4,4, 2008 bei 3,8, 2009 bei 4,8 und 2010 bei 4,4 Prozent. Für 2011 rechnete man im Dezember 2010 mit einer Arbeitslosenrate von 4,0 Prozent. Damit lag Österreich auch 2009, als die Arbeitslosigkeit

---

244 Thomas Zotter/Sepp Zuckerstätter (2009): Die Finanzmarktkrise und ihre Wirkungsmechanismen auf die Realwirtschaft. In: Silvia Angelo/Helmut Gahleitner/Martina Landsmann (Red.): Notleidende Banken: Fakten – Wirkungen - Lösungen. Beiträge zur Wirtschaftspolitik Nr. 23. Wien: Abteilung Wirtschaftspolitik der Kammer für Arbeiter und Angestellte für Wien (Hrsg.), S. 6-8, insbesondere S. 111-112

245 Red. Wiener Zeitung/APA: Österreich: Kurzarbeit geht zurück. In: Wiener Zeitung.at, Stand: 2. Juli 2010. URL: http://www.wienerzeitung.at/DesktopDefault.aspx?TabID=3924&Alias=wzo&cob=505 464, abgerufen am 21. November 2010

246 WKO: Leitl: Flexibilität der Unternehmen hat 86.000 Jobs gerettet – weitere Belastungen kosten Arbeitsplätze. In: WKO.at, Stand: 22. September 2010. URL: http://portal.wko.at/wk/format_detail.wk?AngID=1&StID=572835&DstID=29&cbtyp= 1&titel=Leitl:,Flexibilit%C3%A4t,der,Unternehmen,hat,86.000,Jobs,gerettet,%E2%80 %93,weitere,Belastungen,kosten,Arbeitspl%C3%A4tze, abgerufen am 21. November 2010

ihren Höchststand erreichte, weit unter dem Durchschnitt der Eurozone, der bei
9,5 Prozent Arbeitslosigkeit lag.[247] Die Unternehmen setzten in der Krise verschiedene Maßnahmen, um Perso-
nalabbau zu umgehen. Die gängigste war eben die Kurzarbeit. Auch die OECD
(Organisation for Economic Cooperation and Development[248]) ging, laut WKO,
davon aus, dass durch sie viele, nämlich 4000, Stellen erhalten werden konnten.
Auch gab es 2009 weniger Überstunden. Die Betriebe nutzten die Auftragsflau-
ten für zusätzliche Ausbildungen, Urlaube wurden abgebaut und die Arbeitszei-
ten sehr flexibel gehalten. Betriebe nahmen teilweise auch Unterauslastung in
Kauf, um Mitarbeiter zu halten.[249] All diese Maßnahmen wurden von Experten
weitgehend positiv und als Beitrag der österreichischen Betriebe beurteilt, welcher der Wirtschaft half die Krise besser zu überstehen.

Im März 2009 prognostizierte das WIFO noch eine Vertiefung der Krise. Zu
diesem Zeitpunkt beurteilten auch 50 Prozent der im Rahmen des WIFO-
Konjunkturtestes befragten Unternehmen ihre aktuelle Geschäftslage als unzu-
friedenstellend. Die Exporte wurden von fast zwei Drittel der Betriebe als zu
gering bezeichnet. Diese Bewertung stellte die schlechteste seit dem Jahr 1996
dar. Insbesondere die Baubranche zeigte sich von der Krise betroffen, was an
der geringen Auftragslage abzulesen war. Die Export- und Industriekonjunktur
wurde vor allem von der Rezession bei den wichtigsten Handelspartnern getroffen. Die Arbeitslosigkeit stieg 2009 an. Die Konsumausgaben der privaten
Haushalte zeigten sich jedoch relativ stabil, sie schwanken im Konjunkturzyklus
generell weniger als Exporte und Sachgütererzeugung. Die Wertschöpfung im
Handel nahm also nur etwas ab, vor allem der Groß- und der Kraftfahrzeughan-
del hatten mit schlechtem Geschäftsgang zu kämpfen. Impulse kamen weiterhin

---

247 WKO: Arbeitslosenquoten. Arbeitslose in % der Erwerbspersonen. Stand: Dezember
    2010 URL: http://www.wko.at/statistik/eu/europa-arbeitslosenquoten.pdf, abgerufen am
    18. Februar 2011
248 OECD: History. URL:
    http://www.oecd.org/pages/0,3417,en_36734052_36761863_1_1_1_1_1,00.html, abge-
    rufen am 9. Jänner 2011
249 WKO: Leitl: Flexibilität der Unternehmen hat 86.000 Jobs gerettet – weitere Belastun-
    gen kosten Arbeitsplätze. In: WKO.at, Stand: 22. September 2010. URL:
    http://portal.wko.at/wk/format_detail.wk?AngID=1&StID=572835&DstID=29&cbtyp=
    1&titel=Leitl:,Flexibilit%C3%A4t,der,Unternehmen,hat,86.000,Jobs,gerettet,%E2%80
    %93,weitere,Belastungen,kosten,Arbeitspl%C3%A4tze, abgerufen am 21. November
    2010

aus dem Tourismus, welcher meist erst mit Verzögerung auf internationale Nachfrageschwächen reagiert.[250]

2010 sahen die Prognosen um einiges besser aus. Am 12. November 2010 veröffentlichte das WIFO eine aktuelle Schnellschätzung, der zufolge die Wirtschaft im dritten Quartal 2010, mit plus 0,9 Prozent gegenüber dem zweiten Quartal wiederum stark wuchs. Es kam zu einem anhaltenden Boom in der exportgetriebenen Sachgütererzeugung. Die Baukonjunktur blieb jedoch verhalten. Im Vorjahresvergleich wuchs die Wirtschaft im dritten Quartal um 2,4 Prozent, nach ebenfalls 2,4 Prozent im zweiten Quartal. Das Wirtschaftswachstum hielt also im dritten Quartal 2010 an, wenn auch nicht mit der Dynamik die noch im zweiten Quartal erreicht werden konnte. Die Wertschöpfung lag mit 7,3 Prozent noch immer unter dem Niveau von vor Beginn der Rezession, im zweiten Quartal 2008. Auch konnte sich die Bauwirtschaft nicht aus der Krise lösen, Wertschöpfung aus und Nachfrage nach Bauinvestitionen zeigten sich nach wie vor rückläufig. Die Entwicklung der Industrie und der Exporte war jedoch stark aufstrebend. Vor allem der Warenexport entwickelte sich sehr dynamisch und auch die Importe stiegen an. Die Zuwachsrate gegenüber dem Vorjahr war sowohl im Falle der Importe, mit plus zehn Prozent, als auch der Exporte, mit plus 13,7 Prozent im dritten Quartal zweistellig. Auch der private Konsum blieb stabil. In den Bereichen Handel, Gastgewerbe und Verkehr blieb die Konjunktur verhalten. Die Bereiche Vermögens- und Unternehmensdienstleistungen hingegen expandierten weiter.[251]

Die Wirtschaft schien sich also bis Ende 2010 wieder zu erholen, dennoch könnte es in Zukunft zu Rückschlägen kommen. Falls es in der Finanzwirtschaft, aufgrund etwaiger Entwicklungen in MOSOE, noch zu negativen Veränderungen kommen sollte, muss auch die Realwirtschaft wiederum mit Rückschlägen rechnen. Weiters könnten sich auch negative Entwicklungen in der Eurozone und die sogenannte „Eurokrise" hemmend auf die Wirtschaftsentwicklung der kommenden Jahre auswirken.

---

250 Red. Oberösterreichische Nachrichten: WIFO: „Krise in Österreich vertieft sich". In: nachrichten.at, Stand: 3. März 2009. URL: http://www.nachrichten.at/nachrichten/wirtschaft/art15,121121, abgerufen am 29. November 2010

251 WIFO: Erneut starkes Wachstum im III. Quartal 2010. In: APA OTS, Stand: 12. November 2010. URL: http://www.ots.at/presseaussendung/OTS_20101112_OTS0039/erneut-starkes-wachstum-im-iii-quartal-2010, abgerufen am 29. November 2010

Die Lage in Mittel-, Ost- und Südosteuropa – mögliche zukünftige Auswirkungen der Krise auf Österreich

Das folgende Unterkapitel beschäftigt sich mit der allgemeinen wirtschaftlichen Lage in MOSOE und in diesem Zusammenhang mit der Möglichkeit zukünftiger negativer Auswirkungen der Wirtschafts- und Finanzkrise auf Österreich. Die wirtschaftliche Situation in den MOSOEL ist für Österreich von besonderer Bedeutung, da österreichische Banken in diesen Ländern stark engagiert sind und sich negative Entwicklungen dort mit hoher Wahrscheinlichkeit auch auf das österreichische Bankensystem auswirken. Ende 2010 war die wirtschaftliche Entwicklung MOSOEs noch eher unsicher, die Prognosen sagten zwar keine drastisch negativen Entwicklungen voraus, ausgeschlossen wurden solche aber auch nicht.

Warum aber ist die Entwicklung der Länder Mittel-, Ost- und Südosteuropas für Österreich wichtig und warum ist Österreich in gewisser Weise von der Entwicklung in dieser Region abhängig?

Die MOSOEL entwickelten sich im Laufe der Zeit, aufgrund des immer größer werdenden Engagements der heimischen Banken in dieser Region, zu einem zweiten Heimatmarkt für Österreich. Die Auslandsverbindlichkeiten der MOSOEL gegenüber westlichen Banken wurden 2009 mit 1,2 Billionen Euro ausgewiesen, der Anteil österreichischer Banken an dieser Summe betrug 25 Prozent, was einem Spitzenwert entsprach. Laut der OeNB belief sich das Gesamtexposure österreichischer Banken in den MOSOEL auf rund 200 Milliarden Euro. Rechnete man das Exposure aller Banken in der EU zusammen, kam man auf 20 Prozent, die auf Österreich entfielen. Alle Kredite westlicher Banken an Kunden in den MOSOEL (1,2 Billionen Euro) erreichten lediglich fünf Prozent ihrer gesamten Auslandsforderungen (2,4 Billionen Euro), wobei für die einzelnen Länder in Westeuropa gewisse Schwerpunkte auszumachen waren. Die einzelnen Kreditnehmerländer in MOSOE wurden oftmals hinsichtlich ihrer Risiken nicht unterschieden, was, laut Rene Alfons Haiden, einen großen Fehler darstellte, da der MOSOE Bereich viele und unterschiedliche Länder umfasste, wovon zehn auch bereits Mitglieder der EU waren. Aus österreichischer Perspektive entfiel auch ein Viertel der Exporte auf diese Region und diesem Faktor war lange Zeit hindurch ein Leistungsüberschuss zu verdanken. Ebenso gab es ein höheres BIP als ohne Ostöffnung und darüber hinaus auch positive Auswirkungen auf den österreichischen Arbeitsmarkt.[252] Die österreichische Wirtschaft hatte vor der Krise von ihrem Engagement in MOSOE also fast ausschließlich profitiert.

Der Finanzierungsbedarf der MOSOE Region bis Ende 2010 wurde 2009 mit 180 Milliarden US-Dollar angegeben, wovon die Hälfte seitens des IWF finanziert werden sollte und der Rest von den EU-15. Diese Kredite sollten für die Investitionsfinanzierung und für die Erschließung neuer, wichtiger Märkte verwendet werden. Den Forderungen der österreichischen Banken stand jedoch immerhin ein Handelsbilanzüberschuss der EU von mehr als 60 Milliarden Euro gegenüber, wovon fast zehn Prozent auf Österreich entfielen. Etwa ein Drittel des Überschusses kam Deutschland zugute, was, laut Haiden, die im Zuge der Krise getätigten negativen Beurteilungen Osteuropas seitens hochrangiger Vertreter Deutschlands besonders unverständlich machte. Zwei Drittel des Engagements österreichischer Banken in MOSOE entfielen auf EU-Mitgliedsstaaten. Hier sind zwei positive Kriterien anzuführen, nämlich dass die Mehrheit der Kredite österreichischer Banken lokal refinanziert und darauf aufbauend, dass die Verschuldung der privaten Haushalte in den MOSOEL wesentlich niedriger war als die der österreichischen Haushalte. Österreich musste trotzdem, aufgrund der negativen internationalen Einschätzung der Region (wobei hier keine Differenzierung nach Ländern gemacht wurde), im Februar 2009 bei Bundesanleihen Aufschläge von 1,36 Prozent akzeptieren. Bis April des Jahres 2009 wurden diese jedoch wieder auf 0,9 Prozent und bis Mitte des Jahres auf 0,7 Prozent reduziert.[253] MOSOE war also von der Wirtschafts- und Finanzkrise betroffen und dies hatte indirekt auch Auswirkungen auf Österreich. Jedoch waren die Risiken, wie sich später herausstellte, in Bezug auf MOSOE teilweise falsch eingeschätzt worden.

Dominique Strauss-Kahn, Direktor des IWF entschuldigte sich beispielsweise im Mai 2009 bei Österreich, da der IWF die Lage in Osteuropa in seinem

---

252 Rene Alfons Haiden (2009): Maßnahmen zur Bewältigung der Finanzkrise in Österreich. Eine aktuelle Analyse der heimischen Wirtschaft. In: Erwin J. Frasl/Rene Alfons Haiden/Josef Taus (Hrsg.): Österreichs Kreditwirtschaft in der Weltfinanzkrise. Fakten, Analysen, Perspektiven und Chancen. Wien/Graz: Neuer Wissenschaftlicher Verlag, S. 73-101, insbesondere S. 90

253 Rene Alfons Haiden (2009): Maßnahmen zur Bewältigung der Finanzkrise in Österreich. Eine aktuelle Analyse der heimischen Wirtschaft. In: Erwin J. Frasl/Rene Alfons Haiden/Josef Taus (Hrsg.): Österreichs Kreditwirtschaft in der Weltfinanzkrise. Fakten, Analysen, Perspektiven und Chancen. Wien/Graz: Neuer Wissenschaftlicher Verlag, S. 73-101, insbesondere S. 91

Global Financial Stability Report 2009 aufgrund gewisser Eingabe- und Rechenfehler weitaus schlechter bewertet hatte, als sie sich tatsächlich darstellte. Vor allem das Verhältnis der Auslandsschulden zu den Währungsreserven einzelner Staaten war verzerrt worden.[254] In einem „Der Standard"-Interview warf der tschechische Notenbanker, Mojmír Hampl dem IWF und anderen internationalen Organisationen, wie der Bank für Internationalen Zahlungsverkehr (BIZ), vor, falsche Daten weitergegeben beziehungsweise verwendet und dadurch die Krise geschürt zu haben. Die Fehlinterpretationen des IWF hob er dabei als besonders unerfreulich hervor. Hampl beschuldigte den IWF, die Krise aufgrund von Eigeninteressen und auf Kosten der MOSOEL beschleunigt zu haben.[255]

Die Rechenfehler des IWF bei der Einschätzung des Risikos in MOSOE und die Weitergabe der zu negativ ausgefallenen Prognosen über die Medien schadeten dem Image der Region und davon war wiederum auch Österreich betroffen. Da im Finanzbereich psychologische Faktoren eine große Rolle spielen, trugen die Fehleinschätzungen und zu negativen Bewertungen der Situation der MOSOEL von verschiedenen Seiten möglicherweise dazu bei, dass die Entwicklung in dieser Region tatsächlich schlechter ausfiel, als es ohne diese Einflussfaktoren der Fall gewesen wäre. Auch Österreich war von diesem schlechten Ruf der MOSOEL im Frühjahr 2009 betroffen und dies änderte sich auch, trotz der Aufrechterhaltung der AAA-Bewertung des Landes, bis Ende 2010 nicht. Das Image des Engagements österreichischer Banken in MOSOE wandelte sich. Vor der Krise war besagtes Engagement meist positiv beurteilt worden, in der Krise jedoch war es immer mehr mit Angst vor möglichen negativen Entwicklungen in dieser Region, die auf Österreich ausstrahlen könnten, verbunden und wurde eher kritisch gesehen. Das Image der österreichischen Banken war auch 2010 noch angekratzt und könnte sich, im Falle zukünftiger negativer Wirtschaftsentwicklungen in den MOSOEL, weiter verschlechtern. Tatsächlich gab es also Fehlbewertungen und eine zu negative Darstellung der Entwicklung in der MOSOE Region. Fakt ist jedoch auch, dass die MOSOEL tatsächlich von der Krise nicht verschont wurden, die dortige Wirtschaftslage verschlechterte sich. Zu-

---

254 Red. Der Standard: IWF-Chef in Wien. Strauss-Kahn bedauert Rechenfehler. In: derStandard.at, Stand: 15. Mai 2009. URL: http://derstandard.at/1242315896599/IWF-Chef-in-Wien-Strauss-Kahn-bedauert-Rechenfehler, abgerufen am 25. November 2010

255 Andreas Schnauder: Interview mit Mojmír Hampl. „Ausgerechnet der IWF beschleunigte die Krise" In: derStandard.at, Stand: 1. April 2010. URL: http://derstandard.at/1269448739284/Interview-mit-Mojmir-Hampl-Ausgerechnet-der-IWF-beschleunigte-die-Krise, abgerufen am 25. November 2010

künftige negative Entwicklungen waren mit Stand 2010 immer noch möglich und würden höchstwahrscheinlich auch Österreich treffen.

Die Erhaltung der Stabilität in Osteuropa ist daher von besonderer Bedeutung. Die MOSOEL haben 125 Millionen Einwohner und die Region stellt damit einen bedeutsamen wirtschaftlichen Faktor für die EU, aber auch für die übrige Welt dar. Rene Alfons Haiden schrieb 2009, dass sich die Leistungsbilanz in den MOSOEL rasch verbessern werde, weil die Importe aufgrund der gesunkenen Inlandsnachfrage und den rückläufigen Energiepreisen stark sanken. Er meinte also, dass die Erholung in diesen Ländern früher erfolgen werde, als erwartet. Dabei stützte er sich auf eine weitere Prognose des IWF, in der bereits für 2010 ein Wachstum von 2,5 Prozent angenommen wurde. Für die Eurozone, im Vergleich, wurden nur 0,2 Prozent prognostiziert. Auch für Österreich ging die europäische Kommission nach dem Rückgang 2009 wieder von einem höheren Wirtschaftswachstum im Jahr 2010 aus, welches über den Vergleichswerten sowohl der EU gesamt als auch der Eurozone liegen sollte. Diese Prognose stimmt tendenziell mit den im Kapitel „Realwirtschaft" vorgestellten Zahlen überein und Haiden führte das erwartete Wirtschaftswachstum auf die enge Kooperation der österreichischen Wirtschaft mit den MOSOEL zurück, er sah diese Kooperation also positiv. Die schlechten Bewertungen dieser Länder durch US-Ratingagenturen nannte er ungerechtfertigt und ungerecht. Haiden erwartete eine positive Wirtschaftsentwicklung der MOSOEL.[256]

Vasily Astrov und Josef Pöschl sahen die MOSOEL spätestens ab September 2008 von der Weltwirtschaftskrise betroffen. Vor allem die Industrieproduktion und der Außenhandel litten unter den Folgen des Nachfrageeinbruchs. Das reale BIP-Wachstum verlangsamte sich und ging bald zurück, was auch zu höheren Arbeitslosenzahlen führte. Öffentliche und private Haushalte sowie Unternehmen und Banken standen unter Druck, welcher mit Dauer der Krise zunahm. Zwischen den einzelnen Ländern bestanden jedoch substantielle Unterschiede. In jedem Land existierten gewisse krisenabschwächende beziehungsweise -verstärkende Faktoren. Die Rezession traf besonders jene Länder, die durch hohe makroökonomische Ungleichgewichte gekennzeichnet waren (Ungarn, baltische Länder) oder eine rückständige Exportstruktur aufwiesen (Ukrai-

---

256 Rene Alfons Haiden (2009): Maßnahmen zur Bewältigung der Finanzkrise in Österreich. Eine aktuelle Analyse der heimischen Wirtschaft. In: Erwin J. Frasl/Rene Alfons Haiden/Josef Taus (Hrsg.): Österreichs Kreditwirtschaft in der Weltfinanzkrise. Fakten, Analysen, Perspektiven und Chancen. Wien/Graz: Neuer Wissenschaftlicher Verlag, S. 73-101, insbesondere S. 91-92

ne). Wie schon öfter erwähnt, ging mit dem Fall von Lehman Brothers und den massiven Verlusten im Finanzsektor auch eine extrem vorsichtige Kreditpolitik der Banken einher. Dieser plötzliche Stopp der Kapitalflüsse betraf die MO-SOEL besonders, da ihre Investitionen und teilweise auch der private Konsum in den Jahren vor der Krise in großem Ausmaß durch Kapitalimporte finanziert worden waren. Zusätzlich litten die MOSOEL darunter, dass internationale Investoren aufgrund der weltweiten Neubewertung von Anlagerisiken zunehmend besonders sichere Anlageformen bevorzugten, beispielsweise also Staatsanleihen gut aufgestellter Industrieländer. Der erschwerte Zugang zu Krediten hatte in den MOSOEL gravierende Auswirkungen auf die Konsum- und Investitionsnachfrage. Gegen Jahresende 2008 wurde es für die privaten Haushalte immer schwieriger und kostspieliger, den Kauf langfristiger Konsumgüter, wie etwa Autos, über Kredite zu finanzieren. Bis Ende 2010 wandelte sich die Situation dahingehend, dass viele Haushalte aufgrund der verschlechterten Beschäftigungs- und Einkommenssituation an solchen Krediten ohnehin kaum mehr interessiert waren. Auch der Außenhandel war von der Krise betroffen, die Exporte der MOSOEL gingen zurück, da der Hauptabsatzmarkt der zehn neuen EU-Länder aufgrund der Rezession in den EU-15-Ländern mehr oder weniger wegbrach. Gleichzeitig bewirkte die weltweite Wirtschaftsflaute einen Preisverfall von Energieträgern und Metallen. In den MOSOEL zeichnete sich ab September 2008 ein einheitliches Entwicklungsmuster in der Industrieproduktion ab, das Wachstum brach im vierten Quartal 2008 ein und die Produktion verlief in den ersten Monaten 2009 rückläufig. Außerdem folgte dem starken Anstieg der Weltmarktpreise auch in den MOSOEL eine vorübergehende Inflationsbeschleunigung. Die weltweite Finanzmarktkrise führte dann aber zu einer Umkehr dieses Trends seit der zweiten Jahreshälfte 2008. Die Inflationsraten der verschiedenen Ländern MOSOEs unterschieden sich allerdings hinsichtlich ihrer Höhe und Entwicklung erheblich. Ungarn war aber das einzige Land MOSOEs, dessen Wirtschaft schon seit mehreren Jahren stagnierte. Die Maßnahmen zur Konsolidierung des öffentlichen Haushalts hatten die heimische Nachfrage gedämpft. Bis zum Ausbruch der Finanz- und Wirtschaftskrise galt fiskalische Disziplin als eine der wichtigsten Voraussetzungen für nachhaltige Wirtschaftsentwicklung und sowohl die EU als auch internationale Organisationen versuchten diese Priorität bei ihren Mitgliedsländern durchzusetzen. Der Erfolg dieser Bemühungen zeigte sich deutlich in den Zahlen des Jahres 2008 und deshalb war es auch nicht gerechtfertigt Ungleichgewichte in den Staatshaushalten als „Achillesferse" der MOSOEL zu bezeichnen, sah man von Ungarn als einzig möglicher Ausnahme ab. Was sich jedoch für viele MOSOEL als problematisch darstellte, war das externe Ungleichgewicht.[257] Externes Ungleichgewicht bedeutet soviel wie außenwirtschaftliches Ungleichgewicht (im Gegensatz zum internen, binnenwirtschaftlichen Ungleichgewicht auf dem Güter- und Geldmarkt). Das heißt, es ging um ein Ungleichgewicht in der Zahlungsbilanz beziehungsweise der Devisenbilanz. Externe Ungleichgewichte liegen entweder in Form von Devisenbilanzüberschüssen oder Devisenbilanzdefiziten vor.[258] Die Devisenbilanz wiederum ist die statistische Erfassung von Änderungen der von der Zentralbank gehaltenen Bruttowährungsreserven, nach Abzug der Auslandsverbindlichkeiten und stellt einen Teil der Zahlungsbilanz dar.[259]

Bis 2008 waren die Importe der MOSOEL höher als die Exporte, was zu einem Leistungsbilanzdefizit führte. Eine negative Leistungsbilanz war damit charakteristisch für diese Länder. Einige Länder in MOSOE waren also in vergangenen Jahren Nettoimporteure. Das dabei aufgetretene Defizit finanzierten sie auf unterschiedliche Weise, zum Beispiel über Tourismus oder ausländische Direktinvestitionen. In vielen Ländern spielten Auslandskredite eine wichtige Rolle. Eine hohe Auslandsverschuldung ist jedoch ein Risikofaktor und einige der hochverschuldeten Länder kämpften bereits Anfang 2008 mit wirtschaftlichen Problemen. In den MOSOEL hatten Unternehmen und private Haushalte noch in den 1990er Jahren kaum Zugang zu Krediten und das Kreditvolumen war dadurch traditionell, gemessen am BIP, geringer als in den westlichen Industrieländern. Trotzdem kam es aber in den letzten Jahren vergleichsweise zu einem Boom an Krediten, vor allem aufgrund der Expansion ausländischer Banken und des verschärften Wettbewerbs. Basis dafür wiederum waren die von vielen Seiten verlautbarten sehr positiven Erwartungen, die, wie im Zuge der Krise immer mehr befürchtet wurde, im Falle einiger Länder MOSOEs überzogen gewesen waren. Seit dem vierten Quartal 2008 blieben die Staatseinnahmen in den MOSOEL aufgrund der Rezession unter den Prognosen. Eine Entlastung auf der Ausgabenseite gab es jedoch nicht, vielmehr kam es hier zu einer größeren Belastung durch höhere Subventionen und Transfers. Die Reserven im Sozialbereich wurden aufgrund der gestiegenen Arbeitslosigkeit immer kleiner und

257 Vasily Astrov/Josef Pöschl (2009): MOEL im Sog der Krise. Wien: Verein "Wiener Institut für Internationale Wirtschaftsvergleiche" (WIIW), S. 347-356
258 Robert Richert (2007): Makroökonomik. Schnell erfasst. Berlin: Springer, S. 150-152
259 Bundeszentrale für politische Bildung: Lexikon. Devisenbilanz. In: bpb.de, Stand: 2009. URL: http://www.bpb.de/popup/popup_lemmata.html?guid=E0NS19, abgerufen am 30. November 2010

Haushaltsdefizite dadurch schwieriger zu finanzieren. Ausgabenkürzungen wurden somit attraktiv und die Realisierung substantieller Konjunkturbelebungsprogramme stellte sich als schwierig dar. Weiters herrschte in den MOSOEL aufgrund ihrer Vergangenheit eine gewisse Skepsis gegenüber „deficit spending". Die Wirtschaftspolitik war in vielen MOSOEL seit der Ostöffnung stärker als in Westeuropa von liberaler Ideologie geprägt. Nur Russland verfügte über bedeutende Mittel zur Krisenbekämpfung, welche von der Regierung auch eingesetzt wurden. Einige Länder stießen hinsichtlich der Finanzierung öffentlicher Defizite beziehungsweise Refinanzierung fälliger Schulden bereits an ihre Grenzen und waren auf Hilfe des IWF angewiesen. Der IWF unterstützte dabei angesichts der Schwere der Krise die Rolle der Regierungen als Konjunkturstabilisator. Allerdings verfügte auch der IWF über kein Instrument, welches verhindern konnte, dass durch den längerfristigen Nachfragemangel im realen Sektor Insolvenzen ausgelöst wurden. Für die Geldpolitik war der Spielraum in den meisten MOSOEL ebenso eingeschränkt. In einigen Ländern wurde der Leitzinssatz durch die Notenbank gesenkt und die Banken dazu aufgerufen, die Aktivitäten des Nichtbankensektors weiterhin zu unterstützen. Das geldpolitische Instrumentarium war jedoch durch das Wechselkursregime sehr eingeschränkt und nur Länder mit flexiblem Wechselkurs hatten größeren geldpolitischen Spielraum, im Falle der EU-Länder in Absprache mit der EZB. Die Wirtschaftsentwicklung der MOSOEL in den Jahren nach der Krise hängt im Wesentlichen vom internationalen Konjunkturverlauf ab. Für die neuen EU-Länder sind hier in erster Linie die Wachstumsaussichten des Euro-Raumes und insbesondere Deutschlands ausschlaggebend, da sich dort ihre wichtigsten Absatzmärkte befinden. Für die auf Rohstoffexporte spezialisierten Volkswirtschaften ist vor allem die Entwicklung der Weltmarktpreise von Energie, Stahl und Nahrungsmitteln bedeutend. Die Länder deren Währung Mitte 2008 merklich abwertete dürften von der Verbesserung der Wettbewerbsfähigkeit ihrer Industrie sowohl im Ausland als auch auf dem heimischen Markt schneller profitieren. Sie könnten also Marktanteile gewinnen, sofern ihre Handelspartner keine protektionistischen Maßnahmen setzen. Für Länder deren Währung abwertete, ist die Wahrscheinlichkeit einer Wirtschaftsbelebung, welche auf einer Ausweitung der Nettoexporte beziehungsweise einer Verringerung der Nettoimporte basiert, hingegen eher gering.[260]

---

260 Vasily Astrov/Josef Pöschl (2009): MOEL im Sog der Krise. Wien: Verein „Wiener Institut für Internationale Wirtschaftsvergleiche" (WIIW), S. 356-360

In einer Prognose für die MOSOE Region sprach auch das Wiener Institut für internationale Wirtschaftsvergleiche (WIIW) 2010 davon, dass die Länder, welche in den vergangenen Jahren besonders stark von der Krise betroffen waren, sich nach der Krise umso schneller erholen werden. Auch der Exportanteil am BIP spiele hier eine Rolle, je größer dieser nämlich ausfalle, desto stärker erhole sich die Wirtschaft des entsprechenden Landes. Der wichtigste Befund des WIIW war eine Wachstumsumkehr von bis zu minus 25 Prozentpunkten im Zeitraum 2008 bis 2009. Weiters wurde die große Heterogenität der 20 untersuchten Reformländer hervorgehoben, und dass die Rezession dort allgemein tiefer ging als im Westen. Weder eine EU-Mitgliedschaft noch flexible Wechselkurse konnten die Rezession abfedern. Am schlimmsten betroffen zeigten sich die ehemaligen Sowjetrepubliken, das Baltikum, die Ukraine und Russland. Die Ursachen für den Kollaps waren jedoch unterschiedlich. Die Prognose des WIIW 2009 war eine langsame Erholung ab dem Jahr 2010. Das Institut ging außerdem von drei Transmissionskanälen der Krise aus. Der erste war der Einbruch der Nachfrage nach Importen aus der MOSOE Region. Dadurch kollabierten die Exporte, die Industrieproduktion und die Öl- und Metallpreise, wovon vor allem Russland, die Ukraine und Kasachstan betroffen waren. Der zweite Punkt war die erschwerte Kreditfinanzierung für Haushalte, Unternehmen und den Staat nach der Pleite von Lehman Brothers im September 2008. Drittens wurde hierauf bezogen genannt, dass es kaum Gegensteuerung seitens der Wirtschaftspolitik gab. Ausnahmen diesbezüglich waren lediglich Polen, Russland und Kasachstan. Für 2009 bis 2010 stellte das WIIW dann aber eine Wachstumsumkehr von bis zu plus 25 Prozentpunkten fest. Eben weil sich die Länder, welche besonders stark von der Krise betroffen waren, dann auch besonders rasch erholten. Das WIIW machte keine allgemeinen (und alleinigen) Ursachen der Krise aus und meinte, die Region sollte sich rasch wieder erholen, da der Wachstumsrückgang eigentlich schon vorbei wäre. Die Inflation in der MOSOE Region sank 2010, die Arbeitslosigkeit jedoch stieg an. Das WIIW ging davon aus, dass die Region künftig neue Wachstumsmodelle finden müsste und durch die Krise insgesamt um einige Jahre zurückgeworfen wurde (insbesondere Ungarn, die Ukraine und das Baltikum). Die Konjunkturlage in den MOSOEL verbesserte sich jedenfalls seit dem Sommer 2010 und das Wirtschaftswachstum war stärker als ursprünglich erwartet. Länder mit einem wettbewerbsfähigen Exportsektor (wie zum Beispiel Bulgarien, die Slowakei, Tschechien, Ungarn und die Türkei) profitierten von der Konjunkturerholung im Ausland. Die Finanzierungsspielräume blieben jedoch klein, da Kredite für Unternehmen und

Haushalte entweder zu teuer oder zu knapp waren und die Regierungen Sparprogramme zur Sanierung der Staatshaushalte verabschiedeten. Die Binnennachfrage blieb, vor allem in der Bauwirtschaft, schwach und auch die Investitionen blieben rückläufig. Ebenfalls wurde die Lage auf dem Arbeitsmarkt als anhaltend schwierig angesehen, vor allem für minderqualifizierte Arbeitskräfte. Die Beschäftigung von hochqualifizierten Arbeitskräften nahm hingegen in vielen MOSOEL sogar während der Krise zu. Allgemein ist jedenfalls, laut dem WIIW, zu sagen, dass der Aufholprozess der MOSOEL durch die Krise unterbrochen wurde und auch in den kommenden Jahren langsamer vorangehen wird. Das Wachstum des BIP wird jedoch trotzdem weiter aufholen, wenn auch weniger schnell. Die Finanzierung für Haushalte wie auch Unternehmen wird, aufgrund weniger und teurerer Kredite sowie geringerer Investitionen, schwierig bleiben. Auch die Regierungen werden weiterhin Schulden abbauen und sparen müssen.[261]

Österreich spürte die Finanzkrise, wie erwähnt, vor allem über indirekte, weniger über direkte Effekte. Das durch die weltweite Rezession belastete wirtschaftliche Umfeld begann sich dann gegen Ende des Jahres 2008 auch in den Kreditrisikovorsorgen des österreichischen Bankensystems niederzuschlagen, da die Auswirkungen der Krise auch die Volkswirtschaften in MOSOE erreicht hatten. Dies hatte bereits damals indirekte Effekte auf das österreichische Bankensystem, welche dann mit Verzögerung in den Risikopositionen der Bankbilanzen sichtbar wurden. Auf diesen Märkten musste man in weiterer Folge dann mit einer deutlichen Erhöhung der Kreditrisikovorsorgen rechnen.[262]

Hans-Werner Sinn schrieb über Österreich, dass das Land es schaffte, in der Krise die gröbsten Fehler zu vermeiden. Die Verluste der österreichischen Finanzinstitute lagen mit insgesamt 0,9 Milliarden Euro nicht nur absolut niedrig, sondern auch in Relation zum BIP auf vergleichsweise moderatem Niveau. Auch Sinn meinte 2009 jedoch, dass es zu früh sei, Entwarnung für Österreich

---

261 Peter Havlik (WIIW): The global crisis and the countries of Central, East and Southeast Europa: discussion of economic impacts and outlook for the region. Stand: 18. November 2010. URL: http://publications.wiiw.ac.at/?action=publ&id=details&publ=FCP_20101118, abgerufen am 25. November 2010

262 Peter Mooslechner (2009): Das österreichische Banksystem in der globalen Finanz- und Wirtschaftskrise. In: Erwin J. Frasl/Rene Alfons Haiden/Josef Taus (Hrsg.): Österreichs Kreditwirtschaft in der Weltfinanzkrise. Fakten, Analysen, Perspektiven und Chancen. Wien/Graz: Neuer Wissenschaftlicher Verlag, S. 187-200, insbesondere S. 191-192

zu geben, da das Land noch von den Rückwirkungen der realwirtschaftlichen Krise in den MOSOEL getroffen werden könnte.[263]

Fast die Hälfte der Auslandsanlagen des österreichischen Bankensektors fiel, laut Sinn, im Jahr 2009 auf die MOSOEL. Dies entsprach rund 70 Prozent des BIPs der Republik. Hätte der Steuerzahler in vollem Umfang für diese Kredite einstehen müssen, hätte das einer Belastung von rund 27 500 Euro für jeden der 8,35 Millionen Einwohner des Landes entsprochen. Österreich war also in einer exponierten Position. Kein anderes Land verfügte relativ gesehen zu seinem BIP über so viele Kreditforderungen gegenüber Schwellenländern. Die Ursache dafür wurde gemeinhin in der österreichischen Geschichte gesehen. Österreich nutzte dementsprechend alte Verbindungen in die Gebiete der ehemaligen österreich-ungarischen Monarchie, um Wirtschaftsbeziehungen mit den MOSOEL einzugehen und baute dort ein Bankensystem westlicher Prägung auf. Österreichs Banken, vor allem die Raiffeisen Zentralbank (RZB), die Erste Bank und die zur UniCredit-Gruppe gehörende Bank Austria erwarben Eigentum an vielen osteuropäischen Banken und bauten ein umfangreiches Filialnetz auf. Die hohen Kreditforderungen in dieser Region waren eigentlich ein Zeichen für die Stärke Österreichs als dominanter Direktinvestor in MOSOE. Doch in Zeiten der Krise kann sich eine vermeintliche Stärke leicht ins Gegenteil verkehren, in diesem Fall beispielsweise sobald die Länder der Region in Zahlungsschwierigkeiten gerieten. Die Ratingagenturen stuften Österreich jedoch, wie beschrieben, nicht herab. Das Land konnte seine hervorragende AAA-Bonitätsbewertung behaupten und dies zu Recht, wie Hans-Werner Sinn meinte. Denn Österreich fiel in der Bloomberg-Liste der Abschreibungen bis 2010 nicht auf. Seine Staatsfinanzen waren 2009 mit einer Schuldenquote von 59,4 Prozent als solide einzustufen. Vor allem ist in diesem Zusammenhang zu bedenken, dass den Kreditforderungen der Töchter österreichischer Banken gegenüber Osteuropa auch ein Einlagengeschäft mit Osteuropäern gegenüberstand, welches sich bis zum Einbruch der Krise hochprofitabel zeigte und es nach Überwindung der Krise wohl auch wieder sein wird. Außerdem waren die österreichischen Mutterbanken durch Haftungsbeschränkungen vor großen Verlusten geschützt, da ihre osteuropäischen Ableger selbstständige Kapitalgesellschaften waren und für sie deshalb im Falle eines Konkurses nicht aufgekommen werden musste. Die

---

263 Hans-Werner Sinn (2009): Kasino-Kapitalismus. Wie es zur Finanzkrise kam und was jetzt zu tun ist. Berlin: Econ, S. 194-195

österreichischen Banken mögen also, laut Sinn, vielleicht politisch in der Haftung gewesen sein, rechtlich waren sie es jedoch nicht.[264]

Die Entwicklung in den MOSOEL wurde Ende 2010 also eher unsicher, aber nicht gänzlich negativ, beurteilt. Die einhellige Meinung war, dass Österreich aufgrund seiner starken Verstrickung mit den Märkten dieser Länder, vor allem im Bankensektor, von etwaigen weiteren Entwicklungen betroffen sein werde, wie dies auch in der Vergangenheit der Fall war. Österreichische Banken müssen also im Falle einer negativen Entwicklung noch nach 2010 mit realen Verlusten aber vor allem auch mit Vertrauens- und Imageverlusten (welche wiederum reale Verluste zur Folge haben können) rechnen. Ebenso besteht immer noch die Möglichkeit, dass Österreich seine Triple-A-Bewertung der amerikanischen Ratingagenturen verliert. Die Entwicklung in MOSOE könnte also jedenfalls, sofern sie negativ ausfällt, die weitere Erholung der österreichischen Wirtschaft von der Krise gefährden. Sie könnte die Wirtschaft nach der Krise wieder in eine Lage zurückwerfen, die eigentlich durch positive Entwicklungen schon zurückgelassen und bewältigt wurde. Laut Prognosen war die Situation in den MOSOEL Ende 2010 zwar nicht als gefährlich einzustufen und das Engagement Österreichs in diesen Ländern wurde schon weniger kritisch betrachtet als zuvor, Entwarnung wurde jedoch, wie gesagt, noch nicht gegeben. Die Wirtschaft schien sich langsam wieder zu erholen, in einigen Wirtschaftsbereichen und Ländern war jedoch eher Stagnation als Aufschwung zu beobachten und es bleibt abzuwarten, ob eventuell noch Rückschläge hingenommen werden müssen.

---

264 Hans-Werner Sinn (2009): Kasino-Kapitalismus. Wie es zur Finanzkrise kam und was jetzt zu tun ist. Berlin: Econ, S. 267-269

Reaktionen der Politik und Maßnahmen zur Gegensteuerung – mit Fokus auf Österreich

Dieses Kapitel beschäftigt sich mit den unmittelbaren Reaktionen der Politik auf die Krise, in erster Linien also den Maßnahmen zur Gegensteuerung. Hierbei wird zwischen der internationalen Ebene, der EU-Ebene und der nationalstaatlichen Ebene unterschieden, der Fokus liegt jedoch auf Österreich. Zudem wird ein Ausblick auf die möglichen Konsequenzen und Lehren, welche aus der Krise gezogen werden könnten und deren möglichen Auswirkungen auf die langfristige Wirtschaftspolitik der nächsten Jahre gegeben.

Bei den Maßnahmen als Reaktion auf die Krise kann zwischen Stabilisierungsmaßnahmen, welche eingesetzt wurden um die aktuelle Krise abzudämpfen und Reregulierungsmaßnahmen, welche zukünftige Krisen verhindern sollten, differenziert werden. Die Maßnahmen in Form von Eigenkapitalzufuhr und die Haftungsübernahmen für die Banken durch den Staat wurden von manchen Ökonomen kritisiert. Diese meinten, dass besagte Maßnahmen aus moralischen Gründen langfristig einen negativen Einfluss auf die Finanzmarktstabilität haben könnten, wenn beispielsweise Aktionäre oder Gläubiger nicht an den Krisenkosten beteiligt werden würden.[265] Die wichtigsten ad-hoc-Maßnahmen als Reaktion auf die Krise kamen von den Einzelstaaten. Weiterführende Maßnahmen zur Verhinderung zukünftiger Krisen sollten jedoch möglichst international koordiniert und allgemeingültig erlassen werden, da das Finanzsystem ein globales ist und auch die Krise eine globale war. Unterschiedliche Regulierungssysteme und Standards könnten zu Löchern in der Regulierung des Weltfinanzsystems führen, welche leicht, beispielsweise in Form von Steueroasen, ausgenutzt werden könnten.

Internationale Ebene

In den von der Finanz- und Wirtschaftskrise betroffenen Ländern wurden anfänglich meist Stabilisierungsmaßnahmen gesetzt um die akute Krise einzudämmen. Die Regierungen der einzelnen Länder stellten dazu in erster Linie Geld zur Verfügung um wichtige Finanzinstitute am Leben zu erhalten. Es wur-

---

265 Beirat für Wirtschafts- und Sozialfragen (2009): Österreich und die internationale Finanzkrise. Nr. 83, S. 11

den Bankenrettungspakete verabschiedet und Bürgschaften übernommen[266], auch in Österreich.

Mögliche international abgestimmte Reaktionen auf die Finanz- und Wirtschaftskrise wurden vor allem im Rahmen der G-20-, G-8- und G-7-Gipfeltreffen diskutiert. Ab 2008 fanden einige Treffen statt, bei denen man sich mit etwaigen Maßnahmen bezüglich der Wirtschafts- und Finanzkrise beschäftigte. Schwerpunkt der Diskussionen war meist die Reform der Finanzmarktregulierung.[267]

Der österreichische Beirat für Wirtschafts- und Sozialfragen schrieb, dass auf internationaler Ebene Maßnahmen erforderlich gewesen wären, welche die Krise verhindert oder abgefangen hätten. Dafür verantwortlich wären die Institutionen UNO (United Nations Organisation), Weltbank, IWF, BIZ, die Notenbanken, die OECD, die EU-Kommission, nationale Regierungen sowie Banken-, Börsen- und Versicherungsaufsichtsbehörden gewesen. Außerdem auch Beratungs- und Prüfstellen, welche die Bilanzen der Finanz- und Industriekonzerne sorgfältig beurteilen hätten müssen. Laut dem Beirat für Wirtschafts- und Sozialfragen unternahm jedoch keine der angesprochenen Institutionen etwas um die Krise aufzuhalten beziehungsweise sie erst gar nicht entstehen zu lassen. Der Beirat bezeichnete die G-20-Gipfeltreffen, von denen man sich konkrete Lösungsvorschläge erwartet hatte, als Beispiele für politische Handlungsunwilligkeit und Entscheidungsunfähigkeit, welche lediglich Absichtserklärungen und keine konkreten Maßnahmen, weder zur Abdämpfung der Krise noch langfristige Reformen betreffend, hervorbrachten. Es wurden keine konkreten Beschlüsse gefasst, das Finanzsystem umzugestalten und damit weitere Krisen zu verhindern. Medial wurden die Gipfel teilweise trotzdem als Erfolg präsentiert. Dabei existierten schon seit Jahren unterschiedliche Vorschläge, wie das Finanz- und Wirtschaftssystem sinnvoll umgestaltet werden könnte. Diese wurden jedoch nie realisiert und oftmals auch nicht ernst genommen.[268] Besagte Vorschläge werden als mögliche zukünftige Konsequenzen der Krise auf die Wirtschaftspolitik

---

266 Marc Beise (2009): Die Ausplünderung der Mittelschicht. Alternativen zur aktuellen Politik. München: Deutsche Verlags-Anstalt, S. 83-84

267 Manfred Holztrattner/Michael Sedmak (2009): Eliten oder Nieten. Die Finanz- und Wirtschaftskrise als Ergebnis politischer und wirtschaftlicher Führungsschwächen. Salzburg: KIESEL-Verlag, S. 51

268 Beirat für Wirtschafts- und Sozialfragen (2009): Österreich und die internationale Finanzkrise. Nr. 83, S. 167-168

im Kapitel „Ausblick: Mögliche Konsequenzen der Krise auf die weitere Wirtschaftspolitik" dargestellt.

Beim ersten G-8-Gipfel nach Eintritt der Krise, im Juli 2008 in Japan, wurden noch keine konkreten Beschlüsse getroffen. Die Regulierung von Hedgefonds war zwar ein Thema, jegliche Beschlüsse in diese Richtung wurden jedoch von der weiteren Entwicklung der Finanzkrise abhängig gemacht.[269]

Die G-7 beschlossen im Rahmen der Jahrestagung von IWF und Weltbank 2008 Maßnahmen, welche die Krise mäßigen und einen Zusammenbruch des weltweiten Finanzsystems verhindern sollten. Die Handlungen sollten koordiniert und wenn nötig auch mit Hilfe von Staatsbeteiligungen an Banken von statten gehen. Die Finanzminister und Notenbankchefs der G7-Länder stellten einen Fünf-Punkte-Aktionsplan zu Stabilisierung der Finanzmärkte und Wiederbelebung des versiegenden Kreditflusses auf. Als besonders wichtig wurde angesehen, systemrelevante Finanzinstitute vor dem Zusammenbruch zu bewahren.[270]

Die G-7 entschieden, dass sie den Banken im Notfall Kapital aus öffentlichen und auch privaten Quellen zur Verfügung stellen würden. Außerdem sollten die nationalen Einlagensicherungen garantiert werden. Um das Vertrauen in die Finanzwirtschaft wiederherzustellen sollte sowohl privates als auch staatliches Kapital in ausreichender Menge zur Verfügung gestellt und Maßnahmen so gewählt, dass die Steuerzahler geschützt und mögliche schädliche Auswirkungen auf andere Länder vermieden werden. Außerdem verpflichteten sich die G-7 zukünftig stärker zusammenzuarbeiten.[271]

Den darauffolgenden G-20-Gipfel im November 2008 in Washington bezeichnete das Magazin „Der Spiegel" als „Gipfel der guten Absichten"[272] und

---

269 Susanne Amann/Friederike Ott: G-8 Bilanz: Gipfel der wolkigen Versprechen. In: Spiegel online, Stand: 8. Juli 2008. URL: http://www.spiegel.de/wirtschaft/0,1518,564601-4,00.html, abgerufen am 10. Jänner 2011

270 Red. Der Stern: Finanzkrise. G7 planen radikale Maßnahmen. In: stern.de, Stand: 11. Oktober 2008. URL: http://www.stern.de/wirtschaft/news/maerkte/finanzkrise-g7-planen-radikale-massnahmen-641993.html, abgerufen am 27. Dezember 2010

271 Red. Der Spiegel: Gipfeltreffen der Finanzminister. G-7-Staaten versprechen radikale Maßnahmen gegen Finanzkrise. In: Spiegel online, Stand: 11. Oktober 2008. URL: http://www.spiegel.de/wirtschaft/0,1518,583500,00.html, abgerufen am 27. Dezember 2010

272 Gregor Peter Schmitz: Gipfel der guten Absichten. In: Spiegel online, Stand: 16. November 2008. URL: http://www.spiegel.de/politik/ausland/0,1518,590690,00.html, abgerufen am 20. Dezember 2010

kritisierte, dass dieser zwar Grundsatzerklärungen, jedoch keine konkreten Beschlüsse hervorbrachte. Es wurde zwar ein Aktionsplan aufgestellt, welcher einige Reformen (wie etwa eine größere Überwachung von Ratingagenturen, eine stärkere Reglementierung von Hedgefonds, mehr Verbraucherschutz durch bessere Information, eine Reform internationaler Finanzorganisationen, klarere Bilanzierungsrichtlinien und strengere Kontrollen der Managergehälter) vorsah, jedoch kündigte man kein globales Konjunkturprogramm an, sondern nur Initiativen der einzelnen Staaten. Der Gipfel diente, laut „Spiegel", nur als Zeichen der Staatsleute, die Ursachen der Krise verstanden zu haben. Man gab bekannt, dass die Risiken der Finanzmärkte falsch eingeschätzt worden waren. Konkrete Resultate in Form von Maßnahmen zur Beseitigung der grundlegenden Probleme und damit Änderungen des Systems gab es nicht.[273]

Die Reparatur der internationalen Finanzmärkte stand bei den G-20-Gipfeln zwar im Vordergrund der Gespräche, alle Absichtserklärungen und Beschlüsse der G-20 mussten in weiterer Folge dann aber erst von den einzelnen Staaten umgesetzt werden und deren Interessen waren sehr heterogen.[274] Dies führte oftmals dazu, dass es bei Absichtserklärungen blieb und Beschlüsse nicht konsequent umgesetzt wurden.

Die Ziele welche beim G-20-Gipfel im April 2009 formuliert wurden, waren die Wiederherstellung von Zuversicht, Wachstum, Arbeitsplätzen, der Kreditvergabe sowie die Verbesserung des Finanzsystems. Eine Maßnahme in diesem Sinn war die Aufwertung des Financial Stability Forums zum Financial Stability Board (FSB). Ziel des FSB sollte eine bessere Abstimmung in Regulierungsfragen sein. Österreich war jedoch nicht Mitglied des FSB.[275]

Peter Bofinger sah diese Maßnahme positiv. Er attestierte, dass die Krise in vielen Ländern eine Bereitschaft zu grundlegenden Verbesserungen der Bankenregulierung schuf und diese vor allem im Rahmen des FSB diskutiert wurden. Positiv am FSB war, laut Bofinger, auch, dass es eine internationale Institution

273 Gregor Peter Schmitz: Gipfel der guten Absichten. In: Spiegel online, Stand: 16. November 2008. URL: http://www.spiegel.de/politik/ausland/0,1518,590690,00.html, abgerufen am 20. Dezember 2010

274 Heide Simonis (2010): Verzockt! Warum die Karten von Markt und Staat neu gemischt werden müssen. Göttingen: Vandenhoeck & Ruprecht, S. 56

275 Beirat für Wirtschafts- und Sozialfragen (2009): Österreich und die internationale Finanzkrise. Nr. 83, S. 51-53

darstellte. Im FSB waren elf Industrieländer und wichtige internationale Institutionen vertreten.[276]

In Fragen makroökonomischer Risiken wurde eine Zusammenarbeit des FSB und des IWF beschlossen. Dem IWF wurde bei der Bekämpfung der Krise auf globaler Ebene eine Schlüsselrolle zugeteilt. Seine Ressourcen für die Kreditvergabe an von der Krise betroffene Länder wurden stark aufgestockt. Beim G-20-Gipfel in Pittsburgh im September 2009 wurde dann die Regulierung der Verbriefungsmärkte, der Ratingagenturen und der Hedgefonds angesprochen, detaillierte Ziele wurden jedoch nicht formuliert. Konkreter wurde es in Fragen einer Reform von Basel II sowie der Vergütungssysteme im Finanzsektor. Weiters wurden Verbesserungen der außerbörslichen (OTC) Derivativmärkte, des Krisenmanagements (also der Zusammenarbeit der Behörden und der Regulierung), die Entwicklung echter globaler Rechnungslegungsstandards und Gegenmaßnahmen gegen nicht-kooperative Steueroasen diskutiert. Darüber hinaus verkündeten die G-20, den globalen Ungleichgewichten in der Weltwirtschaft, welche auch ein Faktor bei der Entstehung der Finanzkrise waren, verstärkt Beachtung widmen und die nationalen Wirtschaftspolitiken mehr koordinieren zu wollen. Außerdem sollten koordinierte Exit-Strategien im Hinblick auf staatliche Unterstützungsmaßnahmen für den Finanzsektor und zur Belebung der Wirtschaft für den Zeitpunkt des Aufschwungs entwickelt werden.[277] Einig waren sich die G-20-Länder vor allem bei der Notwendigkeit einer schärferen Regulierung der Finanzmärkte und es wurden Schritte in Richtung einer neuen und strengeren Finanzaufsicht gesetzt.[278]

Die österreichischen Sozialpartner begrüßten allgemein die Position der EU zu den G-20-Beschlüssen und sprachen sich damit für eine Reform der Finanzmärkte auf internationaler Basis aus. Sie hielten die ergriffenen oder sich in Vorbereitung befindlichen Maßnahmen für einen Schritt in die richtige Richtung, vor allem erachteten sie es als notwendig, die internationale Kooperation zu stärken um negative Ansteckungseffekte zu unterbinden und den Handlungs-

---

276 Peter Bofinger (2009): Ist der Markt noch zu retten? Warum wir jetzt einen starken Staat brauchen. 2. Aufl., Berlin: Econ, S. 52

277 Beirat für Wirtschafts- und Sozialfragen (2009): Österreich und die internationale Finanzkrise. Nr. 83, S. 51-53

278 Red. Der Spiegel: Gipfel in Pittsburgh. Obama kürt G20 zum Retter der Weltwirtschaft. In: Spiegel online, Stand: 25. September 2009. URL: http://www.spiegel.de/wirtschaft/soziales/0,1518,651480,00.html, abgerufen am 5. Jänner 2011

spielraum für regulatorische Arbitrage und finanziellen Protektionismus einzuschränken. 2009 meinten die Sozialpartner, dass es auf keinen Fall eine Rückkehr zum Status quo geben dürfe.[279]

Beim G-7-Gipfel in Kanada im Februar 2010 gab es dann Fortschritte in der Debatte um eine Reform der Finanzmärkte. Außerdem lud der damalige deutsche Finanzminister Wolfgang Schäuble seine Kollegen zu einer Finanzmarktkonferenz im Mai 2010 nach Berlin. Einigkeit herrschte vor allem darin, dass sich der Finanzsektor an den finanziellen Lasten der Krise beteiligen sollte. Die Grundrichtung der Debatte war, dass im Rahmen der G-20 ein globales Regelwerk für Finanzmärkte errichtet werden müsste.[280] Beim Finanzmarktgipfel in Berlin kam es dann aber zu keinen konkreten Ergebnissen. Es herrschte wenig Konsens hinsichtlich der Finanzmarktregulierung. Damit zeichnete sich schon ab, dass auch beim folgenden G-20-Gipfel in Kanada keine globale Bankenabgabe sowie internationale Finanztransaktionsteuer beschlossen werden würde.[281]

Der G-20-Gipfel in Toronto am 26. und 27. Juni 2010 brachte dann wiederum keine grundlegenden Reformen. Es wurde zwar entschieden, die Staatsdefizite bis 2013 zu halbieren, es fehlte jedoch erneut an bindenden Maßnahmen und somit konnte weiterhin jedes Land seinen eigenen Weg gehen. Die Diskussion um eine Reform des Finanzsystems wurde weitgehend übergangen und auf den nächsten Gipfel in Südkorea verschoben. Es wurde, wie vorausgesehen, weder eine weltweite Bankenabgabe, noch eine globale Finanztransaktionssteuer beschlossen. Auch nahm die Einigkeit der Staaten in Bezug auf die Regulierung und den Konjunkturkurs ab. Dies lag vor allem daran, dass die Staaten zunehmend, mit der Bewältigung und Erholung von der Krise, ihre Einzel- wieder über die Gemeinschaftsinteressen stellten.[282] Es kam also wiederum nicht zu in-

---

279   Beirat für Wirtschafts- und Sozialfragen (2009): Österreich und die internationale Finanzkrise. Nr. 83, S. 11-12

280   Red. Handelsblatt: Fortschritte beim G7-Gipfel. In: Handelsblatt, Stand: 6. Februar 2010, URL: http://www.handelsblatt.com/politik/international/kreise-fortschritte-beim-g7-gipfel;2525575, abgerufen am 5. Jänner 2011

281   Andre Stahl: Finanzmarktkonferenz in Berlin. Merkel blitzt bei G20-Kollegen ab. In: stern.de, Stand: 20. Mai 2010. URL: http://www.stern.de/politik/ausland/finanzmarktkonferenz-in-berlin-merkel-blitzt-bei-g20-kollegen-ab-1567986.html, abgerufen am 5. Jänner 2011

282   Gregor Peter Schmitz/Philipp Wittrock: G-20-Treffen in Toronto. Gipfel der halbseidenen Siege. In: Spiegel online, Stand: 26. Juni 2010. URL: http://www.spiegel.de/politik/ausland/0,1518,703195,00.html, abgerufen am 5. Jänner 2011

ternational einheitlichen und bindenden Entscheidungen über Reformen, da sich die Einzelstaaten aufgrund ihrer spezifischen Interessenslagen nicht auf einen gemeinsamen Weg einigten. Grundlegende, international koordinierte Reformen des Finanzsystems, ohne besondere Rücksicht auf Einzelinteressen rückten immer weiter in die Ferne. In Zukunft wäre es jedoch wichtig, dass die G-20 trotzdem an dem Ziel einen gemeinsamen Weg zu gehen, festhielten.

Beim G-20-Gipfel in Seoul am 11. und 12. November 2010 wurden dann, mit den Beschlüssen zu Basel III und einer Reform des IWF, Fortschritte gemacht. Die G-20 standen ab diesem Zeitpunkt aber vor der Aufgabe, ihre Handlungsfähigkeit auch nach der Krise unter Beweis zu stellen und sich bereit und einig zu zeigen international für gerecht verteiltes und nachhaltiges Wachstum zu sorgen.[283] Das stark kritisierte und als krisenfördernd bezeichnete Basel II-System sollte bis 2013 durch ein neues Regelwerk, Basel III, ersetzt werden. Es sollten strengere Aufsichtsregeln eingeführt und das Finanzsystem dadurch krisenfester gemacht werden. Vor allem die Banken sollten, durch höhere Eigenkapitalunterlegung riskanter Positionen (beispielsweise Kredite), tragfähiger gegenüber Verlusten werden.[284] Die OeNB schrieb hierzu, dass die Finanzkrise den Handlungsbedarf an der Weiterentwicklung von Basel II deutlich aufzeigte. Der Prozess der Weiterentwicklung von Basel II zu Basel III wurde vom BCBS und der europäischen Kommission, unter Berücksichtigung der Vorgaben der G-20, geleitet. Kernpunkt der Neuerungen sollte eben sein, die Risikotragfähigkeit der Banken, welche sich in der Höhe und Qualität ihres Eigenkapitals ausdrückt, besser mit den eingegangenen Risiken in Einklang zu bringen. Vor allem das regulatorische Eigenkapital in Form von Kernkapital sollte gestärkt werden. Anrechenbare Kapitalinstrumente sollten nach Basel III einem strengeren Kriterienkatalog genügen und bestimmte kurzfristige Geschäfte entsprechend ihres Risikos schärferen Regeln unterworfen werden. Außerdem sollten Risikovorsorgen verstärkt in wirtschaftlich guten Zeiten aufgebaut werden, um in Krisenzeiten zur Verfügung stehen. Diese Neuerung resultierte vor allem aus der Kritik an

---

283 Philipp Wittrock: Gipfeltreffen in Seoul. G20 ordnen Weltfinanzen ein bisschen neu. In: Spiegel online, Stand: 12. November 2010. URL: http://www.spiegel.de/politik/ausland/0,1518,728702,00.html, abgerufen am 5. Jänner 201

284 Markus Frühauf: Basel III. Bankenaufseher verschärfen die Regeln. In: faz.net, Stand: 13. September 2010. URL: http://www.faz.net/s/Rub0E9EEF84AC1E4A389A8DC6C23161FE44/Doc~EE325814 CA6704841A8410A5C00C5D4C7~ATpl~Ecommon~Scontent.html, abgerufen am 27. Dezember 2010

der prozyklischen Wirkung von Basel II. Ziel der Banken sollte es sein, ausreichende Liquiditätspuffer bereitzustellen, um auch in Krisenzeiten eine längerfristige Refinanzierungsstruktur gewährleisten zu können. Dies sollte die Vertrauensbasis mit Kunden und Geschäftspartnern auf den Finanzmärkten stärken. Außerdem sollten die Rechenschaftspflichten der Banken erweitert und damit für mehr Transparenz gesorgt werden.[285]

Die geplanten Neuerungen von Basel III wurden jedoch nicht gänzlich positiv aufgenommen, beispielsweise wurde kritisiert, dass das Ziel einer Minderung systemischer Risiken durch verschärfte Kapitalanforderungen nur teilweise erreicht werden könnte. Außerdem war unsicher, ob alle Länder (insbesondere die USA) die neuen Regeln gleichzeitig umsetzen würden. Bei Basel II war es nämlich so, dass das Regelwerk zwar auf Initiative der USA hin entstanden war, das Land jedoch davon wieder abrückte, als es in Europa eingeführt wurde. Solch eine Situation könnte sich im Falle von Basel III erneut zutragen.[286]

Die angesprochene Reform des IWF bestand vorrangig in einer Verlagerung des Machtgewichtes zugunsten aufstrebender Schwellenländer. Vor allem China wurde eine größere Rolle zugeteilt, es löste Deutschland als Nummer drei der Anteilseigner des IWF (insgesamt 187 Mitglieder) ab. Außerdem erhielt der IWF mehr Finanzmittel sowie Befugnisse bei der Überwachung der Wirtschaftspolitik.[287]

Zusammenfassend kann gesagt werden, dass alle G-20-Gipfel nach Ausbruch der Krise weniger durch konkrete Handlungen und mehr durch Absichtserklärungen gekennzeichnet waren. Es wurden zwar Maßnahmen zur Eindämmung und raschen Bewältigung der Krise gesetzt, große Reformen fehlten aber und es konnte auch nicht immer Einigkeit zwischen den Staaten erreicht werden. Die konkrete Maßnahmensetzung lag nämlich letztlich meist auf einzelstaatli-

---

285   OeNB: Basel II. Schwerpunkt für kleinere und mittlere Unternehmen. URL: http://www.oenb.at/de/finanzm_stab/baseliii/der_weg_zu_basel_iii.jsp, abgerufen am 27 Dezember 2010

286   Markus Frühauf: Basel III. Bankenaufseher verschärfen die Regeln. In: faz.net, Stand: 13. September 2010. URL: http://www.faz.net/s/Rub0E9EEF84AC1E4A389A8DC6C23161FE44/Doc~EE325814CA6704841A8410A5C00C5D4C7~ATpl~Ecommon~Scontent.html, abgerufen am 27. Dezember 2010

287   Red. WirtschaftsBlatt/APA/dpa: IWF-Reform abgesegnet. In: WirtschaftsBlatt, Stand: 6. November 2010. URL: http://www.wirtschaftsblatt.at/home/international/wirtschaftspolitik/iwf-reform-abgesegnet-445571/index.do, abgerufen am 12. Jänner 2011

cher Ebene und die Staaten berücksichtigten dabei in erster Linie ihre eigenen Interessen. In der akuten Krise herrschte, rückblickend betrachtet, allgemein mehr Konsens zwischen den verschiedenen Staaten und diese stellten ihre Interessen mehr zurück. Es wurden zumindest Absichtserklärungen hinsichtlich Änderungen des Systems abgegeben. Mit dem Abflachen der Krise jedoch wurde der Reformwille, den man zuvor zumindest noch bekundet hatte, immer geringer. Konkrete Maßnahmen auf dem Weg zu einer Reform der Finanzmärkte wurden nur spärlich gesetzt. Man erkannte zwar die Krise und die Fehler, welche in der Vergangenheit in diesem Zusammenhang gemacht wurden, zu einer umfassenden Änderung des gesamten fehlerhaften Systems und einer Beseitigung der Gründe für fehlerhafte Entwicklungen kam es jedoch nicht. Die Gespräche auf internationaler Ebene kamen über Absichtserklärungen nur geringfügig hinaus.

Holztrattner und Sedmak beschrieben die verschiedenen Wirtschaftsgipfel auf internationaler Ebene, als Treffen der obersten Staatschefs, bei denen diese darüber nachdachten, „wie sie möglichst ungeschoren davonkommen und zu Lasten derer, die sie vorher geschädigt haben, die notwendigen Kapitalspritzen für das Überleben (und Weitermachen) aufbringen können"[288]. Die Autoren meinten, dass die Staatschefs zwar die Notbremse zogen, ohne jedoch vom Gas zu steigen. Sie kritisierten auch das liberalistisch-monetaristische Wirtschaftssystem. Laut ihnen hätte es anstatt kosmetischer Reparaturen einer tiefgreifenden Reform des Wirtschaftssystems bedurft. Außerdem hätten Lehren aus den begangenen Fehlern gezogen werden sollen. Alle großen Wirtschaftsblöcke hätten bei der Bewältigung der Situation ohne Vorbehalte zusammenarbeiten müssen. Bereits 2009 sagten die Autoren voraus, dass sich die Situation nicht grundlegend ändern werde.[289]

Insgesamt wurde also von vielen Experten die fehlende Bereitschaft zu grundlegenden Änderungen des Wirtschafts- und Finanzsystems auf internationaler Ebene kritisiert. Oftmals wurden die fehlende beziehungsweise zu geringe internationale Zusammenarbeit sowie Koordinierung der einzelnen Volkswirtschaften und daraus resultierende Probleme als kontraproduktiv hervorgehoben.

---

288 Manfred Holztrattner/Michael Sedmak (2009): Eliten oder Nieten. Die Finanz- und Wirtschaftskrise als Ergebnis politischer und wirtschaftlicher Führungsschwächen. Salzburg: KIESEL-Verlag, S. 155
289 Manfred Holztrattner/Michael Sedmak (2009): Eliten oder Nieten. Die Finanz- und Wirtschaftskrise als Ergebnis politischer und wirtschaftlicher Führungsschwächen. Salzburg: KIESEL-Verlag, S. 156-165

Es kann behauptet werden, dass auf internationaler Ebene einige Maßnahmen und Weichenstellungen zur Gegensteuerung der Krise verabschiedet wurden, es jedoch zu keinen größeren Reformen im Sinne einer gemeinsamen Neugestaltung des Finanzsystems oder Planung einer solchen kam. Viele Stimmen,
die Vorschläge zu einer Umorganisation des Systems einbrachten, wurden über-
hört. Die Wirtschaft sollte sich zwar wieder erholen und dazu wurden auch
Maßnahmen gesetzt, an der Basis sollte sich jedoch nichts ändern. Es entstand
der Anschein, dass Änderungen langfristig nicht erwünscht wären. Mehr wurde
darauf geachtet, dass nach der Krise ähnlich wie zuvor weitergemacht werden
konnte.

EU-Ebene

Das folgende Unterkapitel beschäftigt sich mit Reaktionen auf die Krise und
Maßnahmen zur Gegensteuerung auf EU-Ebene.

Nach dem Konkurs von Lehman Brothers wurde, wie schon besprochen,
allgemein klar, dass sich die Krise weltweit ausbreiten würde. Die unmittelbare
Folge war eben eine Vertrauenskrise zwischen den Banken und gegenüber den
Banken. Die Zentralbanken sprangen daraufhin sofort als Ersatz für den Interbankenmarkt ein und die öffentliche Hand übernahm die Haftung, wodurch
schlimmere Auswirkungen der Krise verhindert werden konnten. Trotzdem war
bald ersichtlich, dass der Abschreibungsbedarf der gesamten Branche und die
Verluste einzelner Institute zu so massiven Kapitalverlusten führten, dass es ohne die Zuführung zusätzlicher Eigenmittel zu Insolvenzen gekommen wäre.
Darum beschloss der Rat der Wirtschafts- und Finanzminister (ECOFIN) vom 7.
Oktober 2008 einige grundlegende Eckpunkte und Grundsätze. Darunter fielen
unter anderem die Prinzipien systemisch relevante Finanzinstitute zu unterstützen sowie die Stabilität der Märkte und die Spareinlagen zu sichern. Alle diesbezüglichen Maßnahmen der Mitgliedsstaaten sollten zeitliche befristete Inter-
ventionen sein, die Interessen der Steuerzahler wahren und die Aktionäre in die
Verantwortung miteinbeziehen. Weiters wurde beschlossen, dass es die Möglichkeit der Herbeiführung von Managementwechseln durch die Regierungen
geben sollte. Ungerechtfertigte Vorteile für das Management sollten vermieden
werden und die Regierungen sollten in Gehaltsfragen intervenieren können.
Wettbewerbsinteressen sollten geschützt und Ansteckungseffekte abgewandt
werden. Am 12. Dezember 2008 einigten sich die Finanzminister der Eurozone
im Rahmen eines Sondergipfels dann auf gemeinsame Regeln für nationale Ret-

tungspläne zugunsten des Finanzsektors. Damit sollten unabgesprochene Einzelgänge der Nationalstaaten verhindert und die Rettungspläne untereinander koordiniert werden. Die obersten gemeinsamen Ziele sollten die Einlagensicherung und das Bewahren systemrelevanter Banken vor dem Zusammenbruch sein.[290] Ebenfalls im Dezember 2008 wurde von der EU ein Konjunkturpaket im Umfang von 200 Milliarden Euro beziehungsweise 1,5 Prozent des BIP der EU 27 verabschiedet, wovon 170 Milliarden Euro von den Einzelstaaten und 30 Milliarden auf EU-Ebene finanziert werden sollten.[291] Das Konjunkturprogramm sollte durch befristete Steueranreize sowohl die Nachfrage ankurbeln als auch das Vertrauen in die europäische Wirtschaft wiederherstellen. Das übergeordnete Ziel des Programmes war die Überwindung der Wirtschaftskrise. Dazu wurden im Konjunkturpaket zwei Komponenten beachtet, nämlich einerseits kurzfristige Maßnahmen zur Ankurbelung der Nachfrage, Arbeitsplatzsicherung und Wiederherstellung des Vertrauens in die Wirtschaft, andererseits langfristige Investitionsmaßnahmen, zur Sicherung von Wachstum und Wohlstand.[292]

Die EU rief, ebenfalls 2008, als Reaktion auf die Finanzkrise, eine Expertengruppe zusammen, die sich damit auseinandersetzte, welche Maßnahmen gegen diese Krise getroffen werden sollten. Hier ging es weniger um sofortige Stabilisierungsmaßnahmen als eher um eine langfristige Änderung des Weges der EU in Regulierungs- und Aufsichtsfragen, um künftig Fehlentwicklungen und Krisen zu vermeiden. Der gemeinsame Finanzmarkt sollte besser kontrolliert und koordiniert werden. Besagte Expertengruppe erstellte den sogenannten „de Larosière-Bericht", welcher einen Weg zu einer künftigen europäischen Aufsichtsstruktur und Regulierung aufzeigte. Der Bericht wurde am 25. Februar 2009 veröffentlicht.[293] Er beinhaltete konkrete Vorschläge für eine Neugestal-

---

290 Beirat für Wirtschafts- und Sozialfragen (2009): Österreich und die internationale Finanzkrise. Nr. 83, S. 33-34

291 Rene Alfons Haiden (2009): Maßnahmen zur Bewältigung der Finanzkrise in Österreich. Eine aktuelle Analyse der heimischen Wirtschaft. In: Erwin J. Frasl/Rene Alfons Haiden/Josef Taus (Hrsg.): Österreichs Kreditwirtschaft in der Weltfinanzkrise. Fakten, Analysen, Perspektiven und Chancen. Wien/Graz: Neuer Wissenschaftlicher Verlag, S. 73-101, insbesondere S. 74

292 Presseaussendung der Europäischen Kommission: EU-Konjunkturpaket von 200 Milliarden Euro. In: ec.europa.eu, Stand: 26. November 2008. URL: http://ec.europa.eu/deutschland/press/pr_releases/8162_de.htm, abgerufen am 29. Dezember 2010

293 de Larosière-Gruppe (2009): Bericht über die Finanzaufsicht in der EU (de Larosière-Bericht). In: EUFIS.de, Stand: 25. Februar 2009. URL:

tung der Finanzaufsicht und riet an, ein europäisches System der Finanzaufsicht aufzubauen, in dem nationale und europäische Behörden zusammenwirkten. Der Bericht stellte heraus, dass der Blick auf systemische Risiken in der Vergangenheit oft vernachlässigt wurde und regte deswegen die Schaffung eines „European Systemic Risk Boards" an. Auch fanden sich darin viele Empfehlungen betreffend inhaltlicher Regulierungsfragen. Die Vorschläge bezogen sich vor allem auf die Eigenkapitalregelungen und eine Reform von Basel II. Außerdem wurde betont, dass die Qualifikation des Managements, die Schaffung einer einheitlichen Definition der als Eigenkapital ausgelegten Passiva sowie Reformen der Rechnungslegung besonders wichtig wären. Die europäische Kommission und der ECOFIN vom 9. Juni 2009 griffen die Vorschläge zu einer Neuorganisation der Finanzaufsicht in der EU auf und die Kommission verabschiedete am 23. September 2009 entsprechende Richtlinienvorschläge. Im Rahmen des europäischen Rates vom 19. und 20. Juni 2009 wurde eine politische Einigung über die künftige Struktur der Finanzmarktaufsicht in der EU erzielt. Die Schaffung eines europäischen Ausschusses für Systemrisiken („European Systemic Risk Board", ESRB) und neuer europäischer Aufsichtsbehörden wurde beschlossen.[294]

Die Reformpläne der EU betrafen also vor allem die Aufsichtsstrukturen. Wichtigster Punkt dabei war eben die bislang vernachlässigte makroprudentielle Aufsicht, wozu das ESRB eingerichtet wurde. Dieses sollte systemische und makroökonomische Risiken für das Finanzsystem beobachten und dazu Empfehlungen abgeben. Weiters sollten die nationalen Aufsichtsbehörden besser zusammenarbeiten, wozu man die Einrichtung von drei europäischen Aufsichtsbehörden, jeweils für Banken, Versicherungen und Wertpapierfirmen, in einem „Europäischen System der Finanzaufsicht" vorsah. Der Beirat für Wirtschafts- und Sozialfragen bezeichnete eine auf EU-Ebene abgestimmte Aufsichtsstruktur als sehr wichtig, da sich die Tätigkeiten transnationaler Institute auch in deren Beaufsichtigung widerspiegeln sollten. Der Beirat merkte jedoch an, dass die Frage der Lastenteilung und Koordinierung zwischen den Staaten im Falle eines nötig werdenden Auffangens grenzüberschreitend tätiger Institute offen blieb,

---

http://ec.europa.eu/internal_market/finances/docs/de_larosiere_report_de.pdf, abgerufen am 27. Dezember 2010

294 Beirat für Wirtschafts- und Sozialfragen (2009): Österreich und die internationale Finanzkrise. Nr. 83, S. 53-55

und dass diese Frage außerdem nicht nur auf EU-Ebene, sondern auch auf Ebene des BCBS bearbeitet werden sollte.[295]

Weitere Regulierungsbestrebungen auf EU-Ebene betrafen die Ratingagenturen, welche einer Registrierungspflicht sowie Aufsicht unterworfen werden sollten.[296] Am 7. Dezember 2010 trat ein neuer EU-Regulierungsrahmen für Ratingagenturen in Kraft. Den Agenturen wurden damit neue Verhaltensregeln auferlegt, um potenzielle Interessenkonflikte zu minimieren, qualitativ bessere Ratings zu gewährleisten und mehr Transparenz für die Ratings sowie den Ratingprozess sicherzustellen. Weitere Maßnahmen der Kommission bezüglich der Ratingagenturen, auch im Zusammenhang mit der sogenannten „Eurokrise", könnten noch folgen.[297]

Im Zusammenhang mit der Regulierung der Ratingagenturen sollte auch das Komitee der europäischen Wertpapieraufseher (Committee of European Securities Regulators, CESR) gestärkt werden. Es sollte die Registrierung der Ratingagenturen in der EU vornehmen und deren Daten veröffentlichen.[298] Die Beaufsichtigung der Ratingagenturen in der EU ab 2011 sollte die neue europäische Wertpapieraufsicht ESMA (European Supervisory Authorities) übernehmen.[299]

Auch bezüglich Hedgefonds und Private Equity Fonds gab es Vorschläge für eine Regulierung auf europäischer Ebene, vor allem um die Transparenz und damit die Stabilität des Finanzsystems zu erhöhen. Die Kommission schlug am 29. April 2009 eine Richtlinie betreffend „Alternative Investment Funds Managers" (AIFM) vor, welche einen umfassenden regulatorischen Rahmen herstellen und damit eine effektive Aufsicht auf europäischer Ebene sicherstellen soll-

---

295 Beirat für Wirtschafts- und Sozialfragen (2009): Österreich und die internationale Finanzkrise. Nr. 83, S. 12

296 Beirat für Wirtschafts- und Sozialfragen (2009): Österreich und die internationale Finanzkrise. Nr. 83, S. 55

297 Presseaussendung der Europäischen Kommission: Finanzdienstleistungen: Europäische Kommission leitet Konsultation zum weiteren Vorgehen bei Ratingagenturen ein. In: ec.europa.eu, Stand: 5. November 2010. URL: http://europa.eu/rapid/pressReleasesAction.do?reference=IP/10/1471&format=HTML& aged=0&language=DE&guiLanguage=en, abgerufen am 27. Dezember 2010

298 Beirat für Wirtschafts- und Sozialfragen (2009): Österreich und die internationale Finanzkrise. Nr. 83, S. 55

299 Red. Der Standard/Reuters: EU-Börsenaufsicht. ESMA überwacht ab 2011 Ratingagenturen. In: derStandard.at, Stand: 2. Dezember 2010. URL: http://derstandard.at/1289609364396/EU-Boersenaufsicht-ESMA-ueberwacht-ab-2011-Ratingagenturen, abgerufen am 27. Dezember 2010

te. Der Vorschlag der Kommission war lange Zeit umstritten.[300] Im November 2010 machte das EU-Parlament schließlich den Weg für ein Inkrafttreten des Richtlinienvorschlages im Jahr 2011 frei. Hedgefonds und die oft als „Heuschrecken" bezeichneten Private-Equity-Fonds sollten damit einer EU-weit einheitlichen Regelung unterworfen werden. Kernelement hierbei sollte der „Europäische Pass" sein. Dieser sollte es Fondsanbietern aus der EU sowie später auch aus Drittstaaten ermöglichen, nach der Zulassung in einem EU-Land, ihr Produkt auch in allen anderen Mitgliedsländern anzubieten. Private-Equity-Fonds sollte das Ausnützen von Unternehmen, durch die Verpflichtung das Geld zwei Jahre lang in den übernommenen Unternehmen zu belassen, erschwert werden. Die Zustimmung des europäischen Parlaments zu dieser Richtlinie erfolgte mit großer Mehrheit. Die Grünen stimmten als Einzige dagegen, da sie diese Regulierung für zu wenig weitgehend hielten. Die neuen Regeln werden in vollem Umfang erst in einigen Jahren wirksam, denn nach dem Inkrafttreten der Richtlinie mit Jahresbeginn 2011 bleibt den nationalen Parlamente bis 2013 Zeit für deren Umsetzung. Nach weiteren zwei Jahren und nachdem die künftige europäische Wertpapieraufsichtsbehörde ESMA einen Bericht über die Umsetzung der Richtlinie vorgelegt hat, kann der Pass auch auf Nicht-EU-Fonds ausgeweitet werden. Nach weiteren drei Jahren, muss die ESMA wiederum einen Bericht vorlegen, woraufhin dann die EU-Kommission fixieren kann, wann die nationalen Regulierungen beendet werden müssen.[301]

Wie den europäischen Grünen gingen auch dem Beirat für gesellschafts-, wirtschafts- und umweltpolitische Alternativen (BEIGEWUM) sowie Attac die Maßnahmen der EU bezüglich Hedgefonds und Private Equity Fonds zu wenig weit. Grund dafür war, dass die AIFM-Richtlinie eine Registrierungspflicht der Fondsmanager nur dann vorsieht, wenn deren Fonds ein bestimmtes Volumen überschreiten. Auch enthält die Richtlinie, laut BEIGEWUM und Attac, zu schwache Transparenzbestimmungen gegenüber Investoren und Aufsichtsbehörden. Damit ergeben sich kaum Einschränkungen oder Verhaltensvorschriften

---

300 Beirat für Wirtschafts- und Sozialfragen (2009): Österreich und die internationale Finanzkrise. Nr. 83, S. 55-57

301 Red. Der Standard/APA: Hedgefonds. EU-Parlament macht Weg für Regulierung frei. In: derStandard.at, Stand: 11. November 2010. URL: http://derstandard.at/1288660114899/Hedgefonds-EU-Parlament-macht-Weg-fuer-Regulierung-frei, abgerufen am 27. Dezember 2010

für diese hochriskanten Fonds und sie könnten weiterhin in hohem Maße unreguliert, unkontrolliert und intransparent arbeiten.[302]

Was die Derivativmärkte betrifft, erkannte die EU deren Rolle in der Finanzkrise und behandelte diese sowie die Vor- und Nachteile dieser Märkte und wie Risiken reduziert werden könnten in einer Mitteilung. Weiters beschäftigte sich die EU mit außerbörslichen Geschäften. Die Kommission schlug verschiedene Instrumente vor, um zu gewährleisten, dass diese Geschäfte die Finanzmarktstabilität nicht gefährden. Unter anderem wurde hier angeregt, eine Standardisierung, durch die Anwendung standardisierter Verträge, vorzunehmen sowie elektronische Auftragsbestätigung, zentrale Datenspeicherung und automatische Zahlung einzuführen. Außerdem sollten zentrale Clearingstellen für Kreditderivate geschaffen werden. Die Banken betreffend verabschiedete das EU-Parlament im Mai 2009 eine überarbeitete Version der Eigenkapitalrichtlinie, welche drei große Themenbereiche, nämlich die Mindesteigenkapitalanforderungen sowie die Offenlegungspflichten der Banken und die Bankenaufsicht, umfasste. In diesen Bereichen sollten wesentliche Neuerungen eingeführt werden. In der Frage der Finanzmarktaufsicht wurde beschlossen, dass Aufsichtskollegien die Zusammenarbeit zwischen den nationalen Aufsichtsbehörden im Umgang mit grenzüberschreitenden Finanzinstituten erleichtern sollten. Gleichzeitig wurde festgelegt, dass die Kommission bis Ende 2009 einen Vorschlag für ein integriertes europäisches Aufsichtssystem vorlegen sollte.[303]

Dieses neue europäische Aufsichtssystem wurde mit 1. Jänner 2011 eingeführt und umfasst einige neue Behörden. Dazu gehören unter anderem die neue europäische Bankenaufsichtsbehörde (European Banking Authoritiy, EBA), die Europäische Aufsichtsbehörde für das Versicherungswesen und die betriebliche Altersversorgung (European Insurance and Occupational Pensions Authority, EIOPA) und die ESMA. Weiters sollte ein Systems von europäischen Finanzaufsehern (ESFS), zusammengesetzt aus nationalen Finanzaufsichtsbehörden, eingerichtet werden. Diese sollten mit der neuen Europäischen Finanzaufsichtsbehörde ESMA kooperieren. Außerdem sollte, wie erwähnt, ein Ausschuss für Systemrisiken, der ESRB, geschaffen werden. Das europäische Parlament bestätigte Ende September 2010 die entsprechenden Verordnungen und damit das

---

302 Beirat für gesellschafts-, wirtschafts- und umweltpolitische Alternativen (BEIGE-WUM)/Attac (2010): Mythen der Krise. Einsprüche gegen falsche Lehren aus dem großen Crash. Hamburg: VSA: Verlag, S. 90

303 Beirat für Wirtschafts- und Sozialfragen (2009): Österreich und die internationale Finanzkrise. Nr. 83, S. 58-60

neue Aufsichtssystem.[304] In stabilen Zeiten wird die Kontrolle der Banken und Finanzmärkte jedoch auch zukünftig von den nationalen Behörden durchgeführt. Trotzdem wurden die neuen europäischen Regulierungsbehörden mit weitreichenden Kompetenzen ausgestattet. Sie sollten die nationalen Behörden bei der Definition technischer Standards unterstützen und notwendige Reformen auf europäischer Ebene vorschlagen. In Spezialfällen sollte die neue Finanzaufsicht auch direkte und bindende Durchgriffsrechte haben, beispielsweise bei Konflikten zwischen nationalen Behörden, bei Verletzung von EU-Recht und in akuten Notlagen (diese sollte der Finanzministerrat im Einzelfall beschließen).[305] In Bezug auf die Verbriefung von Krediten beschloss die EU, dass Kreditforderungen nur dann weitergegeben werden dürften, wenn der Verkäufer davon bereits mindestens fünf Prozent in seinen Büchern hielt. Jeder Mitgliedsstaat konnte hier dann selbst einen höheren Mindestbetrag einsetzen. Zu den CDS, den meistgehandelten Derivaten und allen anderen OTC-Produkten wurden ebenfalls Maßnahmen betreffend der Rechnungslegungsvorschriften und der Transparenz am OTC-Markt verabschiedet. Dazu gehört die Einrichtung einer zentralen Gegenpartei (Central Counterparty, CCP) oder eines Clearinghauses, um die Risiken dieser Instrumente zu vermindern.[306] Ein Verordnungsentwurf der Kommission vom 15. September 2010 sah vor, dass OTC-Derivate an das Transaktionsregister zu melden und den Aufsichtsbehörden zugänglich zu machen sind. Außerdem sollten Marktteilnehmer mehr Informationen erhalten.[307]

---

304 Hiltrud Thelen-Pischke: Abschied vom CEBS - Die Europäische Bankaufsichtsbehörde (EBA) nimmt ihren Dienst auf. In: PwC Blogs, Stand: 15. Dezember 2010. URL: http://fs-blog.pwc.de/regulatory/2010/12/abschied-vom-cebs-die-europ%C3%A4ische-bankaufsichtsbeh%C3%B6rde-eba-nimmt-ihren-dienst-auf.html, abgerufen am 27. Dezember 2010

305 Presseaussendung der Delegation der Europäischen Union für die Schweiz und das Fürstentum Liechtenstein: Europäische Finanzaufsicht mit starken Kompetenzen. In: ec.europa.eu, Stand: 22. September 2010. URL: http://ec.europa.eu/delegations/switzerland/press_corner/focus/focus_items/20100922_d e.htm, abgerufen am 12. Jänner 2011

306 Beirat für Wirtschafts- und Sozialfragen (2009): Österreich und die internationale Finanzkrise. Nr. 83, S. 60

307 Presseaussendung der Delegation der Europäischen Union für die Schweiz und das Fürstentum Liechtenstein: Europäische Finanzaufsicht mit starken Kompetenzen. In: ec.europa.eu, Stand: 22. September 2010. URL: http://ec.europa.eu/delegations/switzerland/press_corner/focus/focus_items/20100922_d e.htm, abgerufen am 12. Jänner 2011

Bezüglich der Managergehälter in börsennotierten Unternehmen und Unternehmen des Finanzdienstleistungssektors gab die EU lediglich unverbindliche Empfehlungen und Vorschläge ab. Sie beschäftigte sich außerdem mit den vielseitig kritisierten internationalen Rechnungslegungsstandards und der Bewertung zu aktuellen Marktwerten (mark to market- oder Fair-Value-Prinzip), welche im Rahmen des Basel II-Regelwerkes eingeführt wurden. Auch die EU erkannte also an, dass diese Standards prozyklisch wirkten. Ein oft auch auf EU-Ebene kontrovers diskutiertes Thema stellte eine mögliche europäische Finanztransaktionssteuer dar, wobei es hier vor allem darum ging Spekulation einzudämmen, da diese die Bildung von Blasen und überhitzten Märkten förderte. Eine Finanztransaktionssteuer könnte einerseits Lenkungseffekte erzielen, also kurzfristige Handelsaktivitäten dämpfen und andererseits als zusätzliche Einnahmequelle für die öffentlichen Haushalte dienen. Eine internationale Koordinierung wäre jedoch im Falle der Einführung einer solchen Steuer besonders wichtig. Die EU überarbeitete als Reaktion auf die Krise außerdem einige ihrer Richtlinien betreffend Konsumenten- und Anlegerschutz.[308]

Auch zum Leerverkauf von Wertpapieren legte die Kommission einen Verordnungsentwurf vor. Ziel war die Erhöhung der Transparenz und Verringerung der Risiken. Die Regulierungsbehörden sollten die Möglichkeit erhalten, Leerverkäufe in bestimmten Situationen einzuschränken und auch zu verbieten.[309]

Die EU verabschiedete also sowohl Stabilisierungs- als auch Reregulierungsmaßnahmen. Es wurden dementsprechend sowohl Maßnahmen zur Bekämpfung der Auswirkungen als auch der Ursachen der Krise gesetzt. Die Beseitigung von Fehlern und grundsätzlichen Mängeln im System spielte auf EU-Ebene grundsätzliche eine Rolle und es wurden Neuerungen eingeführt. Die Reregulierungsmaßnahmen betrafen dabei vor allem das Aufsichtssystem der EU, welches auch besser koordiniert werden sollte. Trotzdem kann man auch auf EU-Ebene keine grundlegenden und umfassenden Reformen beziehungsweise eine Neuausrichtung des Wirtschaftssystems ausmachen.

---

308 Beirat für Wirtschafts- und Sozialfragen (2009): Österreich und die internationale Finanzkrise. Nr. 83, S. 61-64

309 Presseaussendung der Delegation der Europäischen Union für die Schweiz und das Fürstentum Liechtenstein: Europäische Finanzaufsicht mit starken Kompetenzen. In: ec.europa.eu, Stand: 22. September 2010. URL: http://ec.europa.eu/delegations/switzerland/press_corner/focus/focus_items/20100922_d e.htm, abgerufen am 12. Jänner 2011

Neben Stabilisierungs- und Reregulierungsmaßnahmen wurden auch noch Konjunkturbelebungsmaßnahmen gesetzt. Auf dem EU-Frühjahrsgipfel 2009 wurden weitere Förderungen für infrastrukturelle Investitionen, insbesondere die ländliche Entwicklung und den Ausbau von Breitbandnetzen, beschlossen.[310]

In der sogenannten „Eurokrise" stellte die EU (vor allem die Eurozone) dann umfangreiche Gelder bereit, um Staatsbankrotte und einen Zusammenbruch der Euroregion zu verhindern.

Da sich alle Eurostaaten regelmäßig Geld am Kapitalmarkt leihen müssen um ihre Schulden zu bezahlen und dies für die hoch verschuldeten Staaten zunehmend schwieriger wurde, weil ihnen niemand mehr (oder nur mit sehr hohen Zinsen) Kredite gewähren wollte, wurde der Euro-Rettungsschirm eingerichtet. Er sollte dafür sorgen, dass solche Staaten zu günstigeren Bedingungen Kredite bekamen. In der Eurozone herrschte weitgehend Konsens, dass man sich die Zahlungsunfähigkeit eines Mitgliedes nicht leisten könnte und dies auch den Euro insgesamt bedrohen würde. Die daraufhin eingerichteten Rettungsmechanismen gestalteten sich relativ komplex, da EU-Länder nicht komplett für Schulden anderer Staaten haften dürfen. Insgesamt hatte der Euro-Rettungsschirm ein Volumen von 750 Milliarden Euro, 60 Milliarden davon entfielen auf den Europäischen Finanzstabilisierungsmechanismus (EFSM) der EU-Kommission. Dieser wurde im Mai 2010 eingerichtet um schwachen EU-Ländern Darlehen oder Kredite zu gewähren. Da dieses Geld aber im Ernstfall nicht ausgereicht hätte, gründete die Euro-Gruppe im Juni 2010 die Zweckgesellschaft EFSF (Europäische Finanzstabilisierungsfazilität) mit einem Volumen von 440 Milliarden Euro. Für die 60 Milliarden Euro der EU-Kommission bürgte die EU insgesamt, hinter den 440 Milliarden der Zweckgesellschaft standen die 16 Euroländer und zwar jeweils mit demselben Anteil, den sie an der Europäischen Zentralbank hielten. Daran gekoppelt waren weitere 250 Milliarden Euro, bereitgestellt vom IWF. Griechenland war jedoch von diesem allgemeinen Rettungsschirm ausgenommen, da für das Land ein eigenes Programm, dass sich zusammen mit den Hilfen des IWF, (wie im Kapitel „Eurokrise" erwähnt) auf ein Volumen von 110 Milliarden Euro belief, eingerichtet wurde. Jedes andere Euroland, das in finanzielle Schwierigkeiten geriet, konnte offiziell Hilfe aus

---

310   Rene Alfons Haiden (2009): Maßnahmen zur Bewältigung der Finanzkrise in Österreich. Eine aktuelle Analyse der heimischen Wirtschaft. In: Erwin J. Frasl/Rene Alfons Haiden/Josef Taus (Hrsg.): Österreichs Kreditwirtschaft in der Weltfinanzkrise. Fakten, Analysen, Perspektiven und Chancen. Wien/Graz: Neuer Wissenschaftlicher Verlag, S. 73-101, insbesondere S. 74

dem Rettungstopf beantragen. Gemäß dem EFSF-Vertrag mussten die Euro-Finanzminister einstimmig entscheiden, ob das Darlehen gewährt werden würde, in welcher Höhe, für welche Laufzeit und mit welchen Rückzahlungsmodalitäten. Zusätzlich musste sich das Land einem Plan mit wirtschaftspolitischen Auflagen zur Einleitung eines Konsolidierungskurses unterwerfen. Um diesem Plan aufstellen zu können wurden von der Europäischen Kommission, der EZB und dem IWF Experten in das betroffene Land entsandt und die Kommission handelte dann das jeweilige Länder-Programm aus. Die Frist zur Beantragung von Hilfsgeldern aus dem EFSF-Programm läuft bis 30. Juni 2013. Danach wird die Zweckgesellschaft geschlossen, bestehende Programme laufen jedoch weiter. Statt der EFSF soll dann ein dauerhafter Hilfsmechanismus eingerichtet werden.[311]

Manfred Holztrattner und Michael Sedmak kritisierten die Wirtschaftspolitik der EU vor Ausbruch der Krise und empfahlen langfristig einen eigenständig Weg zu gehen und sich von den USA unabhängig zu machen. So sahen sie zukünftig mehr Erfolg als im Falle der „bisherigen vorbehaltlosen Gefolgschaft für den monetären Irrweg".[312]

Nationalstaatliche Ebene – Österreich

Auch in Österreich setzte der Staat Maßnahmen zur Stabilisierung und Bewältigung der Situation nach Einbruch der Finanzkrise. Diese beschränkten sich anfänglich auf die Finanzwirtschaft, da die Krise hier ihren Ursprung hatte und nicht sofort auf die Realwirtschaft überschlug. Im Gleichklang mit internationalen Bemühungen zur Stützung der Nachfrage mischte diesbezüglich auch Österreich fiskalpolitisch Steuersenkungen mit Ausgabenerhöhungen.[313]

---

311 Daniel Gratzla: So funktioniert der Euro-Rettungsschirm. In: FOCUS online, Stand: 19. November 2011. URL: http://www.focus.de/finanzen/news/tid-20487/schuldenkrise-so-funktioniert-der-euro-rettungsschirm_aid_573428.html, abgerufen am 3. Februar 2011

312 Manfred Holztrattner/Michael Sedmak (2009): Eliten oder Nieten. Die Finanz- und Wirtschaftskrise als Ergebnis politischer und wirtschaftlicher Führungsschwächen. Salzburg: KIESEL-Verlag, S. 170

313 Fritz Breuss/Serguei Kaniovski/Margit Schratzenstaller: Gesamtwirtschaftliche Effekte der Konjunkturbelebungsmaßnahmen. In: WIFO Monatsberichte, 9/2009, Stand: August 2009. URL: http://www.wifo.ac.at/wwa/downloadController/displayDbDoc.htm?item=S_2009_KO NJUNKTURPAKETE_36361$.PDF, abgerufen am 29. Dezember 2010, S.678

Das österreichische Parlament verabschiedete im Oktober 2008 auf Grundlage der Beschlüsse auf europäischer Ebene ein Maßnahmenpaket zur Stabilisierung des Finanzmarktes. Die zentralen vier Punkte dieses Pakets, welches alltagssprachlich auch „Bankenpaket" genannt wurde, waren die Belebung des Interbankenmarktes, die Stärkung und Stabilisierung einzelner Finanzinstitute, die Förderung des Vertrauens in die Finanzmärkte durch die Einlagensicherung und die Stärkung der Aufsicht.[314] Die beiden ersten Gesetze, welche den Rahmen dieses Paketes bildeten und als Reaktion auf die Finanzkrise verabschiedet wurden, waren das Interbankenmarktstärkungsgesetz (IBSG) und das Finanzmarktstabilitätsgesetz (FinStaG).[315] Beide Gesetze wurden am 20. Oktober 2008 vom Nationalrat beschlossen. Damit wurde sehr rasch auf die Krise reagiert.[316] In weiterer Folge wurden dann auch einige bestehende Gesetze, wie das Bankwesengesetz und das Börsegesetz geändert. Im Zuge der Erlassung des IBGS wurde eine eigene Gesellschaft, eine sogenannte „Clearingstelle", eingerichtet, welche zum Zwecke der Belebung des Interbankenmarktes Garantien übernehmen sollte.[317] Die Maßnahmen des IBSG zielten also vor allem auf den Geldmarkt. Die Emission von Bankanleihen sollte durch die Garantie der Republik Österreich erleichtert werden. Im Rahmen des FinStaG wiederum sollten heimische Banken und Versicherungen rekapitalisiert werden. Das maximale Finanzierungsvolumen für das österreichische Maßnahmenpaket wurde anfänglich mit 100 Milliarden Euro festgelegt. Die angesprochene Clearingstelle (Oesterreichische Clearingbank AG, OeCAG) wurde am 27. Oktober 2008 gegründet, am 12. November desselben Jahres erhielt sie von der österreichischen Finanzmarktauf-

---

314 Bundesministerium für Finanzen: Massnahmenpaket zur Sicherung und Stabilisierung des österreichischen Finanzmarktes. Stand: 2011. URL: http://www.bmf.gv.at/Finanzmarkt/ManahmenpaketzurSic_9175/_start.htm, abgerufen am 9. Jänner 2011

315 Stefan Eder/Johannes Hörl/Andreas Winkler (2008): Finanzmarktstärkung in Europa. EU, Österreich und Deutschland sowie weitere europäische Staaten. Wien/Graz: NWV - Neuer Wiss. Verl., S. 155

316 Johannes Kernbauer (2009): Die Oesterreichische Clearingbank AG. Aufgaben und Entwicklung von der Gründung bis zur Jahresmitte 2009. In: Erwin J. Frasl/Rene Alfons Haiden/Josef Taus (Hrsg.): Österreichs Kreditwirtschaft in der Weltfinanzkrise. Fakten, Analysen, Perspektiven und Chancen. Wien/Graz: Neuer Wissenschaftlicher Verlag, S. 163-173, insbesondere S. 163

317 Stefan Eder/Johannes Hörl/Andreas Winkler (2008): Finanzmarktstärkung in Europa. EU, Österreich und Deutschland sowie weitere europäische Staaten. Wien/Graz: NWV - Neuer Wiss. Verl., S. 155

sichtsbehörde (FMA) eine Bankenkonzession und nahm daraufhin ihre Tätigkeit auf. Die notwendigen personellen und sachlichen Ressourcen für die banktechnischen Abwicklungen der Transaktionen wurden von der Österreichischen Kontrollbank (OeKB) zur Verfügung gestellt.[318] Die Clearingstelle sollte sich eben im Wege des Interbankenmarktes Mittel von Kreditinstituten und Versicherungsunternehmen ausleihen und diese dann an andere Kreditinstitute oder Versicherungsunternehmen weiterverleihen. Für ihre Leistungen musste sie ein marktkonformes Entgelt sowie Ausleihzinsen verrechnen. Eigentümer der Clearingstelle konnten lediglich Kreditinstitute, Versicherungsunternehmen oder deren gesetzliche Interessensvertretungen sein. Weiters konnte der Finanzminister eine Bundeshaftung für Wertpapieremissionen übernehmen. Dadurch sollte die mittelfristige Refinanzierung insbesondere der Kreditinstitute belebt werden. Eine Bank, welche diese Haftung für Wertpapieremissionen in Anspruch nehmen wollte, musste jedoch einen umfassenden Katalog an Bedingungen und Auflagen erfüllen, welche sich beispielsweise auf die Mittelverwendung bezogen.[319] Weiters blieb dem Bund auch die Genehmigung einiger mit der Geschäftsgebarung im Zusammenhang stehender Maßnahmen vorbehalten. Bei Verletzung der Auflagen drohten strenge Strafen. Darüber hinaus übernahm die OeCAG umfassende Auskunfts- und Rechnungslegungspflichten gegenüber dem Bund. Die im IBSG enthaltene Ermächtigung des Finanzministers namens der Republik Österreich Garantien oder Bürgschaften für die OeCAG zu übernehmen, wurde in der Haftungsvereinbarung vom 17. November 2008 konkretisiert. Darin verpflichtete sich der Bund für den Fall, dass durch Forderungsausfälle die gesetzlichen Eigenmittelerfordernisse der OeCAG unterschritten würden, den Unterschiedsbetrag bis zu einer Höhe von vier Milliarden Euro zu ersetzen. Diese Haftungserklärung deckte Forderungsausfälle, die bis spätestens 31. Dezember 2010 entstanden und aus bis zum 31. Dezember 2009 abgeschlossenen Geschäften resultierten, ab. Das Grundkapital der Clearinggesellschaft lag bei 160 Millionen Euro, darüber hinaus gab es eine Kapitalrücklage von 20 Mil-

---

318 Johannes Kernbauer (2009): Die Oesterreichische Clearingbank AG. Aufgaben und Entwicklung von der Gründung bis zur Jahresmitte 2009. In: Erwin J. Frasl/Rene Alfons Haiden/Josef Taus (Hrsg.): Österreichs Kreditwirtschaft in der Weltfinanzkrise. Fakten, Analysen, Perspektiven und Chancen. Wien/Graz: Neuer Wissenschaftlicher Verlag, S. 163-173, insbesondere S. 163-164

319 Stefan Eder/Johannes Hörl/Andreas Winkler (2008): Finanzmarktstärkung in Europa. EU, Österreich und Deutschland sowie weitere europäische Staaten. Wien/Graz: NWV - Neuer Wiss. Verl., S. 155

lionen Euro. Die Eigenmittel der Clearingstelle wurden von verschiedenen Banken aufgebracht, darunter waren unter anderem die RZB, die Erste Bank, die UniCredit Bank Austria, die Hypo-Banken-Holding, die BAWAG (Bank für Arbeit und Wirtschaft) und die 3-Banken Beteiligung Gesellschaft. Das IBSG sowie die Haftungsvereinbarung zwischen dem Bund und der OeCAG mussten sowohl vom Bund als auch von der EU-Kommission notifiziert werden.[320]

Das FinStaG zielte, wie angesprochen, vor allem auf die Rekapitalisierung von Kreditinstituten. Dazu waren insgesamt 15 Milliarden Euro vorgesehen. Den betroffenen Unternehmen sollte vorrangig Eigenkapital zugeführt werden. Auch zu diesem Zweck wurde eine eigene Gesellschaft gegründet, die Finanzmarktbeteiligung Aktiengesellschaft des Bundes (FIMBAG). Ziel des Finanzmarktstabilitätsgesetzes war also in erster Linie die Eigenkapitalstärkung der Banken und hier insbesondere ihres Kernkapitals. Denn durch die bessere Eigenkapitalausstattung konnten nicht nur günstigere Rankings der Banken bewirkt werden, diese mussten sich auch verpflichten, in einem genau festgelegten Verhältnis, Kredite, vor allem an KMU, zu begeben.[321] Neben der Stärkung des Eigenkapitals der Banken stand dementsprechend vor allem die Kreditvergabe an KMU im Mittelpunkt und im Falle, dass die Auflagen nicht erfüllt wurde, drohten wiederum hohe Strafen.[322] Das FinStaG sollte also die Störungen im Wirtschaftsleben Österreichs beheben. Ziel war es, das gesamtwirtschaftliche Gleichgewicht sicherzustellen und die österreichische Volkswirtschaft zu schützen. Die vorrangig ergriffene Maßnahme zur Rekapitalisierung von Kreditinstituten und Versicherungsunternehmen war die Zuführung von Eigenkapital, es

---

320 Johannes Kernbauer (2009): Die Oesterreichische Clearingbank AG. Aufgaben und Entwicklung von der Gründung bis zur Jahresmitte 2009. In: Erwin J. Frasl/Rene Alfons Haiden/Josef Taus (Hrsg.): Österreichs Kreditwirtschaft in der Weltfinanzkrise. Fakten, Analysen, Perspektiven und Chancen. Wien/Graz: Neuer Wissenschaftlicher Verlag, S. 163-173, insbesondere S. 165-167

321 Rene Alfons Haiden (2009): Maßnahmen zur Bewältigung der Finanzkrise in Österreich. Eine aktuelle Analyse der heimischen Wirtschaft. In: Erwin J. Frasl/Rene Alfons Haiden/Josef Taus (Hrsg.): Österreichs Kreditwirtschaft in der Weltfinanzkrise. Fakten, Analysen, Perspektiven und Chancen. Wien/Graz: Neuer Wissenschaftlicher Verlag, S. 73-101, insbesondere S. 73-74

322 Rene Alfons Haiden (2009): Maßnahmen zur Bewältigung der Finanzkrise in Österreich. Eine aktuelle Analyse der heimischen Wirtschaft. In: Erwin J. Frasl/Rene Alfons Haiden/Josef Taus (Hrsg.): Österreichs Kreditwirtschaft in der Weltfinanzkrise. Fakten, Analysen, Perspektiven und Chancen. Wien/Graz: Neuer Wissenschaftlicher Verlag, S. 73-101, insbesondere S. 83

kam aber beispielsweise auch zur Übernahme von Haftungen für Verbindlichkeiten des Kreditinstituts, zur Gewährung von Darlehen und zum Erwerb von
Gesellschaftsanteilen. Auch hier war für alle Maßnahmen ein marktkonformes
Entgelt sowie Zinsen vorgesehen. Die angesprochene Änderung des Bankwe-
sengesetzes als Reaktion auf die Krise, befähigte die FMA über das Mindestei-
genmittelerfordernis hinausgehende Eigenmittelerfordernisse (add-ons) vereinfacht vorzuschreiben. Außerdem wurde der Höchstbetrag der gesicherten Einlagen für natürliche Personen beseitigt, für andere als natürlich Personen dagegen
wurden Höchstgrenzen für gesicherte Einlagen festgelegt. Weiters wurde die
FMA ermächtigt Leerverkäufe zu untersagen beziehungsweise Beschränkungen,
wie beispielsweise der Pflicht zur Meldung, zu unterwerfen. Des Weiteren wurde der Strafrahmen für die verspäteten Einlieferungen von Wertpapieren erhöht,
um den Anreiz für Leerverkäufe zu minimieren.[323]

Das sogenannte Bankenpaket war also insbesondere auf die Stabilisierung
des Finanzmarktes ausgerichtet und sah vor allem die Stärkung des Eigenkapitals der Banken vor. Banken welche Hilfe in Anspruch nahmen, mussten jedoch
beträchtliche Zinsen zahlen (acht beziehungsweise 9,3 Prozent) und außerdem
etwa ein Drittel der beantragten öffentlichen Mittel selbst aufbringen. Das Bankenpaket bestand einerseits aus einem staatlichen Garantierahmen in Höhe von
65 Milliarden Euro für die Ausleihungen der Banken und andererseits eben aus
15 Milliarden Euro in Form von Partizipationskapital, welches dazu diente das
Kernkapital der Banken auf mindestens acht und besser noch auf zehn Prozent
zu erhöhen. Damit sollte die finanzielle Kapazität der Banken auch in der Krise
und im Hinblick auf deren negative Auswirkungen erhalten beziehungsweise
langfristig gesehen sogar verbessert werden. Im Endeffekt sollte dann eine Stabilisierung der Geldwirtschaft erreicht werden.[324] Mit Stand 30. Juni 2010 hatte
der Bund den Banken schon mit 7,35 Milliarden Euro ausgeholfen ihr Eigenkapital zu stärken. Der größte Teil, nämlich 5,875 Milliarden Euro, entfiel dabei
auf Partizipationskapital, den Rest machten staatliche Haftungen für Wertpapie-

323 Stefan Eder/Johannes Hörl/Andreas Winkler (2008): Finanzmarktstärkung in Europa.
EU, Österreich und Deutschland sowie weitere europäische Staaten. Wien/Graz: NWV -
Neuer Wiss. Verl., S. 155-156

324 Rene Alfons Haiden (2009): Maßnahmen zur Bewältigung der Finanzkrise in Österreich. Eine aktuelle Analyse der heimischen Wirtschaft. In: Erwin J. Frasl/Rene Alfons
Haiden/Josef Taus (Hrsg.): Österreichs Kreditwirtschaft in der Weltfinanzkrise. Fakten,
Analysen, Perspektiven und Chancen. Wien/Graz: Neuer Wissenschaftlicher Verlag, S.
73-101, insbesondere S. 74-84

re, Bankforderungen und auch Kapitalerhöhungen aus. Einige der eigenkapital-ersetzenden Staatshaftungen wurden bis 2010 jedoch bereits wieder abgebaut oder ersetzt. SPÖ-Finanzstaatssekretär Schieder betonte außerdem, dass bei den Haftungen für Bankanleihen keine einzige schlagend wurde. Dies war, laut Schieder, ein Zeichen, dass das Bankenpaket seine Wirkung nicht verfehlte und sein Ziel, den Bankensektor zu stabilisieren, erreichen konnte.[325]

Wie schon im vorherigen Unterkapitel besprochen, verabschiedete die EU im Dezember 2008 ein Konjunkturpaket im Umfang von 200 Milliarden Euro. Auf nationalstaatlicher Ebene beschloss der österreichische Nationalrat im Oktober 2008 ein Konjunkturpaket zur Stärkung des Wirtschaftsstandortes Österreich.[326] Das Konjunkturbelebungsgesetz (KBG) 2008 wurde am 10. November 2008 im Bundesgesetzblatt verlautbart und sollte konjunkturstabilisierende und -belebende Wachstumsimpulse setzen. Mit diesem Gesetz wurde auch das Bundesgesetz über die Finanzierung von Aufgaben der Austria Wirtschaftsservice GmbH (aws) und das Bundesgesetz zur Refinanzierung von Tätigkeiten der aws erlassen.[327] Die aws ist eine Förderbank für den österreichischen Mittelstand.[328] Novelliert wurden unter anderem auch das KMU-Förderungsgesetz und das Garantiegesetz von 1977. Als Maßnahmen waren die Schaffung eines Mittelstands-fonds für Wachstumsprojekte der aws, die Nutzung der KMU-Initiative der europäischen Investitionsbank, die Erhöhung der Haftungsrahmen der aws, die Vergabe von Darlehen (beispielsweise für Forschungs- und Technologieprojekte) sowie die Inanspruchnahme von Darlehen europäischer Förderungsgesellschaften für Energie- und Effizienzmaßnahmen vorgesehen. Zur Stabilisierung des Finanzmarktes und der Wirtschaft sollten auch den österreichischen

---

325 Red. WirtschaftsBlatt/APA: Bund half Banken bisher mit 7,35 Mrd. Euro aus. In: WirtschaftsBlatt, Stand: 30. Juni 2010. URL: http://www.wirtschaftsblatt.at/home/oesterreich/branchen/bund-half-banken-bisher-mit-735-milliarden-euro-aus-427370/index.do, abgerufen am 29. Dezember 2010

326 Rene Alfons Haiden (2009): Maßnahmen zur Bewältigung der Finanzkrise in Österreich. Eine aktuelle Analyse der heimischen Wirtschaft. In: Erwin J. Frasl/Rene Alfons Haiden/Josef Taus (Hrsg.): Österreichs Kreditwirtschaft in der Weltfinanzkrise. Fakten, Analysen, Perspektiven und Chancen. Wien/Graz: Neuer Wissenschaftlicher Verlag, S. 73-101, insbesondere S. 74

327 Stefan Eder/Johannes Hörl/Andreas Winkler (2008): Finanzmarktstärkung in Europa. EU, Österreich und Deutschland sowie weitere europäische Staaten. Wien/Graz: NWV - Neuer Wiss. Verl., S. 156

328 aws: Über die austria wirtschaftsservice. URL: http://www.awsg.at/Content.Node/dieaws/46608.php, abgerufen am 9. Jänner 2011

Bausparkassen (durch die Anhebung des Höchstbetrages für den die Einkommensteuer erstattet wurde) neue und höhere Mittel zugeführt werden, um günstige Kredite vergeben zu können.[329]

Insgesamt wurden in Österreich zwei Konjunkturbelebungspakete verabschiedet, das erste Paket umfasste eine Milliarde Euro, einerseits zugunsten des Mittelstandes und andererseits für das Finanzmarktstabilisierungspaket zur Belebung des Interbankenmarktes sowie für die Übernahme von Garantien. Das zweite Paket zur Konjunkturbelebung hatte ein Volumen von 1,9 Milliarden Euro und war in erster Linie als Investitionsoffensive gedacht. Es sollte vor allem die gesamtwirtschaftliche Nachfrage stärken, wobei hier die Belebung der betrieblichen Investitionen wesentlich war. Das Paket umfasste die vorzeitige Abschreibung der thermischen Sanierung, Investitionen der Bundesimmobiliengesellschaft (BIG) sowie die Förderung der Forschung und Entwicklung. Ziel beider Pakete war vor allem die Sicherung von Arbeitsplätzen und eine allgemeine Belebung der Wirtschaft durch die Finanzierung von KMU und das Vorziehen von Infrastrukturinvestitionen. Beispielsweise waren für die Jahre 2009 bis 2012 700 Millionen Euro allein für die ÖBB vorgesehen. Insgesamt umfassten die Konjunkturpakete also ein Budget von knapp drei Milliarden Euro für die Stabilisierung der Wirtschaft in der Krise. Durch eine Steuerreform im Jahr 2009 wurden dann weitere 3,2 Milliarden Euro aufgebracht um die Kaufkraft und den Konsum in Österreich zu stärken. Die Steuerreform umfasste 2,2 Milliarden Euro für Tarifentlastungen, 500 Millionen Euro für die Familien und knappe 600 Millionen Euro in Form möglicher vorzeitiger Abschreibungen von Unternehmen für 2009 und 2010, was einen Anreiz zur Durchführung von Investitionen herstellen sollte. Das Gesamtvolumen der von Bund und Ländern beschlossenen Maßnahmen aufgrund der Krise und zur Minderung ihrer Auswirkungen lag bei rund sechs Milliarden Euro, was etwa zwei Prozent des BIPs darstellte. Damit lag Österreich im EU-Vergleich auf einem hohen Rang. Österreich nahm im Rahmen seiner Maßnahmen zur Gegensteuerung der Krise, wie beschrieben, besondere Rücksicht auf KMU. Dies lag daran, dass in Österreich 99 Prozent aller Unternehmen KMU sind. Zwei Drittel der Beschäftigten sind in KMU tätig und deren Anteil an der Wertschöpfung liegt bei rund sechzig Prozent. Der Mittelstandsfonds welcher bei der aws eingerichtet wurde, war dazu gedacht, sich an solchen Betrieben, jeweils für zehn Jahre und in einer Größenordnung von

---

329 Stefan Eder/Johannes Hörl/Andreas Winkler (2008): Finanzmarktstärkung in Europa. EU, Österreich und Deutschland sowie weitere europäische Staaten. Wien/Graz: NWV - Neuer Wiss. Verl., S. 156

300 000 bis zu einer Million Euro, beteiligen zu können. Aus den Mitteln der europäischen Investitionsbank und des europäischen Investitionsfonds sollten maximal 1,4 Milliarden Euro bis 2010 zur Verfügung gestellt werden, um den Betrieben die Finanzierung ihrer Investitionen zu gewährleisten. Die massive Erhöhung der gesetzlich fixierten Garantie- und Haftungsrahmen von 2,9 auf 5,2 Milliarden Euro sollte eine Kreditgewährung durch die Banken ermöglichen und wahrscheinlicher machen. Ein übergeordnetes Ziel der Maßnahmen war auch die Internationalisierung der KMU. Diesbezüglich bot man ihnen beim Export von Gütern und Dienstleistungen entsprechende Hilfestellung. Um den Auswirkungen der Krise gegenzusteuern wurden außerdem zwei Arbeitsmarktpakete verabschiedet. Diese ermöglichten flexible Regelungen bezüglich Kurzarbeit, Maßnahmen zur höheren Qualifizierung von Unselbstständigen und Arbeitsstiftungen. Weiters gab es ein Industriepaket und Maßnahmen der Bundesländer sowie der Kammern. Es gab sowohl direkte als auch indirekte Förderungen. Auch das Bankenpaket und die Maßnahmen der aws sollten konjunkturbelebend wirken. Alle zur Belebung der Konjunktur notwendigen Maßnahmen wurden gemeinhin sehr rasch beschlossen, weniger rasch erfolgte allerdings deren Umsetzung. Im Jahr 2009 wurden, laut Experten, nur Teile der vorgesehenen Mittel wirksam. Es wurde außerdem kritisiert, dass 60 bis 70 Prozent der konjunkturellen Aktivitäten auf die Stärkung der Nachfrage ausgerichtet waren, verstärkt jedoch auch Investitionen sowie der Export von Gütern und Dienstleistungen gefördert hätte werden sollen. Wirtschaftsminister Mitterlehner wies jedoch Ende Juli 2009 darauf hin, dass die von der Bundesregierung gesetzten Maßnahmen zur Belebung der heimischen Wirtschaft ihren intendierten Zweck erfüllten und wesentlich zu Stabilisierung der Wirtschaft beitrugen.[330]

Neben dem Bankensektor war, wie erwähnt, auch die Industrie stark von der weltweiten Rezession betroffen. Dies lag im Falle Österreichs vor allem daran, dass ein Großteil der heimischen Industrieprodukte exportiert wurde. Der Industriesektor wurde oftmals als Motor der Wirtschaft bezeichnet und die Vertreter dieses Zweiges verlangten angesichts der sich ausbreitenden Krise und der Ansteckung der Realwirtschaft durch die Verwerfungen im Finanzsektor nach geeigneten Maßnahmen, wobei sie sich vor allem Industrieanleihen mit Staats-

---

330 Rene Alfons Haiden (2009): Maßnahmen zur Bewältigung der Finanzkrise in Österreich. Eine aktuelle Analyse der heimischen Wirtschaft. In: Erwin J. Frasl/Rene Alfons Haiden/Josef Taus (Hrsg.): Österreichs Kreditwirtschaft in der Weltfinanzkrise. Fakten, Analysen, Perspektiven und Chancen. Wien/Graz: Neuer Wissenschaftlicher Verlag, S. 73-101, insbesondere S. 74-78

garantie gewünscht hätten. Dabei adressierten sie die Bundesregierung aber auch die Sozialpartner und die Banken. Im Rahmen des Unternehmensliquiditätsstärkungsgesetzes (ULSG) wurden dann Haftungen für Kredite im Gesamtvolumen von zehn Milliarden Euro zur Verfügung gestellt. Als Voraussetzung mussten die Unternehmen jeweils 250 Mitarbeiter, eine Umsatzgröße von 50 Millionen Euro sowie eine gesunde wirtschaftliche Basis zum Stichtag, 1. Juli 2008, vorweisen. Die Maßnahme sollte gewährleisten, dass notwendige Investitionen zu besseren Konditionen finanziert werden konnten. Die Deckungsquote des Bundes für einen Kredit lag jedoch nur bei 30 bis 70 Prozent, für den Rest mussten Sicherheiten vom Kreditnehmer eingebracht werden, beziehungsweise musste die jeweilige Bank einen Teil des Risikos übernehmen. Die Abwicklung der Kreditaktion erfolgte über die OeKB, welche die Bonität der Kreditnehmer prüfen und der Republik Österreich mittels eines Gutachtens die Haftungsübernahme empfehlen musste. Darüber hinaus stellte sie die notwendigen Mittel zur Verfügung, um die Kreditvergabe durch die Banken sicherer zu machen. Die Größenordnung der Kredite sollte im Einzelfall im zwei- und dreistelligen Bereich liegen. Bis Ende Juli 2009 waren bereits 100 Anfragen im Volumen von 4,5 Milliarden Euro eingegangen. Angedachte Auflagen, was Managergehälter und Dividendenausschüttung betraf, wurden im ULSG jedoch nicht verwirklicht, auch wenn die Öffentlichkeit solchen Auflagen überwiegend positiv gegenübergestanden wäre.[331]

Als Basis für die Hilfe zur Stabilisierung des Euro in bestimmten Ländern der Eurozone (anfänglich vor allem Griechenland) wurde 2010 das Zahlungsbilanzstabilisierungsgesetz (ZaBiStaG) verabschiedet. Auf Grundlage dieses Gesetzes wurden dann 15 Milliarden, von den 100 Milliarden Euro welche insgesamt für Maßnahmen gegen die Krise vorgesehen waren, für Haftungen zur Stabilisierung des Euro umgewidmet.[332]

Die Ökonomen Breuss, Kaniovski und Schratzenstaller kritisierten im WIFO Monatsbericht von September 2009 die österreichischen Konjunkturbelebungsmaßnahmen dahingehend, dass zwar versucht wurde die Kurzfrist- mit der

---

331 Rene Alfons Haiden (2009): Maßnahmen zur Bewältigung der Finanzkrise in Österreich. Eine aktuelle Analyse der heimischen Wirtschaft. In: Erwin J. Frasl/Rene Alfons Haiden/Josef Taus (Hrsg.): Österreichs Kreditwirtschaft in der Weltfinanzkrise. Fakten, Analysen, Perspektiven und Chancen. Wien/Graz: Neuer Wissenschaftlicher Verlag, S. 73-101, insbesondere S. 95-96

332 FIMBAG: Maßnahmen – Übersicht. Stand: 11. November 2010. URL: http://www.fmarktbet.at/cms/print.php?pageName=74, abgerufen am 10. Jänner 2011

Langfristperspektive zu verbinden und dahingehend auch erste Schritte gesetzt wurden, es jedoch trotzdem keine tiefgreifenden strukturellen Weichenstellungen in Richtung Zukunftsinvestitionen gab. Nur ein geringer Teil der Konjunkturpakete floss in Ausgaben für Zukunftsbereiche, dominant waren traditionell keynesianische Infrastrukturausgaben.[333]

Die Maßnahmen Österreichs als Reaktion auf die Krise waren also in erster Linie Gegensteuerungsmaßnahmen und konjunkturbelebende Maßnahmen, welche die Auswirkungen der Krise dämpfen und den Wirtschaftsabschwung möglichst gering halten sollten. Schritte zu einer grundlegenden Änderung des Systems und einer langfristiger Umstellung des Weges der österreichischen Wirtschaft gab es nur wenige. Es wurden kaum Anstalten gemacht, langfristig etwas an der Wirtschaftsstruktur zu ändern. Österreichs Vorgehensweise passte sich also sozusagen der international üblichen an.

Zwar sollte 2011 eine Bankensteuer eingeführt werden[334], das WIFO meinte zu dieser Steuer jedoch, dass sie kontraproduktiv wäre. Sie würde nicht die Banken selbst treffen, da der Bankensektor diese Steuer auf seine Kunden abwälzen und Kreditnehmer damit belasten würde. Der WIFO-Experte Franz Hahn riet deshalb am 19. Februar 2010 im „WirtschaftsBlatt", zu einer besseren Regulierung des Finanzsektors anstatt einer Bankensteuer. Hahn äußerte sich kritisch gegenüber jeglicher Besteuerung des Finanzsektors, auch einer Finanztransaktionssteuer. Er meinte, diese Steuern könnten nicht funktionieren und ihr Ziel erreichen. Als Beispiel nannte er Hedgefonds, welche, laut ihm, im Falle der Einführung einer Finanztransaktionssteuer noch riskanter veranlagen würden, um die Steuer auszugleichen.[335] Damit wäre die intendierte Wirkung der Steuer wieder ins Gegenteil verkehrt.

---

333 Fritz Breuss/Serguei Kaniovski/Margit Schratzenstaller: Gesamtwirtschaftliche Effekte der Konjunkturbelebungsmaßnahmen. In: WIFO Monatsberichte, 9/2009, Stand: August 2009. URL: http://www.wifo.ac.at/wwa/downloadController/displayDbDoc.htm?item=S_2009_KO NJUNKTURPAKETE_36361$.PDF, abgerufen am 29. Dezember 2010, S.685

334 András Szigetvari: Faymann und Pröll einig. Eine Bankensteuer kommt schon 2011. In: derStandard.at, Stand: 22. Februar 2010. URL: http://derstandard.at/1266541158204/Faymann-und-Proell-einig-Eine-Bankensteuer-kommt-schon-2011, abgerufen am 30. Dezember 2010

335 Red. WirtschaftsBlatt/APA: Wifo rät zu Regulierung statt Bankensteuer. In: WirtschaftsBlatt, Stand: 19. Februar 2010. URL: http://www.wirtschaftsblatt.at/home/oesterreich/wirtschaftspolitik/wifo-raet-zu-regulierung-statt-bankensteuer-409188/index.do, abgerufen am 30. Dezember 2010

Mit 1. Jänner 2011 wurde in Österreich eine neue Wertpapier-Kapitalertragssteuer (Wertpapier-KESt) eingeführt. Diese wurde allerdings ebenfalls von vielen Seiten, vor allem von Banken und der Wiener Börse, kritisiert. Besagte Steuer sah vor, dass 25 Prozent der Kursgewinne von Aktien, Zertifikaten und Fonds abgegeben werden müssten.[336] Als Folge der Einführung dieser Steuer wurde ein Umsatzrückgang von bis zu 20 Prozent und außerdem ein großer administrativer Mehraufwand, aufgrund der Kursgewinnbesteuerung, befürchtet. Auch wurde prognostiziert, dass die neue Steuer nicht Reiche treffen würde, sondern vor allem Kleinanleger und Angehörige des Mittelstandes, da diese in Österreich fast eine Million Fonds-Sparverträge besaßen. Man befürchtete außerdem negative Auswirkungen auf den Finanzplatz Wien.[337] Die Wiener Börse kritisierte in einer Presseaussendung, dass die Wertpapier-KESt langfristige Privatanleger benachteiligen und außerdem das ohnehin schon geringe Interesse der österreichischen Privatanleger an Aktien noch weiter mindern würde.[338]

Beim Budget für 2011 vermissten WIFO und IHS (Institut für höhere Studien) wiederum eine größere Strukturreform. Die Institute beurteilten zwar einige Beschlüsse positiv, kritisierten jedoch, dass eine Strukturreform, welche eigentlich dringend notwendig gewesen wäre, im Budgetentwurf für 2011 erneut fehlte. Begrüßt wurde von IHS-Chef Bernhard Felderer, dass das Defizit früher als geplant unter drei Prozent liegen sollte. Trotzdem sah er auf dem bis 2014 vorgezeichneten Weg noch keine nachhaltige Konsolidierung der Schulden. Außerdem galt es, laut ihm, zu untersuchen, ob die Wertpapier-KESt eher obere Einkommensgruppen betreffen werde oder auch mittlere Schichten. Im ersten Fall würde die Steuer durchaus zu einer Umverteilung der Lasten führen, im zweiten hingegen hätte sie eine bloße Geldbeschaffungsfunktion. Was Felderer

---

336 Ingrid Krawarik/Martin Kwauka: Ab Jänner gilt die neue Wertpapier-KESt. FORMAT zeigt, wie sie Steuern sparen. In: FORMAT.at, Stand: 24. November 2010. URL: http://www.format.at/articles/1047/526/282634/ab-jaenner-wertpapier-kest-format-steuern, abgerufen am 30. Dezember 2010

337 Harald Fercher: Wertpapier-KESt: Das Gesetz ist da, die Branche tobt. In: Wirtschafts-Blatt, Stand: 28. Oktober 2010. URL: http://www.wirtschaftsblatt.at/home/oesterreich/wirtschaftspolitik/wertpapier-kest-das-gesetz-ist-da-die-branche-tobt-444493/index.do, abgerufen am 30. Dezember 2010

338 Presseaussendung der Wiener Börse: Österreichische Privatanleger werden durch die Wertpapier-KESt bestraft. In: wienerborse.at, Stand: 13. Dezember 2010. URL: http://www.wienerborse.at/about/press/pressrelease/wertpapier-kest.html, abgerufen am 30. Dezember 2010

als positiv ansah, war, dass auch weiterhin an großen Infrastrukturprojekten fest-gehalten wurde.[339]

Österreich fehlte es also bis 2010 an grundlegenden Strukturreformen und langfristigen Investitionen in Zukunftsbereiche der Wirtschaft. Damit schloss sich das Land, wie erwähnt, dem in der Krise vorherrschenden internationalen Trend an. Die Maßnahmen zur Gegensteuerung der Krise, welche 2008 ihren Höhepunkt erreicht hatten, nahmen bis Ende 2010, von vereinzelten Ausnahmen (in Europa beispielsweise im Zusammenhang mit der Euro-Schuldenkrise) abge-sehen, wieder ab. Sie wurden jedoch nicht ersetzt durch große langfristige Re-formen, sondern es wurde vermehrt wieder zu derselben Praxis wie vor der Kri-se übergegangen.

Ausblick: Mögliche Konsequenzen der Krise auf die weitere Wirtschaftspolitik

Das folgende Kapitel gibt einen Überblick über mögliche zukünftige Konse-quenzen der Krise auf die weitere Wirtschaftspolitik. Das Wort „Konsequenzen" ist dabei im Sinne politischer Konsequenzen zu verstehen. Es geht also um mög-liche Maßnahmen, Gesetze und Stile in der Wirtschaftspolitik, welche nach der Krise sinnvoll wären und aus der Krise gezogene Lehren widerspiegelten. Es geht um grundsätzliche, strukturelle Änderungen des Wirtschaftssystems und wirtschaftliche Zukunftsperspektiven, welche sich aus der derzeitigen Krise, im Hinblick darauf eine weitere Krise dieser Art zu verhindern, ergäben. Dabei könnte es sich um Erweiterungen schon gesetzter Maßnahmen, als auch um Al-ternativen dazu und um komplette Neuerungen handeln. Im Zuge der Aufarbei-tung der Krise war oft Thema, dass ohne grundlegende strukturelle und stilisti-sche Reformen des Finanz- und Wirtschaftssystems derartige Krisen immer wieder entstehen könnten. Von 2007 bis 2010 gab es jedoch international und auch in Österreich kaum Ansätze zu einer grundlegenden Umgestaltungen des Wirtschaftssystems. Vorschläge, was sich ändern müsste, existierten jedoch zu-hauf.

---

339 Red. Der Standard/APA: IHS und Wifo. Wirtschaftsforscher vermissen die große Struk-turreform. In: derStandard.at, Stand: 24. Oktober 2010. URL: http://derstandard.at/1287099875145/IHS-und-Wifo-Wirtschaftsforscher-vermissen-die-grosse-Strukturreform, abgerufen am 30. Dezember 2010

Peter Bofinger beispielsweise bezweifelte, dass der Markt mit den gesetzten Maßnahmen vollständig saniert wurde und man zum „business as usual" zurückkehren könnte. Er meinte, die Fehlentwicklungen der letzten Jahre lägen tiefer und es bräuchte unter anderem eine breitere Diskussion des Verhältnisses von Markt und Staat, da sich hier in der Vergangenheit immer mehr das Konzept des schlanken Staates durchsetzte.[340]

Die Ökonomen Fritz Breuss, Serguei Kaniovski und Margit Schratzenstaller plädierten für eine Neuausrichtung der Finanzpolitik. Diese sollte einen langfristigen Plan verfolgen und verstärkt Zukunftsinvestitionen tätigen.[341]

Auch Hans-Werner Sinn schlug einige Korrekturen vor, um die Entstehung neuerlicher Krisen zu verhindern. Das Bankensystem sollte, laut ihm, durch höhere Eigenkapitalquoten sowie Risikogewichte verbessert, sicherer gemacht und außerdem einer glaubhaften Regulierung unterstellt werden. Weiters sah Sinn es als sinnvoll an, Zweckgesellschaften und Hedgefonds stärker zu kontrollieren sowie Leerverkäufe zu verbieten. Auch Ratingagenturen sollten, laut ihm, einem neuen Geschäftsmodell unterstellt werden.[342]

Peter Bofinger sah vor allem die fehlende Transparenz auf den Finanzmärkten als Problem an. Außerdem sprach er sich für eine staatliche europäische Ratingagentur aus. Nachhaltige Strukturen und nachhaltiges Denken sollten gefördert werden. Für Staaten wäre es zwar nicht einfach Manager, Anleger und private Haushalte zu nachhaltigem Wirtschaften zu veranlassen, es gäbe aber Ansatzpunkte mit denen Anreize für eine Kultur der Nachhaltigkeit geschaffen werden könnten und solch eine Kultur wäre für die Stabilität von Marktwirtschaften von zentraler Bedeutung. Dazu gehörten auch langfristig orientierte Vergütungssysteme. Vergütungsverfahren für Bankmanager sollten, laut Bofinger, geändert werden. Bonuszahlungen sollten nicht mehr nur vom Erfolg im laufenden Geschäftsjahr abhängen, sondern von einem mehrjährigen Durch-

---

340   Peter Bofinger (2009): Ist der Markt noch zu retten? Warum wir jetzt einen starken Staat brauchen. 2. Aufl., Berlin: Econ, S. 77-78

341   Fritz Breuss/Serguei Kaniovski/Margit Schratzenstaller: Gesamtwirtschaftliche Effekte der Konjunkturbelebungsmaßnahmen. In: WIFO Monatsberichte, 9/2009, Stand: August 2009. URL: http://www.wifo.ac.at/wwa/downloadController/displayDbDoc.htm?item=S_2009_KO NJUNKTURPAKETE_36361$.PDF, abgerufen am 29. Dezember 2010, S.685

342   Hans-Werner Sinn (2009): Kasino-Kapitalismus. Wie es zur Finanzkrise kam und was jetzt zu tun ist. Berlin: Econ, S. 289-312

schnitt. Bofinger konnte sich sogar vorstellen, dass Manager gar keine Boni mehr erhielten.[343]

Ulrich Schäfer stellte einen ganzen Katalog von Regeln zusammen, wie nach der Krise vorgegangen und welche Maßnahmen und Änderungen gemacht werden sollten. Er sprach sich für die Zerstörung des Schattenbankensystems, die schärfere Kontrolle von Hedgefonds, das Verbot besonders riskanter Finanzprodukte und die Beseitigung des Interessenskonfliktes bei Ratingagenturen, durch Aufsplittung dieser in einen Teil der die Ratings erstellt und einen der die Banken berät, aus. Außerdem schlug er eine Begrenzung von Bankergehältern, eine globale Aufsicht der Finanzmärkte durch den IWF und die Abschaffung von Steueroasen sowie des Bankgeheimnisses vor. Weiters war er für eine Steuererhöhung für Reiche und -senkung für die Mittelschicht, eine Erhöhung der Erbschaftssteuer, mehr Flexibilität für Firmen, aber auch mehr Sicherheit für Beschäftigte, einen angemessenen Mindestlohn, bessere Bildung für die Unterschicht, Steuervorteile für Investitionen, verbilligte Kredite für Unternehmen und Ausgabenerhöhungen im Falle einer drohenden Rezession. Allgemein sollte, laut Schäfer, der Staat in wirtschaftlich guten Zeiten Geld zurücklegen und die Wirtschaft flexibler werden.[344] Er sprach sich also für umfassende Reformen und Änderungen in fast allen Bereichen der Wirtschaft aus. Dies wären die Lehren, welche aus der Krise gezogen werden sollten.

Auch Attac forderte 2008 eine grundsätzliche Neugestaltung der globalen Finanzmärkte. Der Organisation ging es um eine Demokratisierung der Finanzmärkte und darum diese wieder in den Dienst aller Menschen zu stellen, da Finanzmärkte eine wichtige Funktion für die Wirtschaft erfüllen. Sie stellen Mittel zur Verfügung, welche für Investitionen, zur Schaffung von Arbeitsplätzen oder für den Konsum verwendet werden können und weil sie diese wichtige Rolle einnehmen, sollten sie politisch kontrolliert und gelenkt werden. Laut Attac war dies in der Vergangenheit jedoch nicht der Fall, die international verflochtenen Finanzmärkte standen abseits jeglicher demokratischer Kontrolle und entwickelten ihre eigene Logik. Anstatt die Realwirtschaft zu unterstützen, dominierten sie diese zunehmend. Wichtig war, laut Attac, nur mehr Geld und das Erzielen kurzfristiger Renditen durch Spekulation. Diese Logik der entfesselten Finanz-

---

343 Peter Bofinger (2009): Ist der Markt noch zu retten? Warum wir jetzt einen starken Staat brauchen. 2. Aufl., Berlin: Econ, S. 52-63

344 Ulrich Schäfer (2009): Der Crash des Kapitalismus. Warum die entfesselte Marktwirtschaft scheiterte und was jetzt zu tun ist. Frankfurt/New York: Campus Verlag, S. 278-305

märkte brachte immer wiederkehrende Krisen und das obwohl auf verschiedenen Ebenen Vorschläge zur Demokratisierung der Finanzmärkte gemacht wurden.[345]

Rene Alfons Haiden sah den größten Änderungsbedarf bei der Finanzmarktaufsicht und den Ratingagenturen. Die Gesetzgeber sollten, laut ihm, strengere Regeln für die Finanzmärkte aufstellen und nationale Aufsichtsbehörden mit einem wirksameren Instrumentarium zur Ordnung der Märkte ausstatten. Grundsätzlich sollte an den Finanzmärkten größtmögliche Transparenz herrschen und neue Produkte und Veranlagungsmodelle genau geprüft werden, um zu verhindern, dass Anleger ihre Ersparnisse verlören. Außerdem sprach sich auch Haiden in Fragen der Aufsicht für mehr Kooperation aller beteiligten Institutionen, national wie international, aus.[346]

Stiglitz sah die Notwendigkeit eines Umdenkens, da der Fehlglaube, dass Märkte immer funktionierten und deswegen nicht reguliert werden müssten, zu Fehlern der Politik und bei den Vorhersagen führte.[347]

Holztrattner und Sedmak vertraten ebenfalls die Ansicht, dass es tiefgreifende Reformen anstatt bloßer kosmetischer Reparaturen bedürfte, um das Finanzsystem und die Weltwirtschaft auf den richtigen Weg zu bringen. Dazu müssten alle großen Wirtschaftsblöcke vorbehaltlos zusammenarbeiten. Da dies aber ein unwahrscheinliches Szenario darstellt, sollte zumindest Europa die richtigen Schritte setzen und sich selbst nicht als zu schwach betrachten, sich gegen andere große Blöcke, wie die USA, durchzusetzen. Europa sollte also konkret, laut Holztrattner und Sedmak, im Alleingang eine Finanztransaktionssteuer sowie höhere Umweltabgaben (Transportsteuern) einführen und das Aktien-, das Börsen- sowie das Kartellrecht reformieren. Den Politikern sollte klar werden, dass Volkswirtschaften wirtschaftlich erfolgreicher sind, wenn sie langfristig denken, dass kurzfristige Spekulationen die Wirtschaft nicht mobilisieren, sondern demolieren, und dass breiter Wohlstand nicht durch Spekulation erreicht werden kann, sondern erarbeitet werden muss. Weiters sollten sie erkennen, dass über-

---

345 Beate Blaschek (ATTAC Österreich) (Hrsg.): Crash statt Cash. Warum wir die globalen Finanzmärkte bändigen müssen. Wien: ÖGB-Verl., S. 10-11

346 Rene Alfons Haiden (2009): Von der US-Finanzkrise zur Weltwirtschaftskrise. In: Erwin J. Frasl/Rene Alfons Haiden/Josef Taus (Hrsg.): Österreichs Kreditwirtschaft in der Weltfinanzkrise. Fakten, Analysen, Perspektiven und Chancen. Wien/Graz: Neuer Wissenschaftlicher Verlag, S. 51-72, insbesondere S. 61

347 Joseph E. Stiglitz (2010): Freefall. Free Markets and the Sinking of the Global Economy. London: Penguin Group, S. 141

mäßige Unternehmensgrößen verhindert werden müssten, da diese die Bank- und Industriekonzerne unüberschaubar und damit auch unkontrollierbar machten. Außerdem sollte den Menschen, vor allem Wirtschaftstreibenden und Politikern, bewusst werden, dass die Wirtschaft keine ethikfreie Zone darstellt und auch keine solche darstellen darf. Wirtschaft muss allgemein mit sehr grundsätzlichen moralischen Wertvorstellungen verbunden sein, um richtig funktionieren zu können und dem Gemeinwohl nicht zu schaden. Würde man all diese Dinge erkennen und den Grundsätzen folgen, könnten eklatante vermögens-, struktur- und gesellschaftsschädigende Rückschläge vermieden werden. Holztrattner und Sedmak sahen in der Bilanz nach vierzig Jahren „Casino-Kapitalismus"[348] den Beweis für die Richtigkeit ihrer Vorschläge. Es kam in den letzten Jahren zu Pleiten der größten Banken und Versicherungen der Welt, zu Schieflagen ganzer Industriezweige, steigender Arbeitslosigkeit, zu einer steten Öffnung der Schere zwischen Arm und Reich und immer mehr auch zu Problemen bei der Finanzierung sozialer Netze. Die Krise birgt Chancen für Änderungen, welche genützt werden sollten. Sie liegen in der Abkehr von dem bisherigen liberalistisch-kapitalistischen Wirtschaftssystem, da sich dieses, wie die Krise 2007 bis 2010 zeigte, als überaus schädlich erwies. Die Autoren nannten Maßnahmen, welche schon seit einigen Jahren von unterschiedlichsten Seiten vorgeschlagen, jedoch nie realisiert wurden. Holztrattner und Sedmak sahen es vor allem als wichtig an, der Realwirtschaft in der internationalen Währungs- und Wirtschaftspolitik wieder einen größeren Stellenwert beizumessen und die Finanzwirtschaft gleichzeitig wieder auf ihren volkswirtschaftlichen Stellenwert zu begrenzen, was am Besten durch die Einschränkung der bis dato fast unbegrenzten Geldschöpfungsmöglichkeiten gelänge. Für die Wirtschaftspolitik der EU wäre es, laut den Autoren, vor allem wichtig, zukünftig einen eigenen Weg, unabhängig von den USA, zu gehen. Allgemein sollte das Börsen- und Aktienrecht reformiert und der Kapitalmarkt einer strukturellen Neuorganisation unterzogen werden. Ziel dabei sollte es sein, die Aktie wieder zu einem längerfristigen Finanzierungsinstrument und die Börsen wieder zu seriösen Handelsplätzen zu machen. Außerdem sollten die Kartellbehörden wieder ihre eigentliche Aufgabe, nämlich die Verhinderung der Entstehung von Kartellen, erfüllen. Dazu sollten Maßnahmen gesetzt werden um die mittlerweile zu großen Unternehmen wieder auf vernünftige, volkswirtschaftlich nützliche, überschau- und kontrollierbare

---

348 Manfred Holztrattner/Michael Sedmak (2009): Eliten oder Nieten. Die Finanz- und Wirtschaftskrise als Ergebnis politischer und wirtschaftlicher Führungsschwächen. Salzburg: KIESEL-Verlag, S. 166

Größenordnungen zu bringen. KMU sollten durch aktive Mittelstandspolitik gestärkt werden. Durch ausgewogene Größenordnungen sollte eine Konkurrenzwirtschaft ermöglicht werden, in welcher weitgehende Chancen- und Informationsgleichheit herrscht. Außerdem sollte die Rolle der Vereinten Nationen gestärkt werden. Die Finanzmärkte sollten durch verschiedenste Maßnahmen neuorganisiert werden. Alle hochspekulativen Aktivitäten der Finanzbranche und alle Umgehungsmaßnahmen sollten untersagt und Steueroasen geschlossen werden. Auch Ratingagenturen könnten abgeschafft werden, sobald die Aufsichtsbehörden ihren Prüfungsaufgaben gewissenhaft nachkämen. Weiters sollten Wirtschaftskriminalität sowie Aufsichtsverletzungen konsequent verfolgt und dazu auch die notwendigen personellen wie fachlichen Ressourcen in der Justiz bereitgestellt werden. Großbanken sollten zu ihren Kernaufgaben und vernünftigen Größen zurückgeführt werden. Die Autoren schlugen zudem die Einführung einer internationalen Spekulationssteuer vor, um kurzfristige Geschäfte von Spekulanten zu verhindern. Dazu reiche auch ein niedriger Steuersatz aus. Sie plädierten darüber hinaus für eine Mobilisierung der europäischen Wirtschaftswissenschaften, da dieses Fach die letzten Jahrhunderte hindurch fest in US-amerikanischer Hand war. Zusammenfassend betrachtet, sprachen sich die Autoren also für einen Paradigmenwechsel in Wirtschaft und Gesellschaft aus und meinten, dass es dazu eine wirkliche Elite in Politik und Gesellschaft bräuchte, welche die Weichen für die Zukunft so stellte, dass Auswüchse kurzfristig abgestellt und langfristig unterbunden würden. Es bräuchte Menschen, denen bewusst ist, dass ein rascher und tief greifender Wandel sehr wichtig wäre. Kurz gesagt sollte, so die Autoren, die Realwirtschaft vor der Finanzwirtschaft kommen und Arbeit vor Kapital. Das Wirtschaftsziel sollten die Menschen sein, nicht das Geld. Es sollte überschaubare Betriebsgrößen statt unkontrollierbarer Konzerne geben und langfristige Investitionen anstatt kurzfristiger Spekulationen.[349]

Der österreichische Beirat für Wirtschafts- und Sozialfragen sah das potentielle Problemfeld in der auf einzelstaatlicher Ebene angesiedelten Aufsicht der Kapitalmärkte. Die Finanzmärkte waren schon vor der Krise globalisiert, die Regulierung jedoch war zwischen nationaler und supranationaler (insbesondere die EU-Ebene), zersplittert. Dadurch entstanden Anreize die Regulierung zu umgehen und deshalb sollten die internationale Zusammenarbeit in der Aufsicht

---

349 Manfred Holztrattner/Michael Sedmak (2009): Eliten oder Nieten. Die Finanz- und Wirtschaftskrise als Ergebnis politischer und wirtschaftlicher Führungsschwächen. Salzburg: KIESEL-Verlag, S. 165-183

verstärkt und die Regeln für die Finanzmärkte auf globaler Ebene abgestimmt werden.[350]

Roger de Weck beschrieb ebenfalls Wege zu einem ausgewogenen Kapitalismus. Seiner Ansicht nach bräuchte dieser vor allem Mechanismen zur Mäßigung der Gier, ein besseres Gleichgewicht zwischen Kapital und Arbeit (was den Abbau steuerlicher Privilegien für das Kapital voraussetzt), Schranken für den Steuerwettbewerb und eine Abkehr vom US-amerikanischen Defizitdenken. Der Kapitalismus sollte, laut de Weck, demokratischer werden. Dazu müsste er den Vorrang der Demokratie vor der Ökonomie beachten und die Übermacht der Finanzwelt brechen. Außerdem müsste er für Unabhängigkeit der Politik von Wirtschaftsinteressen sorgen und den Staat mit seinen Institutionen achten. Ein stabiler Kapitalismus würde die Spekulation, dort wo sie schädlich ist, verbieten. Außerdem sollte er viel Eigenkapital verlangen und Banken mithaften lassen, wenn diese ihre Risiken auf Kunden abwälzten. Massive Gehalts- und Bonusexzesse sollten bestraft, nachhaltige Firmenstrategien hingegen belohnt werden. Dafür sollte es Anreize, in Form von Steuerrabatten auf Gewinne, die wieder in das Unternehmen fließen, sowie langfristig ausgerichtete Bonussysteme geben.[351]

Es bestünden also vielseitige Vorschläge zu einer Neuausrichtung der internationalen Finanz- und Wirtschaftspolitik, vor allem eine bessere internationale Koordinierung, mehr Regulierung und ein demokratischeres Wirtschaftssystem welches allen Menschen zugute kommt, wurden oftmals angesprochen. Tiefgreifende Reformen wurden, wie erwähnt, bis Ende 2010 jedoch nicht in Gang gebracht. Es blieb offen, inwiefern man von der Krise gelernt und die schädliche Richtung, in welche sich das internationale Finanzsystem in den letzten Jahren entwickelte, anerkannte, da eine Neustrukturierung ausblieb.

---

350 Beirat für Wirtschafts- und Sozialfragen (2009): Österreich und die internationale Finanzkrise. Nr. 83, S. 50

351 Roger de Weck (2009): Nach der Krise. Gibt es einen anderen Kapitalismus? München: Nagel & Kimche, S. 17, 40, 54

Vergleich: Die Weltwirtschaftskrise ab 1929 und 2007 in Österreich

Das vorliegende Kapitel zieht einen Vergleich zwischen der Weltwirtschaftskrise von 1929 und jener von 2007 in Österreich. Unterschiede sowie Parallelen werden dabei herausgearbeitet. Das Hauptaugenmerk ist nicht auf den Krisenverlauf, sondern auf die Reaktionen der österreichischen Politik auf die jeweilige Krise gerichtet. Es wird ein kurzer, allgemeiner Überblick über die Weltwirtschaftskrise von 1929 gegeben und Ähnlichkeiten und Unterschiede der Wirtschaftskrisen von 1929 und 2007 aufgezeigt. Ein Unterpunkt beschäftigt sich überblicksartig mit dem Verlauf der Krise ab 1929 in Österreich. Im Zentrum des vorliegenden Kapitels steht schließlich der Vergleich zwischen den wirtschaftspolitischen Maßnahmen Österreichs im Zuge der Krise von 1929 und jenen die 2007 bis 2010 gesetzt wurden, gezogen wird. Laut Experten gab es zwischen den beiden Krisen einige Parallelen, wobei hier meist die Ursachen und die Entwicklung der Krisen gemeint sind. Diese Arbeit behandelt jedoch vor allem die politischen Reaktionen und analysiert inwiefern hier Ähnlichkeiten bestehen. Dabei soll auch eine Rolle spielen, inwiefern die Politik in beiden Krisen ähnliche Fehler beging.

Die Weltwirtschaftskrise 1929 –
Parallelen und Unterschiede zur Finanz- und Wirtschaftskrise ab 2007

Die Weltwirtschaftskrise der 1930er Jahre stellte einen entscheidenden Einschnitt in der Geschichte des zwanzigsten Jahrhunderts dar. Sie führte zum Zusammenbruch des internationalen Währungssystems, länderübergreifenden Bankenpaniken, Bankrotten, Massenarbeitslosigkeit und mancherorts auch gewaltsamen politischen Umwälzungen. Von zuvor dagewesenen Krisen unterschied sie sich vor allem in ihrer Länge und geographischen Ausbreitung.[352] Sie bedingte einen weltweiten Einbruch der Wirtschaft und stürzte viele Menschen ins Elend. In den USA und Deutschland halbierte sich die Industrieproduktion. Das

---

352 Alice Teichova (2000): Die Weltwirtschaftskrise (1929-1933) und die Nachfolgestaaten der Habsburgermonarchie. In: Beiträge zur historischen Sozialkunde 1/2000. Verein für Geschichte und Sozialkunde. S. 4-7, insbesondere S. 4

reale BIP der USA schrumpfte um mehr als 25 Prozent und das reale Pro-Kopf-Einkommen erreichte erst zehn Jahre nach Einbruch der Krise wieder Vorkrisenniveau. Auf dem Höhepunkt der Krise war fast ein Viertel aller Amerikaner, also knapp dreizehn Millionen Menschen, arbeitslos. Rund 1000 amerikanische Banken brachen zwischen 1929 und 1933 zusammen und aufgrund der fehlenden Einlagensicherung verloren sehr viele amerikanische Bürger ihre Ersparnisse.[353]

Eichhorn und Solte beschrieben die Ausgangssituation 1929 so, dass es in den USA zunehmend attraktiv wurde, kreditbasiert in den Aufbau von Produktionskapazitäten zu investieren, weil sich hier ein Wachstum abzeichnete. Es hatte also den Anschein, als würde mehr produziert und verkauft werden können. Das erwartete Wachstum resultierte jedoch großteils aus den fehlenden Produktionskapazitäten in Europa. In den USA wie in Europa wurden dann Schulden für den Ausbau von Produktionskapazitäten gemacht. Dabei fielen auch immer mehr Zinsen an. Manche Investitionen, darunter auch der Erwerb von Aktien, waren so geplant, dass die Rückzahlung der Kredite samt Zinsen aus einer Höherbewertung des Unternehmenswertes eingelöst werden sollte. Durch die hohen Exportraten von den USA nach Europa sah es so aus, als würde der Umsatz und Gewinn der amerikanischen Firmen permanent steigen. Deshalb ging man davon aus, dass auch die Unternehmensanteile stetig steigen würden. Viele Menschen akzeptierten kreditbasiert immer höhere Preise für Unternehmensanteile, weil sie in der Zukunft noch höhere Kurse erwarteten, es wurde also spekuliert. Mit den hohen Erlösen und Dividenden sollten dann eben die Kredite und Zinsen zurückgezahlt werden. Der Ausbau von Produktionskapazitäten in Europa war die Voraussetzung, dass überhaupt eine Chance auf Rückzahlung der gewährten Kredite bestand. Es galt also Europa zu fördern, wenn man wollte, dass die Kredite, die man dorthin vergeben hatte, entweder über Geld, Erzeugnisse oder Dienstleistungen zurückgezahlt werden konnten. Ein Großteil der Kredite, insbesondere nach Frankreich und England, kam dabei von den USA. Dort gab es besonders viel Spekulation, es wurde immer mehr gehebelt und investiert. Haupttreiber dabei war der Wiederaufbau der Zerstörungen durch den ersten Weltkrieg in Europa. Dieser war jedoch zeitlich begrenzt und in den USA bildete sich eine Spekulationsblase. Die Kurse an den Börsen stiegen in kaum nachvollziehbare Höhen. Gleichzeitig aber strukturierte sich Europa neu. England beispielsweise koppelte sich vom Goldstandard ab und insbesondere in Deutsch-

---

353 Olaf Storbeck (2009): Die Jahrhundertkrise. Über Finanzalchemisten, das Versagen der Notenbanken und John Maynard Keynes. Stuttgart: Schäffer-Poeschel, S. 89

land kam es zu einer Hyperinflation. Im Oktober 1929 platzte schließlich, wie erwähnt, die Blase. Roosevelts Reaktion auf die Krise, der „New Deal", beinhaltete Umverteilung, mehr sozialen Ausgleich, mehr Balance, mehr Abschottung und die Fokussierung auf eine starke Binnenökonomie. Unter anderem durch die beiden letztgenannten Punkte übertrug sich die Krise auch auf Europa. Durch die Abschottung und die hohen Importzölle wurde nämlich der Export von Europa in die USA erschwert und damit auch umgekehrt der Geldfluss von den USA nach Europa. In Europa wurde dann das Geld knapp und die Weltökonomie kam zum Erliegen.[354] Die Weltwirtschaftskrise war entstanden.

Auch in Deutschland zog die Weltwirtschaftskrise von 1929 verheerende Auswirkungen nach sich. 1932 waren hier sechs Millionen Menschen arbeitslos. Eine derartig hohe (und langanhaltend hohe) Arbeitslosrate hatte es dort zuvor noch nie gegeben.[355] Österreich zeigte sich vor allem in den Jahren 1931/1932 stark von der Krise betroffen und die Arbeitslosenzahlen stiegen an. Die Arbeitslosigkeit war in Österreich zwar schon seit dem Ende des ersten Weltkrieges hoch gewesen, nach einem leichten Rückgang Ende der 1920er Jahre nahm sie dann aber ab 1930 massiv und stetig zu. Am Höhepunkt der Krise 1933 lag die Arbeitslosenzahl bei 26 Prozent und fiel bis 1937 nur unwesentlich auf knapp 22 Prozent.[356]

Meist wird die Dauer der Weltwirtschaftskrise mit 1929 bis 1933 angegeben, in den USA jedoch führte die Krise zur Großen Depression und dauerte damit im Grunde von 1929 bis 1939. Es kam zwar zwischendurch zu Erholungsphasen, diese hielten jedoch nie lange an.[357]

Allgemein herrscht in Bezug auf die Krise 1929 kein allgemeiner Konsens darüber, wann und wo sie ihren Anfang nahm. Meist wird der sogenannte „Schwarze Freitag" an der New Yorker Börse, am 25. Oktober 1929 als Anfangsdatum und Auslöser der Krise genannt. Analysen zeigten jedoch, dass die

---

354 Wolfgang Eichhorn/Dirk Solte (2009): Das Kartenhaus Weltfinanzsystem. Rückblick – Analyse – Ausblick. Hrgs.: Klaus Wiegandt. Frankfurt am Main: Fischer Taschenbuch Verlag, S. 167-173

355 Wilhelm Grotkopp (1954): Die grosse Krise. Lehren aus der Überwindung der Wirtschaftskrise 1929/32. Düsseldorf: ECON-Verlag, S. 14

356 Verena Pawlowsky (2000): Arbeitslosenpolitik im Österreich der dreißiger Jahre. In: Beiträge zur historischen Sozialkunde 1/2000. Verein für Geschichte und Sozialkunde. S. 24-32, insbesondere S. 25

357 Gerd Hardach (2000): Die Große Depression in den USA 1929-1939. In: Beiträge zur historischen Sozialkunde 1/2000. Verein für Geschichte und Sozialkunde. S. 8-16, insbesondere S. 16

Krise in den USA bereits davor durch einen bisher nicht geklärten Zusammenbruch der Verbrauchernachfrage, aufgrund dessen dann die Agrar- und Rohstoffpreise fielen, begann. Auch gab es den „Schwarzen Freitag" in dem Sinne nicht. Die Börsenkurse brachen eigentlich am Donnerstag, den 24. und Dienstag, den 29. Oktober, am tiefsten ein.[358] In Amerika wird auch vom „Black Thursday" gesprochen, der Begriff „Schwarzer Freitag" entstand in Deutschland und Österreich aufgrund der Zeitverschiebung in der Nachrichtenübermittlung und geht außerdem auf einen schweren Kurssturz an der Berliner Börse, am Freitag, den 13. Mai 1927, zurück.[359]

Der Börsencrash war ein Resultat der Spekulation, während deren Dauer US-Auslandskredite, die zum Großteil kurzfristig angelegt waren, zurückgerufen wurden, um Einkäufe an den heimischen Börsen finanzieren zu können. Gleichzeitig trug die amerikanische Notenbank durch ihre restriktive Geldpolitik zur Schrumpfung des Wirtschaftslebens bei. Durch abnehmende Kapital- und Handelsströme wirkte sich dies auch auf die Weltwirtschaft aus. Dass die Krise in den USA begann, wird teilweise hinterfragt, es soll nämlich auch in anderen Regionen der Welt eigenständige Krisenherde gegeben haben, die jedoch erst ersichtlich wurden, als die großteils kurzfristig gewährten US-Investitionen abflossen.[360] Die Weltwirtschaftskrise begann also eigentlich mit einer Vielzahl nationaler zyklischer Krisen, die sich dann durch den Zusammenbruch des Welthandels und des internationalen Kreditsystems zu einer weltweiten Katastrophe vereinigten. Die USA waren zwar, aufgrund der Bedeutung ihrer Wirtschafts-, Außenwirtschafts- und Währungspolitik, das Zentrum der Krise, diese ging jedoch nicht alleine von ihnen aus.[361]

Laut Lucas Zeise ist ein Vergleich der Krisen von 1929 und 2007, aufgrund gewisser Ähnlichkeiten, zulässig. Beispielsweise ging beiden Krisen ein Boom des Finanzsektors voraus und in beiden Fällen betraf die Krise besonders stark

---

358 Alice Teichova (2000): Die Weltwirtschaftskrise (1929-1933) und die Nachfolgestaaten der Habsburgermonarchie. In: Beiträge zur historischen Sozialkunde 1/2000. Verein für Geschichte und Sozialkunde. S. 4

359 Fritz Blaich: Der Schwarze Freitag. Inflation und Weltwirtschaftskrise. München: Deutscher Taschenbuch Verlag, S. 7

360 Alice Teichova (2000): Die Weltwirtschaftskrise (1929-1933) und die Nachfolgestaaten der Habsburgermonarchie. In: Beiträge zur historischen Sozialkunde 1/2000. Verein für Geschichte und Sozialkunde. S. 4

361 Gerd Hardach (2000): Die Große Depression in den USA 1929-1939. In: Beiträge zur historischen Sozialkunde 1/2000. Verein für Geschichte und Sozialkunde. S. 8-16, insbesondere S. 9

den Bankensektor und den Finanzmarkt. Die grundlegendste Parallele war, laut Zeise, dass das Zentrum beider Krisen in den USA lag.[362]

Paul J.J. Welfens hingegen sah nur teilweise Parallelen zwischen den Krisen, da die Krise 1929 in den USA, im Gegensatz zu der ab 2007, mit einem realwirtschaftlichen Abschwung begann, welchem dann ein massiver Aktienkurseinbruch im Herbst 1929 folgte. Die Börsenhausse 1928/29 war eben wesentlich durch Bankkredite an Investoren beziehungsweise Spekulanten finanziert worden und darin lag das Krisenpotential.[363] Olaf Storbeck wiederum sah einige Parallelen der beiden Weltwirtschaftskrisen. Sie waren beide global verbreitet und wurden durch Ansteckungseffekte von Land zu Land weitergegeben. In beiden Fällen folgte die Krise auf eine lange Ära wirtschaftlicher Prosperität und ihr Zentrum lag, wie erwähnt, beide Male in den USA. Auch 1929 gab es vor Eintritt der Krise einen Boom bei Finanzprodukten, die hohe Renditen ohne Risiken versprachen, sich jedoch später als Schrott erwiesen, die sogenannten „Investment Trusts". Dies waren unsichere Produkte, im Kern ähnlich den heutigen Aktienfonds. Finanzdienstleister kauften Anteile an börsennotierten Unternehmen und finanzierten sich selbst über Anleihen und Aktien.[364] Die Investment Trusts ermöglichten es Aktien alter Gesellschaften durch das Medium neuer Gesellschaften zu erwerben. Investment Trusts schufen eine fast vollständige Trennung zwischen dem Volumen der sich im Umlauf befindlichen Wertpapiere und dem Volumen der tatsächlich vorhandenen Werte. Ersteres konnte vielfach so hoch sein, wie letzteres. Dadurch kam es zu einer entsprechenden Ausdehnung des Volumens der Wertpapieremissionen. Die Investment Trusts verkauften gemeinhin mehr Papiere als sie einkauften. Die Differenz kam dann auf den Markt für tägliches Geld, wurde in Immobilien investiert oder von den Gründern einbehalten. In den USA wurden in den späten 1920er Jahren sehr viele Investment Trusts gegründet. Anfang 1927 existierten 160 Trusts, im selben Jahr kamen dann noch weitere 140 hinzu, 1928 waren es 180 Trusts und in den ersten Monaten des Jahres 1929 wurde täglich ein neuer Trust gegründet. Ihre Aktien verkauften sich sehr gut. Im Herbst 1929 belief sich das Gesamtvermögen aller

---

362 Lucas Zeise (2008): Ende der Party. Die Explosion im Finanzsektor und die Krise der Weltwirtschaft. Köln: PapyRossa, S. 8

363 Paul J.J Welfens (2009): Transatlantische Bankenkrise. Stuttgart: Lucius & Lucius, S. 12

364 Olaf Storbeck (2009): Die Jahrhundertkrise. Über Finanzalchemisten, das Versagen der Notenbanken und John Maynard Keynes. Stuttgart: Schäffer-Poeschel, S. 93

Trusts auf rund acht Milliarden Dollar.[365] Die Investment Trusts wurden unter anderem von den großen Wall Street-Banken, J.P. Morgan und Goldman Sachs betrieben. Sie unterlagen keiner staatlichen Aufsicht. Wie die späteren Hedgefonds und Investmentbanken agierten sie mit viel geliehenem Geld, also mit hohem leverage. Auch in der Krise ab 2007 spielten eben komplexe Kreditderivate, vor allem CDOs, eine große Rolle (siehe Kapitel „Übergreifen der Finanzkrise auf die Welt – internationale Verflechtung des Finanzsystems") und auch Hedgefonds hatten in den Jahren vor der Krise einen Boom erlebt. Im Oktober 1929 platzte schließlich die Aktienblase an der Wall Street und mit dem Börsencrash wurden auch die Investment Trusts wertlos. Ihr Eigenkapital wurde vernichtet und ihre Schulden waren zu groß, um überleben zu können.[366]

Wolfgang Eichhorn und Dirk Solte sahen hier Ähnlichkeiten zwischen der grundlegenden Problematik der Krise ab 2007 und der Situation 1929 sowie deren Wirkungsmustern in der anschließenden Großen Depression. In der Krise ab 2007 wurden, genauso wie 1929, im Vergleich zum Volumen an Zentralbankgeld und der Realwirtschaft, enorme Volumina an Schwellgeld, also beispielsweise Schuldverschreibungen, verbriefte Geldansprüche und Ähnliches, gleichsam Geld behandelt und gehandelt. Das heißt, es konnten eben beispielsweise Firmen mit Aktien oder über Kredite gekauft werden und es war möglich am Geldmarkt kurzfristig Schwellgeld gegen Zentralbankgeld zu tauschen. Solange das Vertrauen der Kreditinstitute untereinander aufrecht war und Interbankenkredite gewährt wurden, sah man Geschäftsbankgeld als genauso gut wie Zentralbankgeld an. Dadurch war die Geldmenge, die für Zahlungen im Wertschöpfungs- und Sachvermögensmarkt genutzt werden konnte, enorm groß. Liquidität war also in großem Ausmaß vorhanden und sie verteilte sich über die drei Märkte Wertschöpfung, Sachvermögen und Finanzvermögen, der Rest war Kassenhaltung. Im Finanzmarkt wird allgemein eine großes Geschäftsvolumen mit vergleichsweise wenig Zentralbankgeld abgewickelt. Kern und Ziel der Geschäfte ist immer Schwellgeld in Zentralbankgeld umzutauschen, um in Märkten in denen Zentralbankgeld gefordert wird, bezahlen zu können. Das Schwellgeld wird also über den Finanzmarkt liquide und damit so gut wie Geld, 2008 betrug es das Vierfache der gesamten weltweiten Wirtschaftsleistung. Das meiste dieser Liquidität war in den letzten Jahren im Vermögensmarkt aktiv. Hebelgeschäfte,

365 John Kenneth Galbraith (1963): Der grosse Krach 1929. Die Geschichte einer Illusion, die in den Abgrund führte. Stuttgart: Seewald Verlag, S. 83-87

366 Olaf Storbeck (2009): Die Jahrhundertkrise. Über Finanzalchemisten, das Versagen der Notenbanken und John Maynard Keynes. Stuttgart: Schäffer-Poeschel, S. 93-94

wie beispielsweise über Kredite finanzierte Käufe von Immobilien oder Firmen, waren üblich. Die Preise für Sachvermögen stiegen dadurch permanent an, bis die Blasenbildung im Immobiliensektor in den USA deutlich wurde. Ähnliches passierte 1929 bei allen an der Börse gehandelten Wertpapieren. Von der Krise ab 2007 waren, wie schon erwähnt, anfänglich vor allem der Interbanken- und der Kreditmarkt betroffen. Schwellgeld war nichts mehr wert, aufgrund der aufkommenden Unsicherheit wollte jeder Zentralbankgeld. 1929 war die Situation ähnlich und es kam zu einem Engpass hinsichtlich Zentralbankgeldes, Grund war damals die Golddeckung. Daraufhin wurden 1933 in den USA gesetzliche Obergrenzen für Gold in Privatbesitz festgelegt. Immer mehr Marktakteure hatten nämlich Zentralbankgeld gegen Gold eingetauscht und dann als Reserve gehortet.[367]

Damals wie heute hatten die Banken gleich mehrere Grundprinzipien des seriösen Kreditgeschäftes missachtet. In der zweiten Hälfte der 1920er Jahre liehen beispielsweise die deutschen Geldinstitute sehr kurzfristig fällige Fremdeinlagen auf lange Zeit aus und verzichteten, vor allem aufgrund des Konkurrenzkampfes um Marktanteile, auf eine vernünftige Risikostreuung. In der Immobilienkrise vergab man, aufgrund der Spekulation auf steigende Immobilienpreise, „Subprime"-Kredite an Menschen ohne Sicherheiten. Die deutschen Banken waren außerdem zu Beginn der 1930er Jahre hoch verschuldet. Das Verhältnis zwischen Eigen- und Fremdmitteln lag vor dem Kollaps bei eins zu fünfzehn. Zudem waren die Banken nach dem ersten Weltkrieg und der Hyperinflation strukturell geschwächt. Sie hatten einen Großteil ihres Eigenkapitals und der Fremdeinlagen verloren, ohne Kapital aus dem Ausland hätten viele nicht überlebt. 40 Prozent der Einlagen stammten aus dem Ausland und die ausländischen Investoren konnten zwei Drittel ihrer Einlagen kurzfristig kündigen. Die akute Bankenkrise traf jedoch erst eineinhalb Jahre nach der Baisse an den Börsen ein. Am 11. Mai 1931 brach beispielsweise die Österreichische Credit-Anstalt (CA) zusammen. Storbeck zog eine entscheidende Parallele zwischen den Krisen von 1929 und 2007, indem er schrieb, dass damals wie heute die wahren Ausmaße der Krisen von den meisten Experten und Politikern unterschätzt und die schon länger vorhandenen Probleme jahrelang bewusst übersehen oder schöngeredet wurden. Storbeck nannte aber auch wichtige Unterschiede, beispielsweise die Reihenfolge der Ereignisse. 1929 begann der Abschwung der Realwirtschaft

---

367 Wolfgang Eichhorn/Dirk Solte (2009): Das Kartenhaus Weltfinanzsystem. Rückblick – Analyse – Ausblick. Hrgs.: Klaus Wiegandt. Frankfurt am Main: Fischer Taschenbuch Verlag, S. 167-173

schon vor der Finanzkrise. Der Wall-Street-Crash verstärkte dann lediglich den schon vorhandenen Abschwung. Die tiefe Rezession in Österreich und Deutschland führte erst nach zwei Jahren zu einer Finanzkrise, welche dann den wirtschaftlichen Abschwung drastisch verschärfte. In den USA brach die Bankenkrise noch später, nämlich Anfang 1933, aus. Bei der Wirtschaftskrise ab 2007 verhielt es sich anders. Sie hatte ihren Ursprung im Finanzsektor und der Rest der Wirtschaft spürte vorerst wenig davon. Der Wendepunkt war die Lehman-Pleite. Ein weiterer wichtiger Unterschied zwischen den beiden Krisen war, dass die Krise ab 2007 bis dato keine gröberen politischen Verwerfungen auslöste, wie dies bei der Krise 1929 in einigen Regionen der Fall war.[368] Die Weltwirtschaftskrise von 1929 war nämlich nicht nur eine ökonomische, sondern ebenso eine politische Krise. Die Auflösung des internationalen Währungssystems führte zu einem Zerfall des internationalen politischen Systems. Die wirtschaftliche Krise und der Zerfall des Weltmarktes förderten in etlichen Ländern, beispielsweise Deutschland und Österreich, nationalistische Bewegungen, Autarkiebestrebungen und Aggression.[369]

Ein weiterer wichtiger Unterschied der beiden Krisen war der, dass der Dienstleistungssektor, welcher von derartigen Konjunktureinbrüchen meist weniger heftig betroffen ist als andere Sektoren, in der Krise ab 2007 deutlich größer war, als in den frühen 1930er Jahren. Ebenso gestaltete es sich mit dem staatlichen Sektor und diese Tatsachen federten den Kollaps der Industrie ab. Ende der 1920er Jahre fielen die Verbraucherpreise sehr stark, bis Mitte 2009 jedoch waren sie stabil. Auch das soziale Netz war 2007 um einiges enger als in den 1930er Jahren. Ein weiterer Unterschied war, laut Storbeck, dass die Regierungen in den USA, Deutschland und einigen anderen Ländern als Reaktion auf die Krise 1929 teilweise katastrophale Fehlentscheidungen trafen und die Probleme dadurch verschlimmerten. Die Industriestaaten handelten damals auch in großem Maße unkoordiniert und lediglich von ihren Eigeninteressen geleitet. Einheimische Firmen wurden mit allen Mitten vor Konkurrenz aus dem Ausland geschützt, Importzölle, wie erwähnt, drastisch angehoben und Einfuhrquoten eingeführt. Außerdem versuchten die Staaten, durch Abwertung ihrer eigenen

---

368 Olaf Storbeck (2009): Die Jahrhundertkrise. Über Finanzchemisten, das Versagen der Notenbanken und John Maynard Keynes. Stuttgart: Schäffer-Poeschel, S. 93-97

369 Peter Feldbauer/Gerd Hardach (1999): Von der Weltwirtschaftskrise zur Globalisierungskrise: Wohin treibt die Peripherie? In: Peter Feldbauer/Gerd Hardach/Gerhard Melinz (Hrsg.): Von der Weltwirtschaftskrise zur Globalisierungskrise. Wohin treibt die Peripherie? Frankfurt am Main: Brandes & Apsel/Südwind, S. 9-21, insbesondere S. 13

Währung, die Exporte anzukurbeln. Diese Strategie führte in eine Abwärtsspirale und verschlimmerte die Probleme. Storbeck meinte, dass ohne diesen Protektionismus aus der Rezession wohl keine Große Depression geworden wäre. Außerdem versuchten die Regierungen und Notenbanken ab 1929 die Krise mit höheren Zinsen, geringeren Staatsausgaben und Lohnkürzungen unter Kontrolle zu bringen, da Staatsschulden verpönt waren.[370] In der Krise ab 2007 wurde im Vergleich dazu von den meisten Regierungen besser reagiert und gegengesteuert.

1929 gab es in den USA, wie auch in Ansätzen im September 2007 nach der Lehman-Pleite, einen Run auf die Banken. Die Leute hatten das Vertrauen in die Banken und Finanzmärkte verloren und wollten ihr Geld in Sicherheit bringen. 1929 war dieser „Bank-Run" jedoch viel stärker ausgeprägt, 2007 war dies eher ein kurzzeitiges Phänomen, da die meisten strauchelnden Banken nach der Pleite von Lehman Brothers gerettet und die Einlagen der Menschen gesichert wurden. Der „Bank-Run" war eher ein klassisches Merkmal des Börsencrashs von 1929, als der Krise ab 2007.[371] Hier handelt es sich also zwar um eine Parallele zwischen den beiden Krisen, jedoch wurde 2007 nach der Pleite von Lehman Brothers, wie beschrieben, von staatlicher Seite stärker reagiert. Banken wurden gerettet und Einlagen gesichert. Damit konnten weitere „Bank-Runs" weitgehend verhindert werden.

Der Höhepunkt der Krise ab 2007, der Fall von Lehman Brothers, wurde von vielen Menschen mit dem Beginn der Krise 1929 assoziiert. Die hohe Geschwindigkeit und die Fallstärke, mit der die Immobilienpreise und Aktienmärkte abstürzten, riefen ebenfalls Erinnerungen wach. Jedoch glichen sich die Krisen, laut Heide Simonis, nicht so stark, wie das von vielen Seiten behauptet wurde. Auch Simonis brachte hier das Argument, dass die Banken in der Krise von 1929 nicht als erste kollabierten, sondern als letzte in den frühen 1930er Jahren.[372]

Die meisten Ökonomen beurteilten die Weltwirtschaftskrise von 1929 als vermeidbar. Sie sagten, dass diese Krise abgewandt hätte werden können, wenn der damalige Präsident der USA, Herbert Hoover, angesichts des Konjunktur-

---

370 Olaf Storbeck (2009): Die Jahrhundertkrise. Über Finanzalchemisten, das Versagen der Notenbanken und John Maynard Keynes. Stuttgart: Schäffer-Poeschel, S. 97

371 Fred Harrison (2008): Wirtschaft Krise 2010. Wie die Immobilienblase die Wirtschaft in die Krise stürzt. Kühn & Weyh: Freiburg, S. 7-8

372 Heide Simonis (2010): Verzockt! Warum die Karten von Markt und Staat neu gemischt werden müssen. Göttingen: Vandenhoeck & Ruprecht, S. 9-10

rückgangs weniger Haushaltsdisziplin geübt und mehr Staatsschulden für notwendige Ausgaben zugelassen hätte, wenn die Notenbank nicht zulasten der Wirtschaft am Goldstandard festgehalten und der Staat den bedrohten Banken mit Liquidität geholfen hätte, um den Bankenansturm abzuwehren. Dies waren, nach Ansicht vieler Ökonomen, die gröbsten Fehler, welche gemacht wurden und die Krise verstärkten.[373]

Auch John Kenneth Galbraith sah die damals vorherrschende Tugend des ausgeglichenen Staatshaushaltes als kontraproduktiv an. Er meinte, dass man angesichts der in den 1930 Jahren komplexer gewordenen Welt diese Vorschrift überdenken hätte sollen. Aufgrund der Massenarbeitslosigkeit waren neue Regeln entstanden und das Problem hätte von Grund auf neu betrachtet werden müssen.[374]

Zwischen der weltweiten Krise von 1929 und 2007 sind also durchaus Parallelen, aber auch Unterschiede, was beispielsweise den Verlauf der Krise betrifft, zu finden. Beide Male jedoch wurde die Krise von vielen Seiten als vermeidbar bezeichnet und der Politik die Schuld gegeben, diese Krisen entstehen gelassen zu haben. Eine zu geringe Kontrolle und Aufsicht des Marktes durch die Politik und den Staat spielte in beiden Fällen eine Rolle.

Die Krise ab 1929 in Österreich

Die Weltwirtschaftskrise, welche sich wie erwähnt aus den USA kommend auf das schon geschwächte und krisengefährdete Europa übertrug, betraf auch Österreich. Mit ihr kam der noch junge Steuerstaat in eine strukturelle Krise.[375] Die Industrieproduktion ging in Österreich von 1929 bis 1933 um 38 Prozent zurück, die Exporte halbierten sich. Die Große Depression stellte sich als besonders schlimm dar, da sie sowohl eine internationale Agrar-, Industrie- wie auch Kreditkrise mit sich brachte. In den ersten beiden Teilkrisen war Österreich bloß Rezipient, der Anstoß zur weltweiten Kreditkrise ging jedoch, laut Kernbauer

---

373 Paul Krugman (2008): Die neue Weltwirtschaftskrise. Frankfurt/New York: Campus Verlag, S. 11

374 John Kenneth Galbraith (1963): Der grosse Krach 1929. Die Geschichte einer Illusion, die in den Abgrund führte. Stuttgart: Seewald Verlag, S. 253-254

375 Dieter Stiefel (1988): Die große Krise in einem kleinen Land. Österreichische Finanz- und Wirtschaftspolitik 1929-1938. Wien: Böhlau Verlag, S. 32-43

und Weber, mit dem Zusammenbruch der CA, von Österreich aus. Sie war ein wichtiges transnationales Unternehmen.[376]

1930 stand man in Österreich vor wirtschaftspolitischen Aufgaben, welche sich in diesem Umfang zuvor noch nie gestellt hatten, denn die Wirtschaftskrise der 1930er Jahre war die erste Krise, die alle Wirtschaftsbereiche intensiv erfasste, zuvor waren meist nur Teilbereiche der Wirtschaft von Depressionen betroffen gewesen. Dies resultierte vor allem aus dem zuvor durchgemachten industriewirtschaftlichen Entwicklungsprozess und trug zu einer gewissen wirtschaftspolitischen Unsicherheit in den 1930er Jahren bei, obwohl sich auch der Staat funktionell weiterentwickelt hatte. In der Zwischenkriegszeit hatte sich eine Form des Steuerstaates entwickelt, in der versucht wurde etatistische Grundsätze mit sozialpolitischen Aufgaben zu kombinieren, ohne dabei jedoch direkt in das Konjunkturgeschehen einzugreifen. Diese spezifische Form des Steuerstaates kam dann mit der Weltwirtschaftskrise in das strukturelle Dilemma steigender Ausgaben bei gleichzeitig sinkenden Einnahmen. Vor allem bei der Entwicklung der Ausgaben spiegelte sich die Verschlechterung der Konjunktur schnell und intensiv wider. Gleich nach Beginn der Wirtschaftskrise wurden in den meisten Staaten Forderungen nach Abhilfe aus öffentlichen Mitteln laut, welche aus politischen Gründen meist, zumindest teilweise erfüllt wurden. Aus diesen Notstandsmaßnahmen resultierten außerordentliche und im Zuge der Krise wachsende Mehrausgaben. Der Staatshaushalt befand sich Anfang der 1930er Jahre prinzipiell in einer schwierigeren Situation als nach der Inflation. Durch die erste Reaktion der Regierung auf die Krise kam es zu einer Ausgabenverschiebung, beispielsweise erhöhte sich der Anteil der sozialen Verwaltung, woraufhin auch die Steuern erhöht wurden. Da diese Form der Budgetpolitik krisenverschärfend wirkte, reduzierte man die Staatsausgaben wieder. Durch die folgende restriktive Budgetpolitik sollte der öffentliche Sektor wieder verkleinert werden. Auch die Interessensvertretungen auf Unternehmerseite und die Wirtschaftswissenschaften sprachen sich für eine Senkung der Staatsausgaben aus. Österreich hatte 1932 ein ausgeglichenes Budget. Ansonsten nahmen die Staatsausgaben in Österreich von 1930 bis 1934 stets zu und das Brutto-Nationalprodukt (BNP) ab. Das strukturelle Dilemma des Steuerstaates in der Wirtschaftskrise, also steigende Ausgaben bei sinkenden Einnahmen, konnte

---

376 Hans Kernbauer/Fritz Weber (1984): Von der Inflation zur Depression. Österreichs Wirtschaft 1918 – 1934. In: Emmerich Tálos/Wolfgang Neugebauer (Hrsg.): „Austrofaschismus" Beiträge über Politik Ökonomie und Kultur 1934 – 1938. Wien: Verlag für Gesellschaftskritik, S. 1-30, insbesondere S. 2

prinzipiell entweder durch einen restriktiven oder einen expansiven wirtschaftspolitischen Kurs bekämpft werden. Also entweder durch eine Reduzierung oder
eine Erweiterung der Staatsfunktion. Während der Weltwirtschaftskrise betrieben alle österreichischen Regierungen eine antiinterventionistische Wirtschaftspolitik. Dollfuß nahm zwar den landwirtschaftlichen Bereich aus, aber auch er
setzte auf die klassischen Mittel der stabilen Währung. Er sah Ordnung im
Staatshaushalt und die Herstellung von Vertrauen in die Wirtschaft als Basis für
einen neuen Aufschwung. Staatsinterventionistisch eingestellt war lediglich die
Heimwehr, diese hatte aber wirtschaftspolitisch wenig Einfluss. Man wusste jedoch, dass die Kürzung der Staatsausgaben gerade in der Krise schwerwiegende
Folgen haben würde. Zahlreiche Kommentare der Presse sowie des Ministerra-
tes warnten davor, die Sachausgaben des Staates völlig einzustellen, weil es dadurch zu einer weiteren Verschärfung der Wirtschaftslage käme. Die antiinterventionistische Politik inklusive der Kürzung der Staatsausgaben entstand also
nicht aus Unkenntnis, man wusste um die Folgen Bescheid. Auch die Erkennt-
nis, dass das Ausmaß der Arbeitslosigkeit durch das Budgetvolumen beeinflusst
werden könnte, war vorhanden. Dieser erste Schritt zu einem konjunkturpoli-
tisch aktiven Steuerstaat war auch in Österreich bereits vollzogen worden. Man
blieb jedoch trotzdem auch in der Krise streng dem Etatismus verhaftet und der
oberste Grundsatz war somit die Ordnung im Budget. Außerdem war man nicht
sicher, ob der Staat der Aufgabe der aktiven Krisenbekämpfung überhaupt ge-
wachsen gewesen wäre. Man vermutete, dass ein Ersatz der in der Krise zurück-
gegangenen Nachfrage durch die öffentliche Hand den Rahmen des Staatsbudgets gesprengt hätte.[377]
Sparen war damals also ein wichtiger Punkt bei allen österreichischen Regierungen. Bis 1929 waren die Rechnungsabschlüsse stets besser ausgefallen als
die Budgetvoranschläge, ab 1929 bis 1934 verhielt es sich umgekehrt. Die Entwicklung der Staatsfinanzen verlief in der Weltwirtschaftskrise stets schlechter
als erwartet. Es schien als würde die österreichische Finanzverwaltung von der
andauernden Verschlechterung der Staatsfinanzen ständig neu überrascht werden. Ein Indiz dafür war, dass die wirtschaftspolitischen Gegenmaßnahmen
meist ad hoc und kurzfristig gesetzt wurden.[378] Die Sparpolitik der österreichischen Regierungen in der Zwischenkriegszeit und die massiven Ausgabenkür-

377 Dieter Stiefel (1988): Die große Krise in einem kleinen Land. Österreichische Finanz-
     und Wirtschaftspolitik 1929-1938. Wien: Böhlau Verlag, S. 32-43

378 Dieter Stiefel (1988): Die große Krise in einem kleinen Land. Österreichische Finanz-
     und Wirtschaftspolitik 1929-1938. Wien: Böhlau Verlag, S. 43-44

zungen verschärften also die ohnehin schon schlechte Wirtschaftssituation in der Krise, führten zu einem Rückgang des Außenhandels und überproportionalem Schuldendienst. Vor allem die österreichische Bevölkerung litt unter der finanziellen Belastung der Krise. Die Arbeitslosenzahlen stiegen an, Gehälter wurden gekürzt und die Aussteuerungspraxis verschärft.[379]

In Österreich kam es im Zuge der Krise ab 1929 auch zu einer Krise des Kreditsystems. Kernbauer und Weber sahen zwei Seiten dieser Krise, einerseits die Überschuldung der Industrie und die Entwertung der Aktien der österreichischen Banken, andererseits die hohe kurzfristige Auslandsverschuldung der Wiener Finanzinstitute. Die kurzfristigen Forderungen aus dem Ausland an die österreichischen Banken erwiesen sich 1931 als besonders dramatisch, da auf den Zusammenbruch der CA Kreditkündigungen folgten und diese dann im Zusammenspiel mit der Kapitalflucht zu einer Währungskrise führten.[380]

1931 kam es eben in Österreich zum Zusammenbruch der CA. Im Laufe der Jahre hatten sich bei der Bank 900 Millionen Schilling an Verlusten angesammelt. Die CA war eine sehr wichtige Bank, sie hielt Beteiligungen an 192 (teilweise großen und bekannten) Unternehmen. Bis zu drei Viertel der österreichischen Industrie waren mehr oder weniger von der CA abhängig. Der Staat beschloss jedoch damals, die Bank nicht mehrheitlich zu übernehmen. Stattdessen verabschiedete man zusammen mit der Nationalbank einen Sanierungsplan. Per Aktienübernahme sollte die Regierung für einen Großteil der Verluste aufkommen. Diese Hilfsmaßnahme war politisch sehr umstritten, eine Verstaatlichung der Bank hätte jedoch der wirtschaftsliberalen Ideologie der damaligen Regierung vollkommen widersprochen. Das übernommene Aktienpaket sollte ebenfalls in absehbarer Zeit wieder veräußert werden.[381] Die häufigste und wichtigste Begründung für die Unterstützung der CA war damals eben, dass 75 Prozent der österreichischen Industrie von der CA abhängig wären und ein Zusammenbruch der Bank drastische Auswirkungen auf die österreichische Wirtschaft haben würde. Die Situation wurde von der Regierung und auch vielfach in den Medien

---

379 Verena Pawlowsky (2000): Arbeitslosenpolitik im Österreich der dreißiger Jahre. In: Beiträge zur historischen Sozialkunde 1/2000. Verein für Geschichte und Sozialkunde. S. 24-32, insbesondere S. 24

380 Hans Kernbauer/Fritz Weber (1984): Von der Inflation zur Depression. Österreichs Wirtschaft 1918 – 1934. In: Emmerich Tálos/Wolfgang Neugebauer (Hrsg.): „Austrofaschismus" Beiträge über Politik Ökonomie und Kultur 1934 – 1938. Wien: Verlag für Gesellschaftskritik, S. 1-30, insbesondere S. 16

381 Harald Fritsch: Die Schuld der Retter. In: DATUM, Stand: April 2005. URL: http://www.datum.at/0405/stories/782939/, abgerufen am 20. Jänner 2011

so dargestellt, als wäre der Zustand der österreichischen Wirtschaft sehr eng mit jenem der CA verknüpft. Später stellte sich, laut Stiefel, aber heraus, dass die Vorstellungen über die Abhängigkeit der österreichischen Wirtschaft von der CA übertrieben gewesen waren. Bei der Bereitwilligkeit zur Unterstützung der Bank spielten jedoch auch außenpolitische Überlegungen eine Rolle. Laut Stiefel schien es, als wollte man sich, durch die schnellen und entschlossenen Maßnahmen, die Unterstützung der internationalen Finanzdiplomatie sichern, da diese auch viel Einfluss auf den Völkerbund hatte. Vor allem wollte man im Hinblick auf die angestrebte Zollunion mit Deutschland zeigen, dass man bereit wäre, das Äußerste der wirtschaftlichen Kapazität des Landes zu tun, der Zusammenbruch der CA aber ein Ende bedeuten würde.[382]

Als man die Öffentlichkeit über die Probleme der CA und auch das Sanierungsprogramm informierte, kam es zu einem „Bank-Run". Die Sanierung der Bank dauerte schließlich bis zum Jahr 1936. Der Staat schoss in dieser Zeit immer wieder Geld zu. 1934 geriet auch der Bankverein in Not und wurde mit der CA fusioniert. Daraufhin zogen sich auch die letzten ausländischen Investoren zurück.[383] Der Zusammenbruch der CA sandte also gewissermaßen Schockwellen aus und verschlimmerte die internationale Bankenkrise. Die Sanierungsaktion der österreichischen Regierung verhinderte zwar das totale Ende der Bank, der anfängliche Zusammenbruch zog die österreichische Wirtschaft jedoch trotzdem noch tiefer in die Krise.[384]

In den Jahren 1932/33 erreichte die Krise in Österreich ihren Höhepunkt. Das BNP zeigte sich auf dem niedrigsten Stand seit der Währungsstabilisierung 1923/24. Es lag mit knapp neun Milliarden Schilling um 20 Prozent unter dem Niveau von 1929. Die Hauptlast dieses Niederganges hatte die Industrie zu tragen, ihr Beitrag am BNP nahm von 25 Prozent (1929) auf 20 Prozent ab. Der Außenhandel halbierte sich im selben Zeitraum. In manchen Branchen kam es sogar zu Auftragsverlusten von mehr als 80 Prozent. Dementsprechend stiegen auch die Arbeitslosenzahlen. 1933 lagen sie mit 405 000 Personen auf einem

382 Dieter Stiefel (1989): Finanzdiplomatie und Weltwirtschaftskrise. Die Krise der Credit-Anstalt für Handel und Gewerbe 1931. Frankfurt am Main: Fritz Knapp Verlag, S. 17-23

383 Harald Fritsch: Die Schuld der Retter. In: DATUM, Stand: April 2005. URL: http://www.datum.at/0405/stories/782939/, abgerufen am 20. Jänner 2011

384 Alice Teichova (2000): Die Weltwirtschaftskrise (1929-1933) und die Nachfolgestaaten der Habsburgermonarchie. In: Beiträge zur historischen Sozialkunde 1/2000. Verein für Geschichte und Sozialkunde. S. 6

Höchststand. Die Industrie forderte daraufhin die Umsetzung einer von ihr vorgeschlagenen Krisenstrategie, welche ökonomische und politische Elemente kombinierte. Vor allem Forderungen zur Wiedergewinnung der Konkurrenzfähigkeit auf dem internationalen Markt und damit nach Exportförderung wurden gemacht. Die Industrie wollte eine angebotsorientierte Wirtschaftspolitik, Löhne sollten gesenkt, die Industrie von Steuern und Abgaben entlastet und die Sozialversicherung, mit dem Ziel den Kreis der Anspruchsberechtigten an Arbeitslosenversicherung zu reduzieren, reformiert werden.[385]

Allgemein herrschte damals die Auffassung vor, dass der Staat die private Nachfrage nicht ersetzen, sondern lediglich stimulieren sollte. Dazu wäre jedoch ebenfalls ein großer finanzieller Impuls von Nöten gewesen und darum wurde die Strategie nicht verwirklicht. Die Möglichkeit wurde gesehen, jedoch erschien die Umsetzung ein zu großer Aufwand zu sein. Hinzu kam, dass weder in- noch ausländische Banken Kredite zu Arbeitsbeschaffungszwecken an Österreich vergeben hätten. Darum herrschte, zumindest bis 1932, in Österreich die Auffassung vor, dass größere Budgetausgaben zwar wünschenswert, aber nicht möglich wären. Man war der Meinung, der Staat stehe kapitalistischen Wirtschaftskrisen hilflos gegenüber und könne lediglich zu einer restriktiveren Politik übergehen, um zu verhindern, dass durch ein unausgeglichenes Staatsbudget noch weitere Destabilisierungstendenzen auf die Wirtschaft ausstrahlten. Dazu sollten Ausgabenrückgänge samt ihrer Folgen in Kauf genommen werden. Man sprach dem Staat in der Krise zwar eine sozialpolitische Aufgabe zu, über das Ausmaß der sozialen Belastungen, die eingegangen werden sollten, war man sich jedoch nicht einig. Der Staat hatte sich jedenfalls wirtschaftspolitisch prozyklisch zu verhalten, also die Ausgaben in der Krise zu senken, und sich nicht in den kapitalistischen Wirtschaftsprozess einzumischen.[386]

Die Jahre der Weltwirtschaftskrise verliefen budgetpolitisch relativ außergewöhnlich. Es kam neben den jeweiligen Budgetvorschlägen, welche ausführlich verhandelt, diskutiert und durch das Parlament beschlossen wurden, zu ständigen Kürzungen der Monatsvoranschläge und zu drei großen Sanierungsaktionen, dem Budgetnachtrag von Juni 1931, dem Budgetsanierungsgesetz von September 1931 und dem Budgetnachtrag von Juli 1932. Diese politischen Ak-

---

385 Siegfried Mattl (1984): Die Finanzdiktatur. Wirtschaftspolitik in Österreich 1933 – 1938. In: Emmerich Tálos/Wolfgang Neugebauer (Hrsg.): Austrofaschismus. Politik - Ökonomie – Kultur 1933 – 1938. Wien: Lit-Verl., S.133-159, insbesondere S. 134-135

386 Dieter Stiefel (1988): Die große Krise in einem kleinen Land. Österreichische Finanz- und Wirtschaftspolitik 1929-1938. Wien: Böhlau Verlag, S. 43-44

tionen hatten das notwendige Gewicht, der ausgabenexpandierenden Dynamik des Steuerstaates entgegenzuwirken. Es wurden Sachausgaben, Investitionen, die Arbeitslosenunterstützung und die Bezüge der Bundesangestellten gekürzt. Auf der anderen Seite wurden die Zölle, Tabakpreise und Steuern erhöht und auch neue Steuern eingeführt.[387] Mit dem Budgetsanierungsgesetz wurde das Prinzip des ausgeglichenen Budgets zum Gesetz erhoben. Nach 1932 wurde der restriktive Spardruck dann etwas gelockert, die Sparorientierung blieb jedoch aufrecht. Das Budget 1932 nahm, wie schon beschrieben, eine Sonderstellung in der Zwischenkriegszeit ein und bremste die Ausgabenexpansion des Steuerstaates maßgeblich.[388]

Die Aufnahme der Lausanner Protokolle 1932 war ebenfalls eine unmittelbare Antwort auf die Weltwirtschaftskrise. Die Lausanner Protokolle folgten dem Budgetsanierungsgesetz von 1931, und sahen ebenfalls einen Restriktionshaushalt vor. Auch die Sozialdemokraten traten ab diesem Zeitpunkt für die Deflationspolitik ein und akzeptierten das ausgeglichene Budget als Grundlage für die Wirtschaftspolitik.[389] Die Lausanner Anleihe war, laut Kernbauer und Weber, von der Genfer Sanierung geprägt. Es ging also wiederum vor allem darum, den, durch die Krise aus dem Gleichgewicht geratenen, Staatshaushalt zu stabilisieren. Die Mittel dazu waren Steuererhöhungen sowie andere Einsparungen des Bundes und der Österreichischen Bundesbahnen (ÖBB).[390]

Das Budgetsanierungsgesetz, die Lausanner Anleihe und die Verpflichtungen welche damit verbunden waren, nämlich die Wiederherstellung der Budgetgleichheit und die Deflationspolitik, prägten die Jahre der Sparpolitik nach 1932.[391]

---

387 Dieter Stiefel (1988): Die große Krise in einem kleinen Land. Österreichische Finanz- und Wirtschaftspolitik 1929-1938. Wien: Böhlau Verlag, S. 56

388 Dieter Stiefel (1988): Die große Krise in einem kleinen Land. Österreichische Finanz- und Wirtschaftspolitik 1929-1938. Wien: Böhlau Verlag, S. 72

389 Verena Pawlowsky (2000): Arbeitslosenpolitik im Österreich der dreißiger Jahre. In: Beiträge zur historischen Sozialkunde 1/2000. Verein für Geschichte und Sozialkunde. S. 24-32, insbesondere S. 24

390 Hans Kernbauer/Fritz Weber (1984): Von der Inflation zur Depression. Österreichs Wirtschaft 1918 – 1934. In: Emmerich Tálos/Wolfgang Neugebauer (Hrsg.): „Austrofaschismus" Beiträge über Politik Ökonomie und Kultur 1934 – 1938. Wien: Verlag für Gesellschaftskritik, S. 1-30, insbesondere S. 19

391 Verena Pawlowsky (2000): Arbeitslosenpolitik im Österreich der dreißiger Jahre. In: Beiträge zur historischen Sozialkunde 1/2000. Verein für Geschichte und Sozialkunde. S. 24-32, insbesondere S. 24

Die österreichische Regierung ging also, zusammenfassend gesagt, 1931/32, im Zusammenhang mit dem drohenden Zusammenbruch der CA, zu einer scharfen Deflationspolitik über. Staatliche Budgetausgaben wurden stark gekürzt, der Zinssatz der Nationalbank stetig erhöht und der Außenhandel vorübergehend durch Devisenbewirtschaftung zurückgefahren. Dies entsprach einerseits den Forderungen der ausländischen Kreditgläubiger, sollte aber auch ein Mittel sein, die Kapitalflucht aus Österreich einzudämmen. Diese restriktive Politik konnte anfangs noch damit begründet werden, dass man Schäden an der österreichischen Währung abwehren wollte, ab 1933/34 hätte es allerdings einer Wende bedurft. Die Staatsausgaben gingen weit unter den Stand der 1920er Jahre zurück. Dabei sollte es noch 1933, mit der sogenannten „Trefferanleihe", welche mit Zustimmung des Völkerbundes auferlegt worden war, zu einer Änderung der Finanzpolitik kommen. Die Mittel aus besagter Anleihe, welche sich auf 220 Millionen Schilling beliefen, sollten für propagandistisch groß angelegte Arbeitsbeschaffungsprogramme eingesetzt werden, kamen aber in den Jahren 1933 bis 1935 nur zu rund einem Drittel produktiven Maßnahmen zugute und dies waren dann schon länger geplante Projekte beispielsweise im Straßenbau oder agrartechnische Arbeiten in der Landwirtschaft. Der größte Anteil der Anleihe wurde dagegen zur Sanierung des österreichischen Bankenapparates und Beseitigung der Bundesschulden, welche aus der Haftung für die CA entstanden waren, verwendet. Bei der sogenannten „Arbeitsanleihe" von 1935 verhielt es sich ähnlich. Nur ein geringer Anteil wurde zur Arbeitsbeschaffung verwendet, ein größerer zu Begleichung von Schulden. Und auch bei der „Investitionsanleihe" 1937 war es so, dass mehr als die Hälfte der Anleiheerlöse zur Abzahlung von Schulden des Bundes verwendet wurden. Eine konjunkturbelebende Wirkung konnte also von diesen Anleihen kaum ausgehen.[392]

Vergleich: Wirtschaftspolitische Maßnahmen Österreichs im Zuge der Weltwirtschaftskrise 1929 und ab 2007

Der Vergleich der Maßnahmen der österreichischen Politik auf die Weltwirtschaftskrisen ab 1929 und ab 2007 ergibt einige Unterschiede und wenige Paral-

---

392 Siegfried Mattl (2005): Die Finanzdiktatur. In: Tálos, Emmerich/Wolfgang Neugebauer (Hrsg.): Austrofaschismus. Politik - Ökonomie – Kultur 1933 – 1938. Wien: Lit-Verl., S.202-222, insbesondere S. 206

lelen. Vor allem war 1929 die wirtschaftspolitische Ausgangsbasis und Denkweise eine andere als 2007. Es überwog die Ansicht, Budgetdefizite müssten in jedem Fall und nahezu ohne Rücksicht auf die wirtschaftliche Situation vermieden und Staatsausgaben deswegen so weit wie möglich gekürzt werden. Hier lag der auffälligste Unterschied, welcher die wirtschaftspolitischen Reaktionen auf die jeweiligen Krisen stark beeinflusste. Hier kann womöglich sogar behauptet werden, dass 2007, eventuell mit Blick auf die Krise 1929, versucht wurde, ähnliche Fehler, welche damals verheerende Auswirkungen hatten, zu vermeiden. In der Finanz- und Wirtschaftskrise nach 2007 griff der Staat stärker und mit umfangreicheren Maßnahmen, wie etwa Konjunkturprogrammen oder Bankenhilfspaketen ein, als dies nach 1929 der Fall war. Der Staat war aktiver und man verließ sich nicht auf die freie Marktwirtschaft und die Funktionalität des Marktes (im neoliberalistischen Sinne), welcher vermeintlich selbst und eigenständig aus Krisen herausfindet, sondern versuchte der Wirtschaft mit Maßnahmen und Geldern zu helfen. Eine ähnliche Situation wie in den 1930er Jahren sollte verhindert werden. Der Staat sollte sich nicht prozyklisch verhalten, sondern seine Staatsausgaben erhöhen.

In beiden Krisenfällen jedoch lagen die Ursachen für das wirtschaftliche Versagen nicht per se in der marktwirtschaftlichen Ausrichtung, sondern eher in einem Versagen der Wirtschaftspolitik und deren Auslegung der Marktwirtschaft. Holztrattner und Sedmak schrieben, dass Politiker auf der ganzen Welt die Anzeichen für die drohende Krise von 2007 erkennen hätten müssen, jedoch nichts dagegen getan wurde. Beide Krisen resultierten vor allem aus kurzfristigem Denken, Gier, Maßlosigkeit und dem Verlust von Proportionen.[393] Ähnlich sah dies auch John Kenneth Galbraith in Bezug auf die Krise von 1929. Er unterstellte dem amerikanischen Volk die Sucht nach schnellem Reichtum mit dem Einsatz eines Minimums an Leistung.[394]

Die Schuld an der Krise 1929 lag letztendlich auch nicht in (der Schwäche) der Realwirtschaft (auch wenn diese zeitlich gesehen zuvor eintraf), sondern bei den Spekulationen der Finanzwirtschaft, welche durch eine zu liberale Wirtschaftspolitik ermöglicht worden waren. In den USA wurde dann ab Mitte 1933 durch Roosevelt und den „New Deal" erfolgreich gegen die Krise gekämpft. Es

---

393 Manfred Holztrattner/Michael Sedmak (2009): Eliten oder Nieten. Die Finanz- und Wirtschaftskrise als Ergebnis politischer und wirtschaftlicher Führungsschwächen. Salzburg: KIESEL-Verlag, S. 41-43

394 John Kenneth Galbraith (1963): Der grosse Krach 1929. Die Geschichte einer Illusion, die in den Abgrund führte. Stuttgart: Seewald Verlag, S. 25

kam, im keynesianischen Sinne, zu massiven staatlichen Investitionstätigkeiten, welche die Wirtschaft mobilisierten. Außerdem wurden mit dem Glass-Steagall-Act 1933 Geschäftsbanken und Investmentbanken getrennt. Diese Maßnahme sollte die Spekulationen der Großbanken und die damit verbundenen Risiken einschränken. Besagtes Gesetz wurde jedoch 1990, auf Bestreben der Wall Street hin, wieder aufgehoben. Die Aufhebung des Gesetzes kann man als Resultat wirtschaftlicher Interessen sowie politischer Opportunität bezeichnen.[395]

Die Krisen ab 1929 und 2007 waren einander also nicht unähnlich und auch die Wege in die Krise glichen sich teilweise. Beide Male wurde der ausufernden Spekulation, der „entfesselten Marktwirtschaft"[396] und damit der übergeordneten zu liberalen und zu wenig regulierenden und kontrollierenden Wirtschaftspolitik die Schuld gegeben. Ab dem Zeitpunkt des Einbruchs der Krise ergaben sich dann jedoch Unterschiede, die eben insbesondere mit den Reaktionen der Politik zu tun hatten.

2007 verhielt es sich so, dass die Krise ein Symptom des Glaubens an die Funktionstüchtigkeit des Marktes war, also aus diesem Glauben heraus entstand, der Staat jedoch ab dem Zeitpunkt des Ausbruchs der Krise einschritt und Maßnahmen setzte, um schlimmere Auswirkungen zu verhindern. 1929 glaubte man auch nach Ausbruch der Krise noch im marktwirtschaftlichen Sinne daran, dass die Wirtschaft sich selbst stabilisieren würde und staatliche Eingriffe kontraproduktiv und nicht notwendig wären.

Die österreichische Regierung setzte in den 1930er Jahren auf eine antiinterventionistische Politik. Wichtig war in erster Linie der Ausgleich des Staatshaushaltes, welcher auch unter der Krise litt, weniger wichtig war es, der Wirtschaft durch öffentliche Mittel zu helfen, da man dachte, sie würde und müsste sich eigenständig wieder erholen. Diese Politik hatte verheerende Auswirkungen. Außerdem kam es durch die Nicht-Übernahme der CA, wie erwähnt, zu einem Bank Run und das Vertrauen der Bürger in die Banken ging verloren. In Österreich war vor allem die Industrie stark von der Krise betroffen und dementsprechend kam es auch zu einer starken Erhöhung der Arbeitslosenzahlen. Im Großen und Ganzen kann also behauptet werden, dass das Verhalten der Politik ab 1929 weniger zu einer Erholung der Wirtschaft und mehr zu einer Ver-

---

395 Manfred Holztrattner/Michael Sedmak (2009): Eliten oder Nieten. Die Finanz- und Wirtschaftskrise als Ergebnis politischer und wirtschaftlicher Führungsschwächen. Salzburg: KIESEL-Verlag, S. 51-53

396 Ulrich Schäfer (2009): Der Crash des Kapitalismus. Warum die entfesselte Marktwirtschaft scheiterte und was jetzt zu tun ist. Frankfurt/New York: Campus Verlag, S. 15

schlimmerung der Krise beitrug, die schließlich auch politisch verheerende Auswirkungen hatte.

2007 verhielt sich die Politik im Vergleich besser. Österreich war zwar international gesehen weniger stark von der Krise betroffen als andere Länder, durch unterschiedliche Ansteckungseffekte kam es aber auch hier zu negativen Entwicklungen. Die Politik reagierte auf die Krise ab 2007 großteils anders als auf jene ab 1929. Der Staatshaushalt stand weniger im Mittelpunkt, es gab eine Einlagensicherung, Hilfspakete für Banken und Konjunkturmaßnahmen. Der Staat mischte sich sozusagen ein und versuchte der Wirtschaft zu helfen. Nach der Lehman-Pleite hatte sich gezeigt, was passiert, wenn Staaten nicht eingreifen. Die österreichische Regierung verabschiedete verschiedene Stabilisierungsmaßnahmen, ihr war wichtig das Vertrauen in den Markt, die Banken und auch der Banken untereinander aufrechtzuerhalten. Der Weg der österreichischen Politik nach 2007 war nicht antiinterventionistisch, wie nach 1929, sondern es wurde an diversen Stellen eingegriffen, sofern dies als notwendig erachtet wurde. Es wurde auch einiges an Geld dazu verwendet der Realwirtschaft bei der Erholung zu helfen. Im Rahmen der Eurokrise wurden außerdem, zur Stabilisierung der Wirtschaft der Eurozone, auch andere Länder mit Geld beziehungsweise Haftungen unterstützt. Die internationalen Verflechtungen waren ab 2007 allgemein größer als 1929 und protektionistische Maßnahmen schwieriger zu setzen. Trotzdem standen auch in der Finanz- und Wirtschaftskrise 2007 bis 2010 die Eigeninteressen der einzelnen Länder, auch die österreichischen, im Vordergrund.

Sowohl 1929 als auch 2007 wurde darüber nachgedacht, wie die Nachfrage gestärkt werden könnte. So stand ab 1929 die Frage im Raum, wie man die private Nachfrage ersetzen könne. Man dachte also zwar darüber nach, die Nachfrage anzukurbeln, es kam dann aber weder zu einem Ersatz noch zu einer Stimulation der Nachfrage, da man dies als zu kostspielig erachtete.[397] Ab 2007 stand die Stärkung der Nachfrage im Mittelpunkt der Bemühungen, weniger hingegen die Investitionen und der Export von Gütern und Dienstleistungen. Auch in diesen Bereichen wurde ab 2007 jedoch mehr getan als ab 1929. Allgemein gab es also in der Krise ab 2007 mehr staatliche Maßnahmen zur Stützung der Wirtschaft als in der Krise 1929. Auch in der Krise 2007 bis 2010 erhöhte sich das österreichische Budgetdefizit, ein ausgeglichener Staatshaushalt war jedoch innerhalb dieser Zeitspanne auch nicht das oberste Ziel der Regie-

---

397 Dieter Stiefel (1988): Die große Krise in einem kleinen Land. Österreichische Finanz- und Wirtschaftspolitik 1929-1938. Wien: Böhlau Verlag, S. 43

rung. Erst mit der Erholung der Wirtschaft wurde auch wieder über eine Konsolidierung des Staatsbudgets nachgedacht. In den 1930ern war dies immer die oberste Priorität.

Die Reaktionen auf die beiden Krisen waren also sehr unterschiedlich, ob dies daraus resultierte, dass man aus den begangenen Fehlern lernte und deswegen ab 2007 strategisch diametral anders agierte als 1929, bleibt unklar. Seit der Krise 1929 wurden viele wirtschaftliche und wirtschaftspolitische Strömungen, Anschauungen, Konzepte sowie auch konjunkturelle Schwankungen und wirtschaftliche Hoch- und Tiefphasen mitgemacht. Ein kausaler Zusammenhang zwischen der Art der Maßnahmen der Politik als Reaktion auf die Krise ab 1929 und dem wirtschaftspolitischen Verhalten ab 2007 ist deswegen nur schwer feststellbar. Außerdem wuchs die Welt und damit auch das Wirtschafts- und vor allem das Finanzsystem in den Jahren zwischen den beiden Krisen enger zusammen, es vollzog sich eine Internationalisierung in fast allen Lebens- und Politikbereichen.

Resümierend betrachtet, schien die Reaktion der Politik auf die Krise 2007 jedoch besser als jene von 1929 gewesen zu sein, da die Wirtschaft von der Krise weniger stark getroffen wurde und es auch dementsprechend rasch wieder zu einer Erholung kam. Es wurde nach 2007 auch sehr viel mehr auf internationaler und EU-Ebene beschlossen als in den 1930er Jahren, als der Protektionismus vorherrschte. Einzelinteressen spielten zwar immer noch eine große Rolle, man versuchte aber zumindest, die Maßnahmen der einzelnen Länder, insbesondere innerhalb der EU, aufeinander abzustimmen.

Oft wurden im Zuge der Krise von 2007 Stimmen laut, die Reformen und Änderungen des Wirtschaftssystems forderten. In den 1930ern gab es zwar große wirtschaftliche und auch politische Umstrukturierungen, diese resultierten aber aus der Machtübernahme der Nationalsozialisten in Österreich und dem Übergang zur Kriegswirtschaft und waren damit auch (abgesehen von der allgemeinen Grausamkeit des nationalsozialistischen Regimes in allen gesellschaftlichen Belangen) wirtschaftlich keineswegs positiv, sondern trieben das Land noch weiter in den Abgrund[398]. Erst nach dem zweiten Weltkrieg wurde die Wirtschaftspolitik entsprechend ausgerichtet, dass eine Erholung möglich wurde und das Land wieder einen stabilen Weg einschlagen konnte.

---

398 Alice Teichova (2000): Die Weltwirtschaftskrise (1929-1933) und die Nachfolgestaaten der Habsburgermonarchie. In: Beiträge zur historischen Sozialkunde 1/2000. Verein für Geschichte und Sozialkunde. S. 7

Im Zuge der Krise 2007 bis 2010 kam es eben, wie schon im vorigen Kapitel erwähnt, zu keinen grundlegenden Umstrukturierungen des Wirtschaftssystems, weder im negativen, noch im positiven Sinn. Teilweise wurden Regulierungen verschärft und mehr Kontrollorgane und Aufsichtsbehörden eingeführt, die grundlegenden Fehler, welche zur Krise geführt hatten, wurden damit jedoch nicht vollständig beseitigt. Einige Maßnahmen wurden als zu wenig weitgehend kritisiert. Dass dieselben Entwicklungen, die vor der Krise von statten gingen, auch zukünftig wieder passieren könnten, kann nicht ausgeschlossen werden. Die Basis dafür ist immer noch vorhanden.

Zusammenfassend kann man also sagen, dass der Vergleich der beiden Krisen ab 1929 und ab 2007 und darum auch der Vergleich der unterschiedlichen Reaktionen der Politik auf diese Krisen durchaus zulässig ist. Stand 1929 in Österreich der Etatismus samt der Priorität des ausgeglichenen Staatsbudgets, eine antiinterventionistische Politik und der Glaube an die Marktwirtschaft und die Märkte, welche ihre Probleme selbst regeln, im Vordergrund, war es ab 2007 die Gegensteuerung der Krise in Form von Stabilisierungsmaßnahmen. Es gab Konjunkturpakete, Arbeitsmarktpakete sowie Hilfen für die Banken in Form von Einlagensicherung, Kapitalspritzen und einer Belebung des Geld- und Kreditmarktes. Die Maßnahmen und auch die Fehler bei der Maßnahmensetzung als Reaktion auf die Krisen von 2007 und 1929 waren nicht dieselben. Auf die Krise 2007 bis 2010 wurde anders reagiert als auf jene ab 1929. Ähnlichkeiten bei Fehlern der Politik sind eher im Vorfeld und bei den Ursachen der Krise zu finden.

Resümee und Ausblick

Das vordergründige Ziel der vorliegenden Arbeit war, die Auswirkungen der Krise von 2007 bis 2010 auf Österreich sowie die politischen Maßnahmen welche zur Gegensteuerung dieser Krise gesetzt wurden aufzuzeigen. Die politische Handlungsweise als Antwort auf die Krise ab 2007 sollte dargestellt, analysiert sowie mit den Antworten der Politik auf die Krise ab 1929 verglichen werden. Wichtig war dabei auch die Beantwortung der Frage, ob tiefgreifende Reformen des (internationalen) Finanz- und Wirtschaftssystems vorgenommen oder lediglich die Symptome der Krise bekämpft wurden. Je nachdem konnte dies nämlich zur Entstehung beziehungsweise Vermeidung zukünftiger Krisen beitragen und aufzeigen, inwiefern die Politik gewillt war, zugunsten der Bedürfnisse und des künftigen Wohlergehens der Mehrheit der Menschen, die Interessen weniger Wirtschaftstreibender hinten anzustellen.

Zur Beantwortung der Forschungsfragen wurde in dieser Arbeit zunächst die Entstehung und Entwicklung der Krise allgemein aufgearbeitet. In weiterer Folge wurde der Fokus auf Österreich gelegt und die dortigen Auswirkungen der Krise und Maßnahmen zur Gegensteuerung besprochen. Im darauf folgenden Vergleich der wirtschaftspolitischen Maßnahmen Österreichs ab 2007 und ab 1929 sollten vor allem die Parallelen und Differenzen der verschiedenen Aktionen in diesen beiden Krisen aufgezeigt und negative wie auch positive Effekte der jeweils eingeschlagenen Wege herausgearbeitet werden. Außerdem wurden Unterschiede und Gemeinsamkeiten der wirtschaftspolitischen Schritte nach 1929 und 2007 ermittelt. Dahinter stand unter anderem die Frage ob frühere Fehler bei der Gegensteuerung der Krise ab 2007 vermieden wurden.

Im Folgenden sollen nun die Forschungsfragen nochmals wiederholt und beantwortet werden:

• Wie wirkte sich die Krise 2007 bis 2010 auf Österreich aus und welche Maßnahmen zur Gegensteuerung der Krise wurden von der Politik gesetzt?

Diese Forschungsfrage wurde in Kapitel 4 und 5 ausführlich bearbeitet. Die Krise 2007 bis 2010 hatte in Österreich Auswirkungen auf die Finanz- wie auch auf die Realwirtschaft. Indikatoren dafür waren beispielsweise die Probleme der Banken und der damit im Zusammenhang stehende Vertrauensverlust, die Probleme der Industrie aufgrund des Rückgangs der Export- und Investitionsnachfrage, der Rückgang des österreichischen Wirtschaftswachstums und der Anstieg der Arbeitslosigkeit. Die Politik reagierte rasch und mit verschiedenen

Maßnahmen zur Stabilisierung der Wirtschaft. Steuern wurden gesenkt und Ausgaben erhöht. Die Maßnahmen folgten eher einem keynesianischen Weg und die Politik griff aktiv in die Wirtschaft ein, um diese aus der Krise zu führen. Sie nahm unter anderem Geld in die Hand um den Banken mit Kapital auszuhelfen, die Einlagensicherung zu garantieren, den Interbankenmarkt aufrecht zu erhalten, den Unternehmen Kredite zu gewährleisten, die Konjunktur allgemein zu beleben und verabschiedete auch verschiedene Maßnahmen für KMU sowie den Arbeitsmarkt betreffend. Zu Beginn betrafen die Maßnahmen vor allem die Finanz-, später auch die Realwirtschaft.

• Wurden tiefgreifende Reformen des Wirtschaftssystems vorgenommen oder lediglich die Symptome der Krise bekämpft?

Die Recherchen zu dieser Arbeit brachten hervor, dass es nicht zu tiefgreifenden Reformen des Wirtschaftssystems, weder international noch auf nationalstaatlicher Ebene, kam, sondern lediglich die Symptome der Krise bekämpft wurden. Die Ursachen der Krise wurden bis Ende 2010 kaum bekämpft, obwohl dies von vielen Seiten gefordert wurde und auch viele Vorschläge im Hinblick auf einen besseren wirtschaftlichen Weg existierten. Einige Reregulierungsmaßnahmen wurden zwar gesetzt, vielen gingen diese aber zu wenig weit und von einer Reform des gesamten Wirtschaftssystems war man international weit entfernt. Auch in Bezug auf Österreich wurde kritisiert, dass als Reaktion auf die Krise lediglich Stabilisierungsmaßnahmen gesetzt wurden, diesen aber keine langfristigen Investitionen in Zukunftsbereiche und eine dahingehende Neuausrichtung des Wirtschaftssystems folgte.

Beantwortung der untergeordneten Fragestellungen:

• Was waren die Ursachen für die Wirtschafts- und Finanzkrise ab 2007 und wie entwickelte sich die Krise?

Die Ursachen der Krise lagen in der sogenannten „entfesselten Marktwirtschaft"[399] der letzten Jahrzehnte. Sie schuf die Basis für die Entwicklungen, welche zur Krise führten. Dem Markt war in der Vergangenheit zu viel Spielraum eingeräumt und weitgehend freie Hand gelassen worden. Regulierung, Aufsicht und Kontrolle waren zurückgegangen. Ulrich Schäfer schrieb hierzu:

---

399 Ulrich Schäfer (2009): Der Crash des Kapitalismus. Warum die entfesselte Marktwirtschaft scheiterte und was jetzt zu tun ist. Frankfurt/New York: Campus Verlag, S. 15

„Ihre Spielregeln werden nicht mehr vom Markt bestimmt, sondern von den Konzernen und Finanzmärkten. Der Staat und seine demokratisch gewählten Politiker haben sich in den letzten dreieinhalb Jahrzehnten zurückgezogen und das Feld den Marktkräften überlassen, den nicht gewählten Herrschern der Konzerne und Banken."[400]

Die Gründe für die Krise, welche aufbauend auf dieser Art der Marktwirtschaft entstand, lagen in den USA, wo sich eine Immobilien(spekulations)blase gebildet hatte, die dann platzte. Die Banken hatten durch die Kreditvergabe an Kunden geringer Bonität („Subprime"-Kredite) zur Immobilienkrise beigetragen. Immer mehr Leute in den USA hatten sich Häuser gekauft, welche sie sich eigentlich gar nicht leisten konnten, mit Krediten, die sie eigentlich gar nicht bekommen hätten sollen. Sie hatten gedacht, die Preise würden immer weiter steigen und die Immobilien so die Kredite refinanzieren, sie hatten also auf anhaltend steigende Preise spekuliert. Die Preise fielen jedoch ab einem gewissen Zeitpunkt, die Blase platzte und die Menschen konnten ihre Kredite nicht mehr zurückzahlen, was dann auch die Banken in die Krise stürzte. Die Bankenkrise breitete sich dann schließlich weltweit aus und erreichte letztendlich auch die Realwirtschaft.

• Wieso breitet sich die Krise weltweit aus?

Das Finanzsystem ist ein globales und die Krise breitete sich aufgrund der Verbriefung und des Weiterverkaufs der amerikanischen Hypothekenkredite weltweit aus. Die Immobilienkredite wurden nämlich in Kreditderivate, also handelbare Wertpapiere, umgewandelt und dann auf der ganzen Welt verkauft. Auch die „Subprime"-Kredite wurden verbrieft und verkauft. Als jedoch die Immobilienpreise in den USA fielen und die Menschen ihre Kredite nicht mehr zurückzahlen konnten, wurden auch die verbrieften Papiere wertlos. Es kam zu einer Rezession, die sich durch Ansteckungseffekte weltweit ausbreitete.

• Was waren die politischen Reaktionen auf die Krise 1929 in Österreich? Inwiefern unterschieden beziehungsweise glichen sich die politischen Reaktionen auf die Krise von 2007 und jene von 1929?

---

400   Ulrich Schäfer (2009): Der Crash des Kapitalismus. Warum die entfesselte Marktwirtschaft scheiterte und was jetzt zu tun ist. Frankfurt/New York: Campus Verlag, S. 15

Die Reaktionen auf die Krise von 1929 waren antiinterventionistisch und sollten vor allem das Budgetdefizit gering halten. Man nahm kaum Geld in die Hand, um der Wirtschaft aus der Krise zu helfen, sondern war der Ansicht, dass sich der Staat aus der Krise heraushalten sollte. Ein ausgeglichener Staatshaushalt war die oberste Priorität und die gesetzten Maßnahmen gingen großteils in diese Richtung. Man half dementsprechend weniger der Wirtschaft und mehr dem Staatshaushalt sich zu stabilisieren. Die Maßnahmen, welche angesichts der Krise von 1929 gesetzt wurden, unterschieden sich also grundlegend von jenen ab 2007, als ein keynesianischer Weg eingeschlagen und der Wirtschaft mit Geld aus der Krise herausgeholfen wurde. Der Staatshaushalt war 2007 bis 2010 nicht die oberste Priorität und man versuchte sich nicht prozyklisch zu verhalten. Außerdem war man auch nicht der Ansicht, dass der Markt selbst wieder in ein Gleichgewicht finden könnte, sondern Hilfe benötigte. Der Staat griff aktiv in den Wirtschaftsprozess ein.

Zusammenfassend kann man sagen, dass Österreich im Vergleich zu anderen Ländern von der Krise ab 2007 weniger stark betroffen war beziehungsweise diese ohne einschneidende langfristige Probleme zu entwickeln durchtauchen konnte. Ein Entrinnen der internationalen Finanz- und Wirtschaftskrise gab es zwar auch für Österreich nicht, das Land blieb aber von größeren Umwürfen und besonders negativen, langanhaltenden Folgen der Krise, die es in bestimmten anderen Ländern durchaus gab, verschont. Dies resultierte wohl einerseits daraus, dass Österreich beziehungsweise die österreichischen Finanzinstitute vergleichsweise weniger mit strukturierten Produkten und damit auch mit den Verlusten, welche sich nach dem Platzen der Immobilienblase aus diesen Produkten ergaben, zu tun hatten, andererseits schienen die politischen Maßnahmen zur Gegensteuerung der Krise in Österreich gewirkt zu haben. Das Land kam sozusagen glimpflich davon. Die Auswirkungen der Krise sowohl auf die Finanz- als auch auf die Realwirtschaft fielen im Vergleich zu 1929 und auch zu vielen anderen Ländern weniger drastisch aus. Auch Österreich spürte jedoch die Krise. Die Finanzwirtschaft und insbesondere die Banken hatten mit Verschlechterungen der Erträge und der Kreditqualität zu kämpfen, die österreichische Wirtschaft insgesamt musste einen Konjunkturrückgang hinnehmen. Der Zahl der Arbeitslosen stieg an und einige österreichische Industrieunternehmen reagierten mit Kurzarbeit auf die Krise. Aufgrund dieser negativen Auswirkungen der Krise auf Österreich setzte eben auch die österreichische Politik Schritte, um der Krise gegenzusteuern. Finanzielle Mittel wurden unter anderem eingesetzt um den Konjunkturrückgang zu bremsen, den Banken zu helfen und die

Finanzmärkte zu stabilisieren. Die österreichische Regierung verabschiedete, wie es auch auf internationaler Ebene der Fall war, in erster Linie Stabilisierungsmaßnahmen. Diese sollten die akute Krise und deren Folgen eindämmen. Tiefgreifende und umfassende Reformen, welche die Ursachen für die Entstehung der Krise beseitigt hätten, gab es weder auf internationaler, noch auf nationaler Ebene in nennenswertem Ausmaß. Ansätze und Vorschläge zu einer effektiven Umgestaltung des Wirtschafts- und Finanzsystems wären zwar zur Genüge vorhanden gewesen, wurden jedoch nicht umgesetzt. Mit fortschreitender Dauer der Krise verringerte sich zudem immer mehr der, anfänglich zumindest in Spuren vorhanden gewesene, Reformwille der einzelnen Länder. Es gab zwar schon einige Neuerungen, beispielsweise die Aufsichts- und Kontrollsysteme für die Finanzmärkte, die dort gehandelten Instrumente sowie hochriskante Fonds betreffend, vielen gingen diese Änderungen jedoch zu wenig weit. Es wurde kritisiert, dass die neu verabschiedeten Gesetze zur Regulierung der Finanzmärkte nicht umfassend genug wären und den Finanzmärkten immer noch zu viel Freiraum ließen. Eine Abkehr vom bestehenden System gab es also nicht und der bis Ende 2010 eingeschlagene Weg, der eben von einer Ursachenbekämpfung und grundlegenden Reformen absah, stand stark in der Kritik. Viele Experten sahen in der Beibehaltung des bisherigen Systems eine Gefahr. Laut ihnen wären zukünftige Krisen im Falle eines Festhaltens an der bisher verfolgten Strategie zur Krisenbewältigung, welche keine Ursachenbekämpfung einschloss, vorprogrammiert. Durch die bisher gesetzten Stabilisierungsmaßnahmen würde sich die Wirtschaft zwar wieder erholen, langfristig gesehen änderte dies jedoch nichts an der Situation, welche die Krise hervorbrachte. Die wirtschaftliche Ausgangssituation, in der die Krise entstand und in welcher die Ursachen für die Krise lagen, blieb bestehen und darum ist auf lange Sicht wieder mit Rückschlägen und einem möglichen Zusammenbruch des Systems zu rechnen. Möglicherweise und pessimistisch betrachtet, könnte sich auch erst aufgrund der Folgen einer möglichen zukünftigen Krise, ein Wandel im System ergeben. Im Hinblick auf eventuelle weiterführende Forschungen wäre es also interessant zu analysieren, ob aufgrund der Beibehaltung des bisherigen Weges, im Hinblick auf Wirtschaft und Finanzmärkte, ähnliche Krisen wie jene von 2007 erneut entstehen und wenn ja, was ihre Folgen sein werden und wie dann wiederum auf diese Krisen reagiert wird.

Die Umsetzung von Reformen und die Bekämpfung der Ursachen der Krise nach 2007 hätten gezeigt und bewiesen, dass die Politik die Gründe für diese Krise erkannte und verstand. Das heißt, die Politik hätte eingestanden, dass die

Entstehung der Krise auch von ihr mitgetragen wurde und ihre Fehler zugegeben. Anhand von tiefgreifenden Reformen hätte man demonstriert, dass die Defizite des bis dahin herrschenden Systems, der „entfesselten Marktwirtschaft"[401] (also der unbedingten Vorherrschaft des Marktes vor dem Staat, des uneingeschränkten Neoliberalismus) für die Gesellschaft erkannt wurden und man gewillt wäre etwas zu ändern, auch entgegen der Interessen mancher Lobbyisten und Finanzeliten. Der Politik wurde die (Mit-)Schuld an dieser Krise gegeben und anhand von Änderungen im System beziehungsweise des Systems als Ganzem hätte sie zeigen können, dass es ihr um das Wohl der Mehrheit der Menschen und der Demokratie ginge und nicht darum es einer Finanzelite recht zu machen, welche eben besonders an der Beibehaltung des bisherigen Systems interessiert war.

Trotz dieser Versäumnisse betreffend grundlegender Reformen, lässt sich aber feststellen, dass Österreich im Vergleich zur Krise ab 1929, auf die Krise ab 2007 wirtschaftspolitisch besser und großteils mit den richtigen Gegensteuerungsmaßnahmen reagierte. Der Vergleich der wirtschaftspolitischen Maßnahmen in der Krise von 1929 und 2007 ergab, dass die österreichische Politik möglicherweise aus den Fehlern, welche 1929 begangen wurden und die Krisen damals verschärften, gelernt hatte und versuchte ebendiese Fehler ab 2007 zu vermeiden. Jedoch kann man hier nur schwer einen kausalen Zusammenhang ausmachen, da die Krisen zeitlich sehr weit auseinander liegen und der Wirtschaftspolitik allgemein 2007 bis 2010 eine andere Auffassung und Weltanschauung zugrunde lag als in den 1920er Jahren. Die Auswirkungen der Krise ab 1929 auf Österreich waren gravierend und die Politik reagierte in etlichen Belangen falsch, im Sinne von krisenverschlimmernd. Es wurde eine prozyklische Wirtschaftspolitik gewählt, an deren oberster Stelle der Staatshaushalt stand. Ab 2007 hingegen wurde anders agiert, prozyklisches Handeln sollte vermieden werden und die Staatsausgaben wurden erhöht anstatt gesenkt. Es wurde Geld für wichtige Stabilisierungsmaßnahmen in die Hand genommen und dies schien der richtige Weg gewesen zu sein. Österreich überstand die Krise ab 2007 (vom Standpunkt Ende 2010 aus betrachtet) besser als jene von 1929, auf welche dann auch eine Radikalisierung des politischen Systems folgte. Ohne eine Reform des teilweise fehlgeleiteten Finanzsystems könnten jedoch, wie erwähnt, Krisen derselben Art wie 2007 erneut entstehen und dies könnte dann auch Auswirkungen auf das politische System haben. Es bräuchte eine Umstellung des Wirtschafts-

---

401 Ulrich Schäfer (2009): Der Crash des Kapitalismus. Warum die entfesselte Marktwirtschaft scheiterte und was jetzt zu tun ist. Frankfurt/New York: Campus Verlag, S. 15

systems sowie effiziente und effektive Regulierungs- sowie Kontrollinstrumen-te. Vor allem wäre es auch wichtig, dem Kern der Wirtschaft, der tatsächlichen Produktion von Waren und Werten, also der Realwirtschaft, wieder einen höhe-ren Stellenwert zukommen zu lassen. Die Realwirtschaft sollte in jedem Fall über der Finanzwirtschaft angesiedelt werden. Der Markt muss außerdem demo-kratischer werden. Die Politik wäre gefordert dahingehend grundlegende Dinge zu ändern, will sie zukünftige Krisen und deren mögliche Auswirkungen ver-hindern. Ändert sich an der derzeitigen Situation nichts, sieht der Ausblick in die Zukunft weniger gut aus. Es ist dann wohl nur eine Frage der Zeit, wann es er-neut zu einer Krise kommt, welche verheerende Folgen nach sich ziehen könnte.

Die Jahre vor der Krise ab 2007 waren neoliberalistisch geprägt. Der neoli-beralistische Glaube an die Selbstregulierung der Märkte und die Abwehr staat-licher Eingriffe wurden im Zuge der Krise 2007 bis 2010, aufgrund der sichtbar gewordenen negativen Folgen dieses wirtschaftspolitischen Denkens, oft kriti-siert. Seit den 1990er Jahren waren die Märkte entfesselt worden. Dem Markt war weitgehend freier Lauf und enorm viel Spielraum gelassen worden. Staatli-che Regulierungen waren immer weiter zurückgegangen. Dies brachte jedoch schlussendlich negative Effekte hervor und schuf die Basis für die Krise 2007 bis 2010. Der Markt versagte und das neoliberalistische Denken stellte sich, zu-mindest in jener Form, in der es seit den 1990er Jahren praktiziert wurde, als negativ herau. Im Zuge der Krise entstand dann zumindest kurzfristig ein Um-denken. Es wurden zunehmend keynesianisch geprägte Maßnahmen gesetzt, die Staataugaben wurden also erhöht und man versuchte antizyklisch zu handeln. Eine komplette Abkehr vom neoliberalistischen System und ein langfristiges Umdenken gab es jedoch mit Stand Ende 2010 (noch) nicht.

Das Fazit zu den politischen Maßnahmen nach der Krise lautet also, dass zwar die Symptome, nicht jedoch die Ursachen der Krise beseitigt wurden. Ös-terreich war im internationalen und im Vergleich zu 1929 zwar weniger stark von der Krise betroffen und reagierte in seiner wirtschaftspolitischen Maßnah-mensetzung auch besser und effektiver als in den 1930er Jahren, eventuelle Rückschläge und wiederkehrende Krisen konnten jedoch Ende 2010, aufgrund der Beibehaltung des fehlerhaften Systems, welches zur Krise geführt hatte, nicht ausgeschlossen werden.

Für weitere Forschungen werden die Entwicklungen der nächsten Jahre also besonders interessant sein. Beispielswise könnte analysiert werden, ob es nach 2010 doch noch zu einer umfangreicheren Ursachenbekämpfung der Krise kam oder, wenn dies nicht der Fall war, wie sich die Lage möglicherweise wieder zuspitzte und neuerlich Krisen entstanden. Ein wichtiger Punkt für weiterführende Forschungen könnte auch die internationale Kooperation in Sachen Maßnahmensetzung und Reform sein. Viele Staaten folgten im Zuge der Krise vorwiegend ihren Einzelinteressen. In einer globalisierten Welt, mit globalen Märkten und Finanzmärkten, muss jedoch eine gemeinsame Strategie verfolgt werden. Protektionismus und Egoismus, wie sie beispielsweise nach 1929 besonders stark betrieben wurden, sind nicht angebracht und werden zu keinen Lösungen führen.

Literaturverzeichnis

Aigner, Dietmar Johannes (2009): Krisen- und Sanierungsmanagement. Finanzwirtschaftliche Sanierung. Wien: Linde Verlag

Andrae, Silvio (2006): Basel – Ökonomie. Zur Konstitution internationaler Finanzsystem-Regulierung. Frankfurt am Main: Peter Lang GmbH

Angelo, Silvia/Gahleitner, Helmut/Landsmann, Martina (Red.) (2009): Notleidende Banken: Fakten – Wirkungen - Lösungen. Beiträge zur Wirtschaftspolitik Nr. 23. Wien: Abteilung Wirtschaftspolitik der Kammer für Arbeiter und Angestellte für Wien (Hrsg.)

Arnoldi, Jakob (2009): Alles Geld verdampft. Finanzkrise in der Weltrisikogesellschaft. Frankfurt am Main: Suhrkamp Verlag

Astrov, Vasily/Pöschl, Josef (2009): MOEL im Sog der Krise. Wien: Verein „Wiener Institut für Internationale Wirtschaftsvergleiche" (WIIW)

Balkhausen, Dieter (2007): Raubtierkapitalismus. Wie Superspekulanten, Finanzjongleure und Firmenjäger eine Weltfinanzkrise provozieren. Köln: Fackelträger Verlag

Beckers, Stan/Smedts, Jan (2005): Hedge Funds: Where is the (h)edge? In: Hubert Dichtl/Jochen M. Kleeberg/Christian Schlenger: Handbuch Hedge Funds. Chancen, Risiken und Einsatz in der Asset Allocation. Bad Soden/Ts.: Uhlenbruch Verlag, S. 119-150

Beirat für gesellschafts-, wirtschafts- und umweltpolitische Alternativen (BEIGEWUM)/Attac (2010): Mythen der Krise. Einsprüche gegen falsche Lehren aus dem großen Crash. Hamburg: VSA: Verlag

Beirat für Wirtschafts- und Sozialfragen (2009): Österreich und die internationale Finanzkrise. Nr. 83

Beise, Marc (2009): Die Ausplünderung der Mittelschicht. Alternativen zur aktuellen Politik. München: Deutsche Verlags-Anstalt

Besseler, Wolfgang/Drobetz, Wolfgang/Henn, Jacqueline (2005): Hedge Funds: Die „Königsdisziplin" der Kapitalanlage. In: Hubert Dichtl/Jochen M. Kleeberg/Christian Schlenger: Handbuch Hedge Funds. Chancen, Risiken und Einsatz in der Asset Allocation. Bad Soden/Ts.: Uhlenbruch Verlag, S. 4-53

Blaich, Fritz: Der Schwarze Freitag. Inflation und Weltwirtschaftskrise. München: Deutscher Taschenbuch Verlag

Blaschek, Beate (ATTAC Österreich) (Hrsg.) (2008): Crash statt Cash. Warum wir die globalen Finanzmärkte bändigen müssen. Wien: ÖGB-Verl.

Bloss, Michael/Ernst, Dietmar/Häcker, Joachim/Eil, Nadine (2009): Von der Subprime-Krise zur Finanzkrise. Immobilienblase: Ursachen, Auswirkungen, Handlungsempfehlungen. München: Oldenburg Wissenschaftsverlag

Bofinger, Peter (2009): Ist der Markt noch zu retten? Warum wir jetzt einen starken Staat brauchen. 2. Aufl., Berlin: Econ

Butterwegge, Christoph/Lösch, Bettina /Ptak, Ralf (2008): Kritik des Neoliberalismus. 2. Aufl.,Wiesbaden: Verlag für Sozialwissenschaften

Cluse, Michael/Dernbach, Alexander/Engels, Jörg/Lellmann, Peter (2005): Einführung in Basel II. In: Deloitte (Hrsg.) Cluse, Michael/Engels, Jörg (Schriftleitung): Basel II. Handbuch zur praktischen Umsetzung des neuen Bankenaufsichtsrechts. Berlin: Erich Schmidt Verlag, S. 19-44

Deloitte (Hrsg.), Cluse, Michael/Engels, Jörg (Schriftleitung) (2005): Basel II. Handbuch zur praktischen Umsetzung des neuen Bankenaufsichtsrechts. Berlin: Erich Schmidt Verlag

Dichtl, Hubert /Kleeberg, Jochen M./Schlenger, Christian (2005): Handbuch Hedge Funds. Chancen, Risiken und Einsatz in der Asset Allocation. Bad Soden/Ts.: Uhlenbruch Verlag

Eder, Stefan/Hörl, Johannes/Winkler, Andreas (2008): Finanzmarktstärkung in Europa. EU, Österreich und Deutschland sowie weitere europäische Staaten. Wien/Graz: NWV - Neuer Wiss. Verl.

Eichhorn, Wolfgang/Solte, Dirk (2009): Das Kartenhaus Weltfinanzsystem. Rückblick – Analyse – Ausblick. Hrgs.: Klaus Wiegandt. Frankfurt am Main: Fischer Taschenbuch Verlag

Fano-Leszczynski, Ursula (2002): Hedgefonds. Erfolgreich investieren, Risiko minimieren. Wien: MANZ Verlag

Feldbauer, Peter/Hardach, Gerd (1999): Von der Weltwirtschaftskrise zur Globalisierungskrise: Wohin treibt die Peripherie? In: Feldbauer, Peter/Hardach, Gerd/Melinz, Gerhard (Hrsg.): Von der Weltwirtschaftskrise zur Globalisierungskrise. Wohin treibt die Peripherie? Frankfurt am Main: Brandes & Apsel/Südwind, S. 9-21

Feldbauer, Peter/Hardach, Gerd/Melinz, Gerhard (Hrsg.) (1999): Von der Weltwirtschaftskrise zur Globalisierungskrise. Wohin treibt die Peripherie? Frankfurt am Main: Brandes & Apsel/Südwind

Frasl, Erwin J./Haiden, Rene Alfons/Taus, Josef (Hrsg.) (2009): Österreichs Kreditwirtschaft in der Weltfinanzkrise. Fakten, Analysen, Perspektiven und Chancen. Wien/Graz: Neuer Wissenschaftlicher Verlag

Galbraith, John Kenneth (1963): Der grosse Krach 1929. Die Geschichte einer Illusion, die in den Abgrund führte. Stuttgart: Seewald Verlag

Grotkopp, Wilhelm (1954): Die grosse Krise. Lehren aus der Überwindung der Wirtschaftskrise 1929/32. Düsseldorf: ECON-Verlag

Haiden, Rene Alfons (2009): Maßnahmen zur Bewältigung der Finanzkrise in Österreich. Eine aktuelle Analyse der heimischen Wirtschaft. In: Frasl, Erwin J./Haiden, Rene Alfons/Taus, Josef (Hrsg.): Österreichs Kreditwirtschaft in der Weltfinanzkrise. Fakten, Analysen, Perspektiven und Chancen. Wien/Graz: Neuer Wissenschaftlicher Verlag, S. 73-101

Hank, Rainer (2009): Der amerikanische Virus. Wie verhindern wir den nächsten Crash. München: Karl Blessing-Verlag

Hardach, Gerd (2000): Die Große Depression in den USA 1929-1939. In: Beiträge zur historischen Sozialkunde 1/2000. Verein für Geschichte und Sozialkunde. S. 8-16

Harrison, Fred (2008): Wirtschaft Krise 2010. Wie die Immobilienblase die Wirtschaft in die Krise stürzt. Kühn & Weyh: Freiburg

Henkel, Hans-Olaf (2009): Die Abwracker. Wie Zocker und Politiker unsere Zukunft verspielen. München: Wilhelm Heyne Verlag

Holztrattner, Manfred /Sedmak, Michael (2009): Eliten oder Nieten. Die Finanz- und Wirtschaftskrise als Ergebnis politischer und wirtschaftlicher Führungsschwächen. Salzburg: KIESEL-Verlag

Kernbauer, Hans/Weber, Fritz (1984): Von der Inflation zur Depression. Österreichs Wirtschaft 1918 – 1934. In: Tálos, Emmerich/Neugebauer, Wolfgang (Hrsg.): „Austrofaschismus" Beiträge über Politik Ökonomie und Kultur 1934 – 1938. Wien: Verlag für Gesellschaftskritik, S. 1-30

Kernbauer, Johannes (2009): Die Oesterreichische Clearingbank AG. Aufgaben und Entwicklung von der Gründung bis zur Jahresmitte 2009. In: Frasl, Erwin J./Haiden, Rene Alfons/Taus, Josef (Hrsg.): Österreichs Kreditwirtschaft in der Weltfinanzkrise. Fakten, Analysen, Perspektiven und Chancen. Wien/Graz: Neuer Wissenschaftlicher Verlag, S. 163-173

Klug, Friedrich/Fellmann, Illan (Hrsg.) (2006): Schwarzbuch Neoliberalismus und Globalisierung, Kommunale Forschung in Österreich. Linz: IKW - Schriftenreihe Nr. 115

Kosseleck, Reinhart (1959): Kritik und Krise. Ein Beitrag zur Pathogonese der bürgerlichen Welt. Freiburg/München: Verlag Karl Alber

Krugman, Paul (2008): Die neue Weltwirtschaftskrise. Frankfurt/New York: Campus Verlag

Küblböck, Karin /Staritz, Cornelia (2008): Finanzkrisen in Industrie- und Schwellenländern. Gemeinsamkeiten und Unterschiede. In: Blaschek, Beate (ATTAC Österreich) (Hrsg.): Crash statt Cash. Warum wir die globalen Finanzmärkte bändigen müssen. Wien: ÖGB-Verl., S. 79-99

Lacina, Vera (Red.) (2010): Die Krise und die Konsequenzen: Wirtschaftspolitik, Verteilungsfragen, Finanzmarktregulierung. Beiträge zur Wirtschaftspolitik Nr. 25. Wien: Abteilung Wirtschaftspolitik der Kammer für Arbeiter und Angestellte für Wien (Hrsg.)

Mattl, Siegfried (1984): Die Finanzdiktatur. Wirtschaftspolitik in Österreich 1933 – 1938. In: Tálos, Emmerich/Neugebauer, Wolfgang (Hrsg.): Austrofaschismus. Politik - Ökonomie – Kultur 1933 – 1938. Wien: Lit-Verl., S.133-159

Marterbauer, Markus (2010): Wirtschaftspolitische Wege aus der Krise. In: Lacina, Vera (Red.): Die Krise und die Konsequenzen: Wirtschaftspolitik, Verteilungsfragen, Finanzmarktregulierung. Beiträge zur Wirtschaftspolitik Nr. 25. Wien: Abteilung Wirtschaftspolitik der Kammer für Arbeiter und Angestellte für Wien (Hrsg.), S. 10-14

Mooslechner, Peter (2009): Das österreichische Banksystem in der globalen Finanz- und Wirtschaftskrise. In: Frasl, Erwin J./Haiden, Rene Alfons/Taus, Josef (Hrsg.): Österreichs Kreditwirtschaft in der Weltfinanzkrise. Fakten, Analysen, Perspektiven und Chancen. Wien/Graz: Neuer Wissenschaftlicher Verlag, S. 187-200

Nienhaus, Lisa (2009): Die Blindgänger. Warum die Ökonomen auch künftige Krisen nicht erkennen werden. Frankfurt/New York: Campus Verlag

Pawlowsky, Verena (2000): Arbeitslosenpolitik im Österreich der dreißiger Jahre. In: Beiträge zur historischen Sozialkunde 1/2000. Verein für Geschichte und Sozialkunde. S. 24-32

Ptak, Ralf (2008): Die Grundlagen des Neoliberalismus. In: Butterwegge, Christoph/Lösch, Bettina/Ptak, Ralf: Kritik des Neoliberalismus. 2. Aufl., Wiesbaden: Verlag für Sozialwissenschaften, S. 13-87

Richert, Robert (2007): Makroökonomik. Schnell erfasst. Berlin: Springer

Schäfer, Ulrich (2009): Der Crash des Kapitalismus. Warum die entfesselte Marktwirtschaft scheiterte und was jetzt zu tun ist. Frankfurt/New York: Campus Verlag

Schoder, Christian/Pirklbauer, Sybille (2008): Wege aus der Krise: Alternativen zur herrschenden Politik. In: Beate Blaschek (ATTAC Österreich) (Hrsg.): Crash statt Cash. Warum wir die globalen Finanzmärkte bändigen müssen. Wien: ÖGB-Verl., S. 155-183

Schulmeister, Stephan (2009): Der „Aufbau" der großen Krise durch „business as usual" auf Finanzmärkten. Schriftliche Fassung eines Vortrags auf der Jahrestagung der Keynes-Gesellschaft am 16. und 17. Februar 2009 in Wien

Schulmeister, Stephan (2009): Die neue Weltwirtschaftskrise – Ursachen, Folgen, Gegenstrategien. Materialien zu Wirtschaft und Gesellschaft Nr. 106. Wien: Abteilung Wirtschaftswissenschaft und Statistik der Kammer für Arbeiter und Angestellte für Wien (Hrsg.)

Shumann, Harald /Grefe, Christiane (2008): Der globale Countdown. Gerechtigkeit oder Selbstzerstörung – die Zukunft der Globalisierung. Köln: Kiepenheuer & Wirtsch

Simonis, Heide (2010): Verzockt! Warum die Karten von Markt und Staat neu gemischt werden müssen. Göttingen: Vandenhoeck & Ruprecht

Sinn, Hans-Werner (2009): Kasino-Kapitalismus. Wie es zur Finanzkrise kam, und was jetzt zu tun ist. Berlin: Econ

Soros, George (2008): Des Ende der Finanzmärkte - und deren Zukunft. Die heutige Finanzkrise und was sie bedeutet. München: FinanzBuch Verlag

Stiefel, Dieter (1988): Die große Krise in einem kleinen Land. Österreichische Finanz- und Wirtschaftspolitik 1929-1938. Wien: Böhlau Verlag

Stiefel, Dieter (1989): Finanzdiplomatie und Weltwirtschaftskrise. Die Krise der Credit-Anstalt für Handel und Gewerbe 1931. Frankfurt am Main: Fritz Knapp Verlag

Stiglitz, Joseph E. (2010): Freefall. Free Markets and the Sinking of the Global Economy. London: Penguin Group

Stocker, Ferry (2009): Zahltag. Finanz- und Wirtschaftskrise und ökonomische Prinzipien. Wien: facultas.wuv

Storbeck, Olaf (2009): Die Jahrhundertkrise. Über Finanzalchemisten, das Versagen der Notenbanken und John Maynard Keynes. Stuttgart: Schäffer-Poeschel

Tálos, Emmerich/Neugebauer, Wolfgang (Hrsg.) (1984): „Austrofaschismus" Beiträge über Politik Ökonomie und Kultur 1934 – 1938. Wien: Verlag für Gesellschaftskritik

Teichova, Alice (2000): Die Weltwirtschaftskrise (1929-1933) und die Nachfolgestaaten der Habsburgermonarchie. In: Beiträge zur historischen Sozialkunde 1/2000. Verein für Geschichte und Sozialkunde. S. 4-7

Vomfelde, Werner : Abschied von Keynes? Eine Antwort auf die monetaristisch-neoklassische Gegenrevolution. Frankfurt/News York: Campus Verlag

Welfens, Paul J.J (2009): Transatlantische Bankenkrise. Stuttgart: Lucius & Lucius

Zeise, Lucas (2008): Ende der Party. Die Explosion im Finanzsektor und die Krise der Weltwirtschaft. Köln: PapyRossa

Zotter, Thomas/Zuckerstätter, Sepp (2009): Die Finanzmarktkrise und ihre Wirkungsmechanismen auf die Realwirtschaft. In: Angelo, Silvia/Gahleitner, Helmut/Landsmann, Martina (Red.): Notleidende Banken: Fakten – Wirkungen - Lösungen. Beiträge zur Wirtschaftspolitik Nr. 23. Wien: Abteilung Wirtschaftspolitik der Kammer für Arbeiter und Angestellte für Wien (Hrsg.), S. 6-8

Internetquellen:

Amann, Susanne/Ott, Friederike: G-8 Bilanz: Gipfel der wolkigen Versprechen. In: Spiegel online, Stand: 8. Juli 2008. URL: http://www.spiegel.de/wirtschaft/0,1518,564601-4,00.html, abgerufen am 10. Jänner 2011

Breuss, Fritz/ Kaniovski, Serguei/Schratzenstaller, Margit: Gesamtwirtschaftliche Effekte der Konjunkturbelebungsmaßnahmen. In: WIFO Monatsberichte, 9/2009, Stand: August 2009. URL: http://www.wifo.ac.at/wwa/downloadController/displayDbDoc.htm?item =S_2009_KONJUNKTURPAKETE_36361$.PDF, abgerufen am 29. Dezember 2010

Bundesministerium für Finanzen: Massnahmenpaket zur Sicherung und Stabilisierung des österreichischen Finanzmarktes. Stand: 2011. URL: http://www.bmf.gv.at/Finanzmarkt/ManahmenpaketzurSic_9175/_start.ht m, abgerufen am 9. Jänner 2011

Bundeszentrale für politische Bildung: Lexikon. Devisenbilanz. In: bpb.de, Stand: 2009. URL: http://www.bpb.de/popup/popup_lemmata.html?guid=E0NS19, abgerufen am 30. November 2010

de Larosière-Gruppe (2009): Bericht über die Finanzaufsicht in der EU (de Larosière-Bericht). In: EUFIS.de, Stand: 25. Februar 2009. URL: http://ec.europa.eu/internal_market/finances/docs/de_larosiere_report_de. pdf, abgerufen am 27. Dezember 2010

Deutsches Auswärtiges Amt: Österreich. Wirtschaft. Stand: April 2010. URL: http://www.auswaertiges-amt.de/diplo/de/Laenderinformationen/Oesterreich/Wirtschaft.html, abgerufen am 18. November 2010

Eckert, Daniel: Wie tief kann der Euro noch fallen? In: Welt online, Stand: 10. Februar 2010. URL: http://www.welt.de/finanzen/article6331607/Wie-tief-kann-der-Euro-noch-fallen.html, abgerufen 30. August 2010

Eidgenössische Finanzmarktaufsicht FINMA: Capital Accord („Basel II"). URL: http://www.finma.ch/d/finma/internationales/gremien/basel/Seiten/capital-accord.aspx, abgerufen am 27. Oktober 2010

Fercher, Harald: Wertpapier-KESt: Das Gesetz ist da, die Branche tobt. In: WirtschaftsBlatt, Stand: 28. Oktober 2010. URL: http://www.wirtschaftsblatt.at/home/oesterreich/wirtschaftspolitik/wertpapier-kest-das-gesetz-ist-da-die-branche-tobt-444493/index.do, abgerufen am 30. Dezember 2010

FIMBAG: Maßnahmen – Übersicht. Stand: 11. November 2010. URL: http://www.fmarktbet.at/cms/print.php?pageName=74, abgerufen am 10. Jänner 2011

Fitch Ratings: Full Rating Report. Austria. Stand 12. April 2010. URL: http://www.oebfa.co.at/dokumente/Austria_Fitch.pdf, abgerufen am 23. November 2010

Fritsch, Harald: Die Schuld der Retter. In: DATUM, Stand: April 2005. URL: http://www.datum.at/0405/stories/782939/, abgerufen am 20. Jänner 2011

Frühauf, Markus: Basel III. Bankenaufseher verschärfen die Regeln. In: faz.net, Stand: 13. September 2010. URL: http://www.faz.net/s/Rub0E9EEF84AC1E4A389A8DC6C23161FE44/Doc~EE325814CA6704841A8410A5C00C5D4C7~ATpl~Ecommon~Scontent.html, abgerufen am 27. Dezember 2010

Gratzla, Daniel: So funktioniert der Euro-Rettungsschirm. In: FOCUS online, Stand: 19. November 2011. URL: http://www.focus.de/finanzen/news/tid-20487/schuldenkrise-so-funktioniert-der-euro-rettungsschirm_aid_573428.html, abgerufen am 3. Februar 2011

Haimann, Richard: Amerikas neuer Traum heißt Wohnen zur Miete. In: Welt online, Stand: 18. August 2009. URL: http://www.welt.de/finanzen/article4347924/Amerikas-neuer-Traum-heisst-Wohnen-zur-Miete.html, abgerufen am 24.08.2010

Häring, Norbert: EZB-Studie: Die wahren Ursachen der griechischen Tragödie. In: Handelsblatt, Stand: 28. Jänner 2010. URL: http://www.handelsblatt.com/politik/nachrichten/ezb-studie-die-wahren-ursachen-der-griechischen-tragoedie;2518164, abgerufen am 30. August 2010

IFRS/IAS Portal: Was sind IFRS / IAS? URL: http://www.ifrs-portal.com/Grundlagen/Was_sind_IFRS_IAS/Was_sind_IFRS_IAS_01.htm, abgerufen am 26. Oktober 2010

Krawarik, Ingrid/Kwauka, Martin: Ab Jänner gilt die neue Wertpapier-KESt. FORMAT zeigt, wie sie Steuern sparen. In: FORMAT.at, Stand: 24. November 2010. URL: http://www.format.at/articles/1047/526/282634/ab-jaenner-wertpapier-kest-format-steuern, abgerufen am 30. Dezember 2010

Gabriele Michalitsch: Was ist Neoliberalismus. Genese und Anatomie einer Ideologie. In: attac.at, URL: http://www.attac.at/uploads/media/neoliberalismus_michalitsch_02.pdf, abgerufen am 10. Februar 2011

Milborn, Corinna: Eurokrise: Nach Griechenland stehen nun die nächsten Länder vor dem Budgetdesaster. In: Format.at, 22. Februar 2010. URL: http://www.format.at/articles/1008/524/262637/eurokrise-nach-griechenland-laender-budgetdesaster, abgerufen am 30. August 2010

Moody's Investors Service: Credit Analysis. Austria. Stand: 3. März 2010. URL: http://www.oebfa.co.at/dokumente/Austria_M.pdf, abgerufen am 23. November 2010

Müller, Henrik: Endspiel für den Euro. In: Spiegel online, Stand: 27. April 2010. URL: http://www.spiegel.de/wirtschaft/soziales/0,1518,691424,00.html, abgerufen am 30. August 2010

OECD: History. URL: http://www.oecd.org/pages/0,3417,en_36734052_36761863_1_1_1_1_1,00.html, abgerufen am 9. Jänner 2011

OeNB: Basel II. Schwerpunkt für kleinere und mittlere Unternehmen. URL: http://www.oenb.at/de/finanzm_stab/baseliii/der_weg_zu_basel_iii.jsp, abgerufen am 27 Dezember 2010

OeNB: Basel II. Schwerpunkt für kleinere und mittlere Unternehmen. URL: http://www.oenb.at/de/finanzm_stab/basel_2/kmu_schwerpunkt/kmu-schwerpunkt.jsp, abgerufen am 27. Oktober 2010

Peter Havlik (WIIW): The global crisis and the countries of Central, East and Southeast Europa: discussion of economic impacts and outlook for the region. Stand: 18. November 2010. URL: http://publications.wiiw.ac.at/?action=publ&id=details&publ=FCP_20101 118, abgerufen am 25. November 2010

Presseaussendung der Delegation der Europäischen Union für die Schweiz und das Fürstentum Liechtenstein: Europäische Finanzaufsicht mit starken Kompetenzen. In: ec.europa.eu, Stand: 22. September 2010. URL: http://ec.europa.eu/delegations/switzerland/press_corner/focus/focus_item s/20100922_de.htm, abgerufen am 12. Jänner 2011

Presseaussendung der Europäischen Kommission: EU-Konjunkturpaket von 200 Milliarden Euro. In: ec.europa.eu, Stand: 26. November 2008. URL: http://ec.europa.eu/deutschland/press/pr_releases/8162_de.htm, abgerufen am 29. Dezember 2010

Presseaussendung der Europäischen Kommission: Finanzdienstleistungen: Europäische Kommission leitet Konsultation zum weiteren Vorgehen bei Ratingagenturen ein. In: ec.europa.eu, Stand: 5. November 2010. URL: http://europa.eu/rapid/pressReleasesAction.do?reference=IP/10/1471&for mat=HTML&aged=0&language=DE&guiLanguage=en, abgerufen am 27. Dezember 2010

Presseaussendung der Wiener Börse: Österreichische Privatanleger werden durch die Wertpapier-KESt bestraft. In: wienerborse.at, Stand: 13. Dezember 2010. URL: http://www.wienerborse.at/about/press/pressrelease/wertpapier-kest.html, abgerufen am 30. Dezember 2010

Red. Financial Times Deutschland: Euro-Krise. Schuldenemission kommt Italien teuer. In FTD.de, Stand: 29. Dezember 2010. URL: http://www.ftd.de/finanzen/maerkte/anleihen-devisen/:euro-krise-schuldenemission-kommt-italien-teuer/50209822.html, abgerufen am 24. Jänner 2011

Red. Handelsblatt: Chance oder Gefahr. EZB uneins über Euro-Einbruch. In: Handelsblatt, Stand: 27. Mai 2010. URL: http://www.handelsblatt.com/politik/konjunktur-nachrichten/chance-oder-gefahr-ezb-uneins-ueber-euro-einbruch;2589813, abgerufen am 1. September 2010

Red. Handelsblatt: Fortschritte beim G7-Gipfel. In: Handelsblatt, Stand: 6. Februar 2010, URL: http://www.handelsblatt.com/politik/international/kreise-fortschritte-beim-g7-gipfel;2525575, abgerufen am 5. Jänner 2011

Red. Oberösterreichische Nachrichten: WIFO: „Krise in Österreich vertieft sich". In: nachrichten.at, Stand: 3. März 2009. URL: http://www.nachrichten.at/nachrichten/wirtschaft/art15,121121, abgerufen am 29. November 2010

Red. Die Presse/APA: Kurzarbeit bei GM in Wien: 1540 Mitarbeiter betroffen. In: Die Presse.com, Stand: 7. Jänner 2009. URL: http://diepresse.com/home/wirtschaft/economist/442108/Kurzarbeit-bei-GM-in-Wien_1540-Mitarbeiter-betroffen, abgerufen am 21. November 2010

Red. Rheinische Post: Staatskrise in Belgien. König befiehlt härteres Sparprogramm. In: RP online, Stand: 11. Jänner 2011. URL: http://www.rp-online.de/wirtschaft/eurokrise/Koenig-befiehlt-haerteres-Sparprogramm_aid_951003.html, abgerufen am 24. Jänner 2011

Red. Der Spiegel: Gipfeltreffen der Finanzminister. G-7-Staaten versprechen radikale Maßnahmen gegen Finanzkrise. In: Spiegel online, Stand: 11. Oktober 2008. URL: http://www.spiegel.de/wirtschaft/0,1518,583500,00.html, abgerufen am 27. Dezember 2010

Red. Der Spiegel: Gipfel in Pittsburgh. Obama kürt G20 zum Retter der Weltwirtschaft. In: Spiegel online, Stand: 25. September 2009. URL: http://www.spiegel.de/wirtschaft/soziales/0,1518,651480,00.html, abgerufen am 5. Jänner 2011

Red. Der Spiegel/ssu/dpa/Reuters: Italien und Belgien leiden unter Verkaufshysterie der Anleger. In: Spiegel online, Stand: 1. Dezember 2010. URL: http://www.spiegel.de/wirtschaft/soziales/0,1518,732143,00.html, abgerufen am 24. Jänner 2011

Red. Der Spiegel/hut/dpa/Reuters: Spanien droht neue Rating-Abstufung. In: Spiegel online, Stand: 15. Dezember 2011. URL:

http://www.spiegel.de/wirtschaft/0,1518,734717,00.html, abgerufen am 24. Jänner 2011

Red. Der Standard: IWF-Chef in Wien. Strauss-Kahn bedauert Rechenfehler. In: derStandard.at, Stand: 15. Mai 2009. URL: http://derstandard.at/1242315896599/IWF-Chef-in-Wien-Strauss-Kahn-bedauert-Rechenfehler, abgerufen am 25. November 2010

Red. Der Standard/APA: Auftragsboom für Wien-Aspern. In: derStandard.at, Stand: 27. Juni 2010. URL: http://derstandard.at/1277336833036/Produktionszuwachs-Auftragsboom-fuer-Wien-Aspern, abgerufen am 21. November 2010

Red. Der Standard/APA: IHS und Wifo. Wirtschaftsforscher vermissen die große Strukturreform. In: derStandard.at, Stand: 24. Oktober 2010. URL: http://derstandard.at/1287099875145/IHS-und-Wifo-Wirtschaftsforscher-vermissen-die-grosse-Strukturreform, abgerufen am 30. Dezember 2010

Red. Der Standard/APA: Hedgefonds. EU-Parlament macht Weg für Regulierung frei. In: derStandard.at, Stand: 11. November 2010. URL: http://derstandard.at/1288660114899/Hedgefonds-EU-Parlament-macht-Weg-fuer-Regulierung-frei, abgerufen am 27. Dezember 2010

Red. Der Standard/Reuters: EU-Börsenaufsicht. ESMA überwacht ab 2011 Ratingagenturen. In: derStandard.at, Stand: 2. Dezember 2010. URL: http://derstandard.at/1289609364396/EU-Boersenaufsicht-ESMA-ueberwacht-ab-2011-Ratingagenturen, abgerufen am 27. Dezember 2010

Red. Der Stern: Finanzkrise. G7 planen radikale Maßnahmen. In: stern.de, Stand: 11. Oktober 2008. URL: http://www.stern.de/wirtschaft/news/maerkte/finanzkrise-g7-planen-radikale-massnahmen-641993.html, abgerufen am 27. Dezember 2010

Red. Tagesschau: Griechenlands Weg in die Krise – und wieder hinaus. In: Tagesschau.de, Stand: 20. Mai 2010. URL: http://www.tagesschau.de/wirtschaft/griechenland640.html, abgerufen am 30. August 2010

Red. Tagesschau: Griechenland bekommt 110 Millarden Euro Finanzhilfe. In: Welt online, Stand: 02. Mai 2010. URL: http://www.welt.de/wirtschaft/article7438485/Griechenland-bekommt-110-Milliarden-Finanzhilfe.html, abgerufen am 3. September 2010

Red. Welt: Griechenland bekommt 110 Millarden Euro Finanzhilfe. In: Welt online, Stand: 02. Mai 2010. URL:

http://www.welt.de/wirtschaft/article7438485/Griechenland-bekommt-110-Milliarden-Finanzhilfe.html, abgerufen am 3. September 2010

Red. Welt/AFP/dpa/cat: Irland-Krise – Schäuble sieht Euro in großer Gefahr. In: Welt online, Stand: 23. November 2011. URL: http://www.welt.de/wirtschaft/article11172845/Irland-Krise-Schaeuble-sieht-Euro-in-grosser-Gefahr.html, abgerufen am 24. Jänner 2011

Red. Wiener Zeitung/APA: Österreich: Kurzarbeit geht zurück. In: Wiener Zeitung.at, Stand: 2. Juli 2010. URL: http://www.wienerzeitung.at/DesktopDefault.aspx?TabID=3924&Alias=wzo&cob=505464, abgerufen am 21. November 2010

Red. WirtschaftsBlatt/APA: Wifo rät zu Regulierung statt Bankensteuer. In: WirtschaftsBlatt, Stand: 19. Februar 2010. URL: http://www.wirtschaftsblatt.at/home/oesterreich/wirtschaftspolitik/wifo-raet-zu-regulierung-statt-bankensteuer-409188/index.do, abgerufen am 30. Dezember 2010

Red. WirtschaftsBlatt/APA/dpa: IWF-Reform abgesegnet. In: WirtschaftsBlatt, Stand: 6. November 2010. URL: http://www.wirtschaftsblatt.at/home/international/wirtschaftspolitik/iwf-reform-abgesegnet-445571/index.do, abgerufen am 12. Jänner 2011

Red. Die Zeit/Reuters: Chefvolkswirt sieht Portugal in Not. In: Zeit online, Stand: 26. Dezember 2010. URL: http://www.zeit.de/wirtschaft/2010-12/portugal-rettungsschirm-euro, abgerufen am 24. Jänner 2011

Schnauder, Andreas: Interview mit Mojmír Hampl. „Ausgerechnet der IWF beschleunigte die Krise" In: derStandard.at, Stand: 1. April 2010. URL: http://derstandard.at/1269448739284/Interview-mit-Mojmir-Hampl-Ausgerechnet-der-IWF-beschleunigte-die-Krise, abgerufen am 25. November 2010

Schmitz, Gregor Peter: Gipfel der guten Absichten. In: Spiegel online, Stand: 16. November 2008. URL: http://www.spiegel.de/politik/ausland/0,1518,590690,00.html, abgerufen am 20. Dezember 2010

Schmitz, Gregor Peter/Wittrock, Philipp: G-20-Treffen in Toronto. Gipfel der halbseidenen Siege. In: Spiegel online, Stand: 26. Juni 2010. URL: http://www.spiegel.de/politik/ausland/0,1518,703195,00.html, abgerufen am 5. Jänner 2011

Schewe, Gerhard: Krisentheorie. In: Gabler Wirtschaftslexikon. URL: http://wirtschaftslexikon.gabler.de/Definition/krisentheorie.html, abgerufen am 26. Jänner 2011

Schubert, Klaus/Klein, Martina (2006): Das Politiklexikon. 4. Aufl., Bonn: Dietz. In: bpd.de. URL: http://www.bpb.de/popup/popup_lemmata.html?guid=IZXP13, abgerufen am 11. Februar 2011

Schulmeister, Stephan (2006): Das neoliberale Weltbild - wissenschaftliche Konstruktion von „Sachzwängen" zur Förderung und Legitimation sozialer Ungleichheit, In: Klug, Friedrich/Fellmann, Illan (Hrsg.): Schwarzbuch Neoliberalismus und Globalisierung, Kommunale Forschung in Österreich. Linz: IKW - Schriftenreihe Nr. 115, S. 153-175. URL: http://stephan.schulmeister.wifo.ac.at/fileadmin/homepage_schulmeister/f iles/Das_neoliberale_Weltbild.pdf, abgerufen am 10. Februar 2011

Schulz, Bettina: Das Versagen der Aufsicht. In: faz.net, Stand: 25. September 2008. URL: http://www.faz.net/s/Rub58241E4DF1B149538ABC24D0E82A6266/Doc ~E11984E252C1C4142918F9F9C9BDE2DB6~ATpl~Ecommon~Sconten t.html, abgerufen am 27. Oktober 2010

Sileitsch, Hermann: Keine Entwarnung in der Euro-Krise – die Sanierung dauert noch viele Jahre. In: Wiener Zeitung.at, Stand: 27. August 2010. URL: http://wienerzeitung.at/default.aspx?tabID=4152&alias=wzo&cob=51427 3, abgerufen am 30. August 2010

Stahl, Andre: Finanzmarktkonferenz in Berlin. Merkel blitzt bei G20-Kollegen ab. In: stern.de, Stand: 20. Mai 2010. URL: http://www.stern.de/politik/ausland/finanzmarktkonferenz-in-berlin-merkel-blitzt-bei-g20-kollegen-ab-1567986.html, abgerufen am 5. Jänner 2011

Standard & Poor's: Global Credit Portal. Ratings Direct. Austria. Stand: 30. Dezember 2009. URL: http://www.oebfa.co.at/dokumente/Austria_S&P.pdf, abgerufen am 23. November 2010

Statistik Austria: Statistisches Jahrbuch Österreichs 2011. Stand: 15. Dezember 2010. URL: http://www.statistik.at/web_de/static/k15_054414.pdf, abgerufen am 18. Februar 2011

Steindl, Peter: Erstmals seit Ende 2008 wieder Bilanzsummenanstieg. Wesentliche Entwicklungen im inländischen Finanzwesen im ersten Halbjahr 2010. Stand: Q4/2010. URL:

http://oenb.at/de/img/stat_2010_q4_analyse_steindl_tcm14-210796.pdf, abgerufen am 30. November 2010

Stiftung Haus der Geschichte der Bundesrepublik Deutschland. URL: http://www.hdg.de/lemo/html/biografien/ClintonBill/index.html, abgerufen am 25. August 2010

Szigetvari, András: Faymann und Pröll einig. Eine Bankensteuer kommt schon 2011. In: derStandard.at, Stand: 22. Februar 2010. URL: http://derstandard.at/1266541158204/Faymann-und-Proell-einig-Eine-Bankensteuer-kommt-schon-2011, abgerufen am 30. Dezember 2010

Thelen-Pischke, Hiltrud: Abschied vom CEBS - Die Europäische Bankaufsichtsbehörde (EBA) nimmt ihren Dienst auf. In: PwC Blogs, Stand: 15. Dezember 2010. URL: http://fs-blog.pwc.de/regulatory/2010/12/abschied-vom-cebs-die-europ%C3%A4ische-bankaufsichtsbeh%C3%B6rde-eba-nimmt-ihren-dienst-auf.html, abgerufen am 27. Dezember 2010

Wiener Börse AG: Jahresstatistik 2009. Stand: 2009. URL: http://www.wienerborse.at/static/cms/sites/wbag/media/de/pdf/prices_stati stics/yearly_statistics/2009.pdf, abgerufen am 30. November 2010

Wiener Börse AG: Jahresstatistik 2010. Stand: 2010. URL: http://www.wienerborse.at/static/cms/sites/wbag/media/de/pdf/prices_stati stics/yearly_statistics/2010.pdf, abgerufen am 15. Februar 2011

WIFO: Prognose für 2009 und 2010: Auch Österreich von der internationalen Wirtschaftskrise stark getroffen. In: APA OTS, Stand: 27. März 2009. URL: http://www.ots.at/presseaussendung/OTS_20090327_OTS0097/prognose-fuer-2009-und-2010-auch-oesterreich-von-der-internationalen-wirtschaftskrise-stark-getroffen, abgerufen am 18. November 2010

WIFO: Prognose für 2010 und 2011: Aufschwung mit anhaltender Unsicherheit. In: APA OTS, Stand: 24. September 2010. URL: http://www.ots.at/presseaussendung/OTS_20100924_OTS0124/prognose-fuer-2010-und-2011-aufschwung-mit-anhaltender-unsicherheit, abgerufen am 29. November 2010

WIFO: Erneut starkes Wachstum im III. Quartal 2010. In: APA OTS, Stand: 12. November 2010. URL: http://www.ots.at/presseaussendung/OTS_20101112_OTS0039/erneut-starkes-wachstum-im-iii-quartal-2010, abgerufen am 29. November 2010

Wittrock, Philipp: Gipfeltreffen in Seoul. G20 ordnen Weltfinanzen ein bisschen neu. In: Spiegel online, Stand: 12. November 2010. URL:

http://www.spiegel.de/politik/ausland/0,1518,728702,00.html, abgerufen am 5. Jänner 201

WKO: Wirtschaftswachstum. Veränderung des realen BIP in %. Stand: November 2010 URL: http://www.wko.at/statistik/eu/europawirtschaftswachstum.pdf, abgerufen am 23. November 2010

WKO: Wirtschaftswachstum. Veränderung des realen BIP in %. Stand: Dezember 2010 URL: http://www.wko.at/statistik/eu/europawirtschaftswachstum.pdf, abgerufen am 18. Februar 2011

WKO: Leitl: Flexibilität der Unternehmen hat 86.000 Jobs gerettet – weitere Belastungen kosten Arbeitsplätze. In: WKO.at, Stand: 22. September 2010. URL:
http://portal.wko.at/wk/format_detail.wk?AngID=1&StID=572835&DstID=29&cbtyp=1&titel=Leitl:,Flexibilit%C3%A4t,der,Unternehmen,hat,86.000,Jobs,gerettet,%E2%80%93,weitere,Belastungen,kosten,Arbeitspl%C3%A4tze, abgerufen am 21. November 2010

Politik und Demokratie
Reihe des Wiener Instituts für Politikwissenschaft

Herausgegeben von Helmut Kramer und Eva Kreisky

Band 1   Christiane Prorok: Ibrahim Rugovas Leadership. Eine Analyse der Politik des kosovarischen Präsidenten. 2004.

Band 2   Georg Bacher: Der Beitrag von Wahrheitskommissionen zur Friedenskonsolidierung und dauerhaften Versöhnung. Das Beispiel Südafrika. 2004.

Band 3   Gottfried Fritzl: Adolf Kozlik. Ein sozialistischer Ökonom, Emigrant und Rebell. Leben und Werk eines österreichischen Wissenschaftlers und Intellektuellen. 2004.

Band 4   Marion Knapp: Österreichische Kulturpolitik und das Bild der *Kulturnation*. Kontinuität und Diskontinuität in der Kulturpolitik des Bundes seit 1945. 2005.

Band 5   Georg Spitaler: *Authentischer* Sport – inszenierte Politik? Zum Verhältnis von Mediensport, Symbolischer Politik und Populismus in Österreich. 2005.

Band 6   Tamara Ehs: Helvetisches Europa – Europäische Schweiz. Der Beitrag der Schweiz an der europäischen Einigungsidee im Kontext schweizerischer Staats- und Nationswerdung. 2005.

Band 7   Philipp Kainz: Als Österreich isoliert war. Eine Untersuchung zum politischen Diskurs während der EU-14-Sanktionen. 2006.

Band 8   Simeón Renoldner: Regimebildung in der Landminenfrage und der Einfluss von Nichtregierungsorganisationen. Eine Untersuchung des Ottawa-Prozesses unter besonderer Berücksichtigung der Rolle Österreichs und Frankreichs. 2007.

Band 9   Angela Wieser: Ethnische Säuberungen und Völkermord. Die genozidale Absicht im Bosnienkrieg von 1992–1995. 2007.

Band 10   Silvia Nadjivan: Wohl geplante Spontaneität. Der Sturz des Milošević-Regimes als politisch inszenierte Massendemonstration in Serbien. 2008.

Band 11   Barbara Kraml: Gender Budgeting in Wien Meidling. Ein Weg zu mehr Geschlechtergerechtigkeit öffentlicher Haushalte? 2008.

Band 12   Katharina Ludwig: Citoyen Sans-Papiers. Irreguläre MigrantInnen als politische AkteurInnen in Frankreich. 2008.

Band 13   Sabine Lang: Die USA und der umfassende nukleare Teststopp-Vertrag. 2008.

Band 14   Nicole Kaspari: Gerhard Schröder – Political Leadership im Spannungsfeld zwischen Machtstreben und politischer Verantwortung. 2008.

Band 15   Cornelia Göls: Die politischen Parteien in der Ukraine. Eine Analyse ihrer Funktionsfähigkeit in Wahlen, Parlament, Regierung. 2008.

Band 16   Marcus Hölzl: Tibet – vom Imperium zur chinesischen Kolonie. Eine historische und gesellschaftstheoretische Analyse. 2009.

Band 17   Georg-Sebastian Holzer: Somaliland. Ein Beispiel für erfolgreiche Staatsbildung in Afrika. 2009.

Band 18   Vera Schwarz: Meine roten Großmütter. Politische Aktivität aus der KPÖ ausgetretener/ausgeschlossener Frauen. 2010.

Band 19   Christian Haddad: Zwischen Labor und Gesellschaft. Zur Biopolitik klinischer Forschung am Menschen. 2010.

www.peterlang.de